U0482194

陕西省教育厅高校哲学社会科学重点研究基地项目（15JZ006）研究成果
宝鸡文理学院中国语言文学学科建设经费资助
陕西省重点中国特色社会主义理论体系研究中心（宝鸡基地）资助

执守与变迁

关中西部乡村生活管窥

仵军智 著

中国社会科学出版社

图书在版编目（CIP）数据

执守与变迁：关中西部乡村生活管窥/仵军智著．—北京：中国社会科学出版社，2021.8

ISBN 978－7－5203－8222－9

Ⅰ.①执…　Ⅱ.①仵…　Ⅲ.①乡村—社会生活—陕西　Ⅳ.①D669.3

中国版本图书馆 CIP 数据核字（2021）第 063296 号

出 版 人　赵剑英
责任编辑　朱华彬
责任校对　张爱华
责任印制　张雪娇

出　　版　中国社会科学出版社
社　　址　北京鼓楼西大街甲 158 号
邮　　编　100720
网　　址　http：//www.csspw.cn
发 行 部　010－84083685
门 市 部　010－84029450
经　　销　新华书店及其他书店

印刷装订　北京市十月印刷有限公司
版　　次　2021 年 8 月第 1 版
印　　次　2021 年 8 月第 1 次印刷

开　　本　710×1000　1/16
印　　张　17
插　　页　2
字　　数　266 千字
定　　价　99.00 元

序

“三农”问题是历代有识之士关注思考的一个大问题、敏感问题，弄不好，就会影响到社稷安危、国运走向，特别像中国这样一个人口大国，“三农”问题就是重中之重了。具体像农民的吃饭问题、安居问题、民风民俗问题以及农业生产力发展等诸问题，中国历代封建王朝没有得到很好地解决，推翻帝制建立民国，也没有得到解决；共产党执政 70 年，经过艰苦探索和不懈努力奋斗，终于找到了一条解决的途径和办法：在全国范围内开展轰轰烈烈的扶贫运动。西方国家经济学学者曾断言：扶贫就意味着自杀。中国共产党以实际行动和铁的事实粉碎了他们的论断，硬是投入大资金、大人力，把扶贫工作当作日常工作，常抓不懈、逐年深入。单单一项不向农民征收农业税，而且还给种粮户、养殖户、购买农业机械户等实行资金补贴的政策的贯彻执行，如石破天惊，极大地激发并发展了农业生产力。据国务院扶贫开发领导小组办公室副主任陈志刚介绍，2013—2016 年中国农村共有 5500 多万人脱贫，连续实现了每年减少 1000 万以上贫困人口的减贫任务。在这个大背景下，仵军智推出了他的新作《执守与变迁：关中西部乡村生活管窥》，是有重要意义的。这是一部起点高、视野广、学术浓、具有一定的理性色彩、颇值得一读的好书。

说它起点高，是因为仵军智把自己研究的课题放在一个大的理论背景下进行，即站在农村社会学的理论高度，并结合民俗学、文化人类学等理论进行深入阐述。只要翻阅“绪论”和每章的概论，我们就会深深地感受到这一点。作者不论给关中西部定位，还是论述乡村社会结构、各阶层人员的政治地位和作用、民风民俗的作用和历史变迁，都能从较高的理性上去把控，较娴熟地运用理论予以观照，加之采用了大量的调查资料，既给全书定下了比较高的理论视点，显得言之有理，又使得整个论述持之有故，不显空泛。

说它视野广，是因为作者的目光触及了农村的角角落落、方方面面，即使一些细枝末节，也都被作者悉数搜罗，列举出来。诸如农村社会结构、生产模式、民生民居、风俗礼仪、文化工艺、人际交往等等，从全方位进行审视，可谓包罗万象，无所不有。作者在深入西府农村调查掌握各种资料上所下的功夫，可谓广泛涉猎，详尽周全，令人信服。读者好像走进了西府民俗博物馆，接受了一场民俗文化教育。对具有深厚历史渊源、驰名中外的凤翔泥塑、木版年画的介绍，更为读者提供了无尽的民间工艺文化知识。这些资料的搜集和运用，无疑极大地增强了本书的实践理性。

说它学术浓，仅读一读“绪论”，就会看出，作者为了告知读者本书所论述的确切地域，下死功夫，翻阅了大量的典章文献资料，广征博引，在本书开篇就创造了浓浓的学术氛围，其他章节或准确地引用各种典籍，或数字罗列，或图表演示，或权威人士论断，不厌其烦一一引来，为搞科研、好钻研、求知欲望强的读者所颔首称赞。

仵军智研究的重点是农村物质层面的巨大变化，对农民精神层面诸如思想意识、思维方式、文化观念、政治态度等深刻的变化，虽有所涉猎，但有点零散，不够集中深刻，留下了一点点缺憾。因为物质决定意识，农民生存的物质条件和环境变了，思想意识和观念不能不变，这一点是不能回避的。在今后修订时，倘能单列一章进行集中深入论述，就显得更完美了。

一部学术著作，必须做到以议为主，议论为纲，理论与实践紧密结合起来，夹叙夹议，议中有叙，叙中有议，切忌叙议两张皮：或者居高而不能临下，架空议论；或者只罗列资料，看不到议论。这样，就很难具有鲜明的理性色彩，就很难把严密的逻辑理性、较高的价值理性和很强的实践理性三者高度地统一起来。仵军智这本《执守与变迁：关中西部乡村生活管窥》，在这些方面都做了一定的探索，进行了可喜的尝试，值得肯定；另外，学术论著的表达，其最高境界是：初识文墨的农民读了不觉得深，学富五车的教授读了不觉得浅。以此要求仵军智，显然有些苛求了，但愿作者今后继续朝这方面不懈努力。

鲁迅先生曾经说过，要评论一个人和他的著述，必须做到“知人论世，顾及全篇，好处说好，坏处说坏”。仵军智是我在人才会上招聘来的，他和一起招聘来的他的几个同窗创办了宝鸡文理学院的广告专业，他挑大梁。他们带的首届学生在全国广告大赛中就获得了大奖，这是办了好多年广告专业的西北各院校都不曾有过的事。由此，足可以窥见仵军智的业务水平了。另外，我对他诚实执着的个性，负责敬业的精神，也有一定的了解。在本书付梓之际，军智跑到我家里来，要我为他的书写个序，其神态可谓“开心见诚，无所隐状”，我便欣然答应了。但随即就想到了现代文学史上文人写序、评的一件逸事。当年日本增田涉先生要为鲁迅先生写一部传记，鲁迅立即送他一副楹联：“隔靴搔痒赞何益，入木三分骂亦精。”在读完仵军智的书稿后，我写下的这些话，是“搔痒”之赞，还是“入木”之骂，是否“赞”到了佳处，“骂”到了痛处，只好让军智和读者去评鉴了。权当作序。

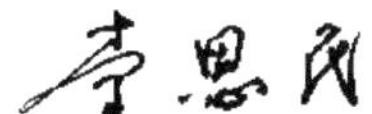

2019 年 10 月 7 日重阳节急就

目　录

绪　论

传统中国本质上是一个乡土性的农业国，农业国其文化的根基就在于乡土，而村落则是乡土文化的重要载体。乡土逻辑和地方性的价值观念至今仍然影响着人们的日常生活，村落固有的那些秩序、礼仪、风俗、习惯等在日常生活的细枝末节中精巧地调节着村落内的人际关系，缓解着村落内的实际冲突，维系着村落的秩序，实现着村落的整合。振兴乡村的本质，一定层面上便是回归乡土中国，同时在现代化和全球化背景下超越乡土中国。

当前，中国正处于快速工业化和城镇化的进程中，在政治、经济、社会、文化转型的背景下，乡村正在经历前所未有的大变革。关中地区尤其是关中西部乡村，作为中国乡村的组成单元，其变化是明显的。笔者作为一个住在城里的土生土长的关中农村人，几十年来的管窥蠡测，对关中西部乡村生活的执守与变迁做了点滴记录，挂一漏万地梳理了关中西部乡村的民众生活，一方面有对传统乡村情感上的守望，另一方面有对未来乡村美好前景的期待。

一　关中西部概念界定

所谓关中，是指与陕南、陕北并列的陕西三大地理单元之一，在自然地理上指秦岭以北、黄土高原以南的关中盆地，在行政区划上指今陕西的渭南市、咸阳市、铜川市、宝鸡市和西安市等，在历史上大致与古之“三辅”（京兆、左冯翊、右扶风）或“关中三府”（西安、西府凤翔、东府同州）相对应[①]。

① 参见秦晖、金雁《田园诗与狂想曲——关中模式与前近代社会的再认识》，语文出版社2010年版，第45页。

多卷本《陕西通史》历史地理卷[①]第八章《历史军事地理》，对关中地名的来历作了以下解释：

“由于关中最初并不是正式的地方行政区划，所以有多种解释。根据《史记·货殖列传》的说法，关中自汧、雍以东至河、华。渭谓渭水（作者按：应作‘汧谓汧水’），雍谓雍山，河谓黄河，华谓华山。但《史记》中有时将汉中、陕北也包括在关中的范围之内。后来还有些说法，大抵都是就关立论的。一说是它在函谷关、大散关、武关和萧关之间；一说在函谷关和陇关中间；一说在函谷关和散关的中间。此外还有其他一些说法。这些说法虽然晚出，但同战国秦汉时期的所谓四塞意义大体相同，相当符合当时的情况。”

史念海、李之勤等参与编写的《陕西军事历史地理概述》[②] 一书认为：

“现在一般所说的关中，是指陕西中部秦岭以北，子午岭、黄龙山以南，陇山以东，潼关以西的区域……这里不仅将函谷关、萧关划出境外，就连武关也不在其内。”

与“关中”概念明显不同，但又常常被混淆的一个概念是“关陇”，此处需要作一下界定。

魏晋隋唐以来，关陇士族逐渐兴起与壮大，形成历史上重要的关陇士族集团，并从文化层面固化下来，具有自己独特的文化特征和地位。时至今日，此地文化仍然有着鲜明特色。关陇集团概念是陈寅恪先生最先提出的[③]。陈寅恪先生所指关陇集团是一个政治统治集团，最早源自宇文泰的八柱国，由北魏六镇武将、伐北武川的鲜卑贵族和关陇地区豪族组成。他提出关陇概念，是为了探讨西魏至唐初关陇集团之形成、发展、变迁及与山东势力之关系，着重从关陇集团之形成、发展、变迁及与山东势力之分合变迁把握魏周隋唐时期王朝嬗替之内在原因与规律，以及不同地域集团（势力）之间的相互影响。此

① 参见史念海、萧正洪、王双怀《陕西通史》（历史地理卷），陕西师范大学出版社1998 年版。

② 参见史念海、李之勤等《陕西军事历史地理概述》，陕西人民出版社 1985 年版。

③ 陈寅恪：《隋唐制度渊源略论稿》，中华书局 1977 年版，第 17 页。

概念六十多年来被海内外学人广泛引用，已成定论。

关陇地理区域主要包括关中和甘肃陇山以西地区，而关陇集团的中心则在关中。陈寅恪先生在阐述关陇集团时明确了“关中本位政策”和“关中文化本位政策”。“这两个概念的外延内涵是不一样的。前者强调以关中地理区域为立国之基，次及此区域本位下的整军务农、力图富强的物质政策，再次及与区域物质政策相适应的精神上自成系统的文化政策。而关中文化本位政策侧重指第三方面，即宇文泰融治关中胡汉种族的文化政策。”[①] 应当说，陈寅恪先生的关陇概念是有历史阶段特指性的，他明晰地论述了关陇集团的政治历史功绩与演化轨迹，对后人研究此段历史影响很大[②]。

“关陇民俗文化圈”的概念系甘肃学者王知三、陕西学者赵德利等人因地域生活文化所提出的。王知三等人提出的“关陇”，与陈寅恪先生所定论的历史上的关陇集团在活动区域、历史演化方面多有不同。他们所指的关陇文化主要是甘肃省境内以六盘山南段山区为中心的关山、陇山之间的区域文化。张筱兑在《关陇民俗文化圈的提出及其在民俗学上的意义》中明确界定：古代的关陇，泛指陕西关中一带及陇（甘肃）的大部分地区。现在地理上的关陇概念则是指关山、陇山范围内的地方。以水系来划分，则是以渭河支流葫芦河（古瓦亭水）流域及泾河、清水河上游水系区域为主形成的一个区域地理概念。以山系来划分，则是指以陇山主峰为核心向陕西、甘肃、宁夏三省延展的半径为三四百公里范围的地域。[③] 赵德利等学者从文化层面认为，关陇包括关中西部和陇东地区，具体指代宝鸡、天水、平凉、庆阳等所辖区域。这一区域主要分布在渭河两岸和黄土高原的南缘地带，是关中与关外的衔接和缓冲地带，是以关中文化为主导，河谷文化与黄土文化交汇融合之地，具有鲜明的文化认同感。主要表现在陇

---

① 参见曹印双《试析陈寅恪先生的关陇集团概念》，《陕西师范大学继续教育学报》2005 年第 2 期。

② 赵德利编著：《关陇社火艺术研究》，中国社会科学出版社 2012 年版，第 4 页。

③ 参见张筱兑《关陇民俗文化圈的提出及其在民俗学上的意义》，《甘肃高师学报》2009 年第 6 期。

东地区对关中丰腴肥沃的土地和厚重灿烂文化的向往和崇敬之情。陇东人有一句俗语："宁可往东走一天，不愿往西挪一砖。"在文化交汇和融合基础上又能各自发展，继而形成了厚重灿烂又能与时俱进的关陇文化现象，在关天经济一体化大背景下，对这一区域的文化研究就显得更加有意义。

通过"关中""关陇"概念的梳理，我们对本书所涉及的地理与文化范围有了初步的认识，"关中"更多的是一个历史地理概念，"关陇"则更偏重政治与文化概念。而本书所提到的"关中西部"概念则是在"关中""关陇"概念基础上产生的。

从地理区划概念入手来看，关中西部主要指当下的宝鸡地区及其周边平原与河谷，主要在东经106°18′～108°03′与北纬33°35′～35°06′之间。东连咸阳和杨凌示范区，南接汉中，西北与甘肃省的天水和平凉毗邻。秦岭是南屏，渭水从中流，关陇西阻北横，渭北沃野平原。东西长约156.6公里，南北宽约160.6公里，总面积约18117平方公里。2003年3月1日，国务院正式批准撤宝鸡县设陈仓区，当前，宝鸡市辖金台、渭滨、陈仓3区和岐山、凤翔、麟游、千阳、凤县、扶风、太白、陇县、眉县9县。

宝鸡古称陈仓，据《三秦记》记载，陈仓以古陈仓山（今称为鸡峰山）而得名。宝鸡之名始自唐肃宗至德二年（757），沿用至今。

早在新石器时代，宝鸡就是先民们活动生息的地区之一。宝鸡共发现新石器文化遗址数百处，其中最著名的北首岭遗址，据《中国大百科全书·考古学》记载，为公元前5150至公元前5020年的母系氏族公社时期的，距今7150多年，是早于仰韶文化半坡遗址的一种文化遗存。

宝鸡是中国历史上著名的周秦王朝发祥地。大约公元前11世纪，周先祖之一的古公亶父率族人迁徙到岐山下的周原（今宝鸡市岐山县），"古公乃贬戎狄之俗而营筑城郭室屋而邑别居之，作五官有司"（参见《史记·周本纪》），建立了周王朝早期的国家组织。古公亶父被后世尊为太王。周在古公亶父死后的季历和文王时期，国势发展很快，先后征服了西落鬼戎、始呼、翳徒之戎，邻近的许多部落和方国也归附于周，巩固了周族在渭水中游的统治，为建立西周王朝奠定了基础。

秦王朝是中国历史上第一个统一的、专制主义中央集权的封建国家，而宝鸡是秦前期政治、军事和经济活动的中心地区，是秦始皇能够“续六世之余烈，振长策而御宇内”，一举统一全中国的前期奠基地。周平王元年（前770），以秦襄公攘夷，护送平王东迁之功，封襄公为诸侯，赐之岐以西之地，从此，建立了秦国。秦文公四年（前762），秦在“汧渭之会”（今宝鸡市眉县附近）建立国都。秦宪公二年（前714），为备战攻戎，秦将国都由汧渭之会徙往平阳（今陈仓区东阳平村），并建有封宫（《史记·秦本纪》）和羽阳宫（《汉书·地理志》）。以此为政治中心，至秦武公十一年（前689），西起甘肃中部，东至华山一线，整个关中及渭水流域，基本为秦国所控制。秦德公元年（前677），秦国迁都于雍（今宝鸡市凤翔县）。此后，秦国先后有十八位国君以雍为国都，共历时294年。秦穆公（前659—前621）在位期间，“开地千里，遂霸西戎”。秦由一个落后的诸侯国，跻身当时最先进的国家行列之中，为以后东向攻灭六国，奠定了雄厚的基础。

秦始皇统一六国后（前221），当时宝鸡属内史地。在汉高祖元年（前206），属雍；汉高祖二年（前205），改为中地郡；汉高祖九年（前198），又改属内史；景帝分属右内史；武帝建元六年（前135），仍因之；太初元年（前104），更名右扶风，为三辅之一。献帝时（189—220），省扶风都尉，置汉安郡。曹魏（220—265）为扶风郡。晋惠帝时（290—306），改为秦国。北魏太武帝时（424—452），置秦平郡，兼置岐州。西魏（535—556）改秦平郡为岐阳郡。隋初，置岐州；炀帝大业年间（605—618），废州置扶风郡。唐初置岐州；玄宗天宝年间（742—756），改为扶风郡；肃宗至德元年（756），改为凤翔郡，不久又改为凤翔府；代宗宝应年间（762—763）因之，属关内道。五代时属关西道。宋时属秦凤路，为凤翔府。金时置天兴军，属陕西西路。元初立凤翔总管府，后更为散府，先后属陕西等处行中书省、陕西汉中道肃政廉访司。明时仍为凤翔府，隶陕西布政使司，分属关西道。清初，仍沿旧制为凤翔府；康熙九年（1670），裁关西道，分隶西安粮盐道；乾隆九年（1744），改隶驿盐道，为分巡凤邠道。至民国二年（1913），属陕西省关中道；民国二十二年（1933）撤道，由省直辖宝鸡各县；民国二十七年（1938），在凤翔设陕西省第九行政督察区，督察专员公署辖宝鸡、凤翔、千阳、陇县、麟游、岐山、扶风、眉县、武功、周至；民国三十年（1941）2月，第九区督察专员公署迁至宝鸡。新中国成立后又经过多次划分与调整，从宝鸡地区再到宝鸡市，县域所属也有过调整，直到现在的三区九县。

从以上梳理可以看出，当前宝鸡市所属的三区九县范围，是本书关中西部研究的主要区域。地理区划上是关中平原的西部区域，与关中东中部同属陕西省管辖，也是陕西省重要的工业基地和最重要的产粮区。但历史文化、民俗民风以及乡村民众的日常生活方面，关中西部的宝鸡与关中东部的渭南明显不同，反而与隶属于甘肃省的天水、平凉包括庆阳地区非常相似，同属前文所指出的关陇文化圈。本书研究的关中西部是以“关中”为地理依托、以“关陇”为文化依托的区域。

二　关中西部乡村生活研究的理论意义

当下中国乡村生活呈现出“杂糅”的状态，既有农耕时代的生产方式、生活习惯和民俗事象，又有工业时代和信息时代的消费理念、价值取向和休闲活动。例如美国学者明恩溥（Arthur Henderson Smith，1845—1932）在《中国人的气质》《中国的乡村生活》等著作中描绘的一百年前中国乡村民众文化生活和提出的看法到现在依然有参考价值。同时，乡村研究前辈梁漱溟、费孝通等的研究成果《乡村建设理论》《乡土中国》等对当下乡村研究思路和方法仍然有一定指导意义。

当下的农村问题研究成果层出不穷，其中不乏经典之作，值得赞同和肯定。由商务印书馆出版的黄宗智主编的《中国乡村研究》发表了一系列乡村研究成果，培养了一批优秀乡村研究学者。阎云翔的《私人生活的变革：一个中国村庄里的爱情、家庭与亲密关系 1949—

1999》，是理解中国乡村剧变很好的作品，受到很多学者的肯定。还有胡必亮的《中国村落的制度变迁与权力分配》、毛丹的《一个村落共同体的变迁》、陆学艺主编的《内发的村庄》、林成西的《二十世纪七十年代以来的村落变迁》、王铭铭的《乡村社会的秩序、公正与权威》、张鸣的《乡村社会权力和文化结构的变迁（1903—1953）》，等等，都是当下乡村社会研究较有影响的作品。

尤其值得一提的是以贺雪峰、董磊明为代表的华中科技大学中国乡村治理研究中心及其团队：陈柏峰、陈辉、吕德文、陈涛等经过多年田野调查和深入研究，发表了一系列很有价值的成果。该团队的成果特点是大处着眼，小处着手，研究深入、细致，文风流畅、大胆、直接。该研究中心也成为乡村研究的重镇。关于关中地区的乡村研究，除秦晖、贺雪峰、丁卫等以外，西北农林科技大学的一个研究团队立足关中地区，从乡村民居、民间艺术、民俗事象等角度展开研究，发表了一系列有价值的学术文章，其研究有一定特色。关中地区另有多所高校研究团队在乡村传播习俗、关陇民俗及乡村民众文化心理等领域有了一定的研究基础。同时，以当下传媒环境变化为背景研究乡村变迁的成果也不少，较有代表性的是中国农业大学传播学系的谭英等一批学者，他们从乡村传播角度对乡村经济文化与民众日常生活进行研究，积累了关于中国农村信息传播研究的相关理论和实证案例。记者出身的仲富兰、熊培云以其敏锐视觉和理论积累，完成了《民俗传播学》《一个村庄里的中国》等论著，将传播学理论知识与乡村社会研究紧密结合，开拓出一片广阔空间。

对某一区域政治经济、历史社会、民众日常生活等方面的研究，可以为区域政策制定、社会文化发展规划等提供智力支持，更好推进区域社会发展。关中地区，作为“一带一路”的桥头堡，作为中国西部的重要区域，其经济、社会、文化的发展水平，是我国乡村振兴战略和西部大开发战略实施效果的重要参照，可以映射出乡村社会尤其是西部乡村社会的发展概况。

习近平总书记在党的十九大报告中指出：实施乡村振兴战略。农业农村农民问题是关系国计民生的根本性问题，必须始终把解决好

“三农”问题作为全党工作重中之重。要坚持农业农村优先发展，按照产业兴旺、生态宜居、乡风文明、治理有效、生活富裕的总要求，建立健全城乡融合发展体制机制和政策体系，加快推进农业农村现代化。[①] 我国社会的主要矛盾已经由“人民日益增长的物质文化需要同落后的社会生产之间的矛盾”转化为“人民日益增长的美好生活需要和不平衡不充分的发展之间的矛盾”。这不仅是政策层面一个表述的变化，而且是经过四十年改革开放，社会现实发生的真真切切的改变。国家综合国力和国际影响力的提升有目共睹，精准扶贫与城镇化发展也取得了喜人的成绩。随着西部大开发的不断深入，广大西部地区的面貌发生了翻天覆地的变化。

近年来国家对“三农”的重视和在农村经济增长与民众生活水平提高方面所取得的成就是有目共睹的。社会对农村、农业与农民的关注度不断提升，一系列惠民政策的出台使民众切实感受到了祖国的富强，并享受到了改革开放带来的丰硕成果。

但是也应该看到，乡村体系与结构正在发生剧变，土地使用方式、经济生产模式、民众日常生存状态、文化心理与价值观等都在发生变化，并带来很多问题。如果不将农村当下存在的问题搞清楚，不能提出行之有效的应对措施，农村的发展将令人担忧。进入新时期以来，农村经济发展模式和发展环境发生了翻天覆地的变化，现代性因素向农村社会的全方位渗透，导致相对封闭的村庄开始解体，传统文化与地方信仰被严重挤压而再难有生存空间，农村和农民在社会和文化上越来越边缘化，农民主体性逐渐丧失，并由此为农民带来普遍的无力感、无根感和焦虑感。

剖析村落文化与民众人际关系和谐的同构化合，分析村落民众心理的传承与嬗变，构建村落和谐而健康的人文生态的基本理论体系，不仅对于乡村社会学具有学科建设意义，而且也拓展了乡村文化建设学科的研究领域，同时有助于推动民族民间文化遗产的保护。许多村

① 习近平：《决胜全面建成小康社会，夺取新时代中国特色社会主义伟大胜利——在中国共产党第十九次全国代表大会上的报告》，人民出版社 2017 年版，第 32 页。

落的民俗事象，记录和持存了人类非物质文化。从生态学和人文学的角度去剖析民俗文化内涵，能够发掘原生态民俗文化发生的根由与美态，展示民俗事象民族化和历史文化内涵，既是对人类的民族文化遗产的阐释，也是对非物质文化遗产的保护。

三　关中西部乡村生活研究的现实意义

乡村社会并不仅仅是依靠土地收入和打工收入群居生存的一些人这么简单，而是一个庞大复杂的有机整体，其运行的平衡程度直接关系到国家的繁荣富强和长治久安，是不可小觑的。本书立足对关中西部乡村民众日常生活内容状态的考察，试图认识农村转型背景下乡村政治结构与乡村治理带来的乡村民众日常生活内容与生活模式的改变，剖析乡村结构与乡村治理在不同历史阶段的表现及原因，梳理当下农村出现的经济生活、文化生活和人际交往中的执守与变迁问题，为新农村建设和城镇化发展决策推行提供基础性信息。

关中西部农村实行联产承包责任制 40 多年来，政治结构、经济模式与民众文化生活的变化是翻天覆地的。温饱的解决，农村精英群体的崛起，市场化意识的觉醒并迅速被认可接纳，集体经济的繁荣与衰落，年轻劳动力的转移与留守群体的形成，公共事务的搁置与空心村的形成，等等，已经引起不少学者的关注和研究。我国城镇化发展的主要问题是土地城市化与人口城市化脱节，以致有两亿多农民工徘徊在城乡之间，几千万留守儿童与父母分离。在农村制度改革的讨论中，人的城市化往往被一笔带过，而土地的非农使用即城市化使用却吸足了眼球。土地城市化和非农使用能带来人口城市化或人口就地城市化，这一逻辑关系目前还看不到成立的迹象，还只是一个愿望和假设。

推进城乡一体化发展并非是将农村“原封不动”地“克隆”成城市样式，城市化进程的本质是农村、农业在地缘文化基础上的现代化，是将农村产业方式、经济文化生活内容、民众生活质量等从传统农耕生活层面向现代城市层面的升级和转化。进入新世纪以后，随着农业生产水平的提高和工业化水平的提高，农民获得物质资源的途径大大拓宽。全球化背景下我们可以整合世界农业资源，通过农产品的大量进口缓解从农民身上获取剩余劳动的压力，以工业品的出口与农产品的进口来维持我们对物质需求的平衡。由于农村传统经济发展模式发生根本变化，农村政治结构与治理模式也不得不随之改变。

农耕生产不仅仅是乡村经济研究的重要话题，更是整个乡村民众的存在方式，即种地不仅是为了吃饱饭，种地行为本身就是农民的存在方式。土地是一个纽带，贯穿了农民生活的绝大多数内容。当下机械化生产和劳动力的市场化交易，使得种地成为一个简单劳动。这一变化在将农民从土地上解放出来的同时，也使得与土地相关的一切行为不复存在，农民传统日常生活中的大部分内容消失殆尽。如果不出去打工挣钱，农民将有大量的闲暇时间，而当下的乡村经济与文化建设还没有给这个闲暇时间安排内容，出现了乡村生活的“真空化”和“群体性无聊”。

农业社会形成的基础是肥沃的土地和适宜定居的环境，关中平原交错纵横的水系和坚实的黄土地成为华夏祖先生存与发展的首选之地。从仰韶文化到漫长的封建社会，关中地区由于其平坦的地势和发达的农业，人口逐渐增多，自然村落在关中平原上星罗棋布，整体分散但村落内布局紧凑而集中。关中民居体现了关中地区特殊的地缘结构与民众心理。关中地区处于渭河两岸和黄土高原的南缘地带，往北进入浑厚苍凉的黄土高原，南面则是巍峨高大的秦岭山脉，是河谷文化与黄土文化交汇融合之地。独特的地形地貌形成独特的民居理念与文化心理。以黄土为主要建筑原材料，就地取材。民居样式古拙粗犷，以实用为主，形状规整而封闭。狭窄、封闭、地形复杂，交通不便，信息闭塞的地缘特点形成了关中地区民众性格倔强、保守封闭、安于现状、喜欢按部就班的文化心理，这些元素在关中民居中都有体现。

家庭是组成社会关系的单元，每个人都会隶属于不同的家庭，且在生命的不同阶段，会有不同的隶属关系。社会和谐不和谐，与每个家庭的幸福程度也密切相关。俗话说，幸福的家庭是一样的，不幸的家庭各有各的不幸。对于幸福，人们的基本判断是一样的。比如说，家庭中的老人都能够健康长寿、开心快乐，中年人都能够事业兴旺发达、家庭和睦，青年人能够学业有成、成家立业，少年儿童能够身心健康、快乐成长。一家人其乐融融，无病无灾，这就是幸福。但事实上，这样的美好状态不是每个家庭都能拥有的。尤其像家庭孝道问题，适龄青年结不了婚的问题，家庭难以维系的问题，等等，成为当下的普遍社会问题，不能不重视。

改革开放以来，随着社会的急剧转型，农村的经济生活、文化伦理与民众日常交往均发生重大变化。一方面是生产力水平蓬勃发展，民众思想得到解放，民众经济收入与生活水平大大改善，同时国家大力倡导并弘扬尊老爱老的传统美德；另一方面却是农村孝道的日益衰微，遗弃、虐待老人的事情常有发生，老人赡养问题成为乡村当下不能回避的大问题。有的年轻留守群体之所以未去城市打工是由于老人年龄太大或者孩子太小无人照管，不得不留在农村。但是，由于土地收入微薄、乡村就业机会少而导致经济状况不佳，看到自己的生活与别人的生活的巨大落差，会产生心理不平衡，进而影响到家庭的稳定与和谐。传统伦理价值观受到强烈冲击，夫妻之间互相埋怨，信任与尊重消失，产生了很多不和谐问题。

关于当下农村出现的光棍现象及离婚率上升的问题，绝大多数人认为这是个人和家庭问题，是一个无能为力的事情，尚未上升到社会稳定与国家发展的高度。但实际上，这一状况成因复杂，问题解决难度大，甚至短期内不可能解决。也就是说，这种光棍群体的大量存在和婚姻关系不稳定状况可能会在一定区域和时间内长期存在，并最终影响社会稳定和国家发展。真正认识问题，正确面对，找出相应恰当的解决措施，才有可能未雨绸缪，进而维系乡村社会的稳定，基层社会治理与社保扶持才能有针对性和可行性。

在关中西部，这个受周秦文化传统因子影响，又远离东部经济发达地区的地域空间里，长期以来展现的是一幅和谐的人文生态图卷。但受现代消费文化和都市生存理念的冲击，大量优秀的传统伦理与民俗事象被置换和消解。当下众多的社会学和民俗学学者在物质文明与精神文明的杠杆上失衡，注重经济效益而忽视人文生态的本质内涵。人文生态在关注人与自然的和谐外，应更加注重人的内外和谐，包括生命体之间的和谐，生命体与非生命体之间的和谐，物质文明与精神文明的和谐，生理存在与心理安适的和谐，现代文明与传统留存的和谐，等等。在村落空间里，物质资料的充裕与内心情感的快乐体验都是快乐指数的核心内容。如同关于小康社会的理解一样，除了生活水平达到一定指标外，快乐体验也应达到一个高度。

礼俗是维系乡村生活与家庭结构稳定的重要规范，几千年的传统社会都很重视对礼俗的传承和运用。人生有四大仪礼：出生礼、成人礼、婚礼、葬礼。在这四大仪礼中，当事人是主角。成人礼现在已经冷淡，基本上不正式进行了，出生礼主要是祝愿新生命，更大意义是家族添丁的意义，与当事人关系也不大，而婚礼与葬礼则是非常正式而大型的。

婚礼是一个家庭的美好开端，象征着未来的兴旺发达，一切都是围绕喜庆与美好祝愿展开的。但随着社会转型带来的人口流动和乡村结构的转变，再加上重男轻女思想的根深蒂固等，乡村男女比例失调，彩礼不断攀升，婚姻关系与婚俗等发生重大改变，婚礼增加了很多不和谐因素。

葬礼则是一个人的总结，是一个人一生最后的哀荣呈现，仪式性很强，处处透露出对逝者的尊重。关中西部乡村地区，受周秦文化影响较深，经济相对落后，信息闭塞，民众对传统习俗较为坚守，因而传统丧葬习俗保持较好。尽管随着城镇化的推进与市场化的冲击，传统观念也在慢慢发生转变，加之农村劳动力的外出务工，致使留守乡村的青壮年劳力大大减少，与传统丧葬仪式的繁文缛节和对人力的大量需求发生矛盾，传统习俗客观上难以为继。但是，我们必须清晰地认识到，人活着，除了物质性的一面，还有精神性的一面。形式可以发生一些变化，但是对于生命体的尊重，对于亲人的缅怀与追思，都必须有一定的载体与渠道表达，一些最为基本的丧葬礼俗还是得以传承。

民间信仰是指民众对神明、鬼魂、祖先、圣贤以及天象万物的信仰和崇拜。这种信仰基于一种对未知世界的敬畏观念，表现为一种近似于宗教的仪式。由于在民间广泛存在，它成为民俗的一个重要组成部分。在不违背官方宗教政策的前提下，其展现出村民的一种发自内心的情感寄托。关中西部的民间信仰活动较为兴盛，不论是庙宇数量、信众群体数量，还是神灵类别的丰富、香火的旺盛程度等，在陕西境内都是名列前茅的。

关中西部民间艺术在国内外有较大知名度，宝鸡被称为“工艺美术之乡”，尤其是宝鸡民间手工艺，产品种类较多，空间分布较广，具有独特的区域色彩和地方特色。已经被列入国家级非物质文化遗产保护名录的有凤翔泥塑、凤翔木版年画、西秦刺绣等。凤翔罩金漆器、社火脸谱绘制、凤翔草编、银器制作等也都已经列入省级非遗保护名录。这些民间手工艺的发展历史，都可以用世纪来计，也都具有很高的艺术价值和鉴赏价值。从事这些技艺的艺人，有的被世界教科文组织审定为艺术大师，有的获评为国家级和省级艺术大师。

本书指出，应当以习近平总书记倡导的“文化自信”为方向，重新挖掘和梳理传统曲艺中的文化价值，立足关中西部地区独特的文化审美，使民众熟悉而喜闻乐见的传说与故事重新焕发生命，延续其教化民众、构建和谐乡村的使命。对西府曲子曲词中所蕴含的文化精髓进行梳理提炼，归纳出与当下核心价值观相统一的重点曲目，在传统演艺传播手段的基础上，结合移动互联网，寻找更适应当下受众需求的传播方式，在传承优秀文化基础上，弘扬社会正气，丰富民众文化生活。

总之，本书立足关中西部地区地缘经济与社会特点，对乡村社会结构与乡村民众的日常生活内容进行全面梳理，包括政治、经济、社会和文化等诸多方面，是对特定地域、特定人群的全面分析，试图打破当下研究中经济发展唯一或文化复古哀叹的极端，回归对日常生活细节的把握和分析。本书着重审视乡村民众的真实生存状态，挖掘出乡村民众的内心感受和真实需求，尊重乡村民众的生存尊严和日常生活的快乐体验，旨在充分领会“乡村振兴战略”的精神实质，为乡村的更加美好尽一份绵薄之力。

第一章　乡村社会结构与基层治理

布罗尼斯拉夫·马林诺夫斯基（Bronislaw Malinowski，1884—1942）认为："文化的真正要素有它相当的永久性、普遍性以及独立性，是人类活动有组织的体系，就是我们所谓的'社会制度'。任何社会制度都针对一个根本的需要，在一合作的事务上，和永久地团聚着的一群人中，有它特具的一套规律与技术。任何社会制度亦是建筑在一套物质的基础上，包括环境的一部分及种种文化的设备。"① 我国是世界上唯一一个文明没有中断的国家。我国的文化传统之所以至今能保持着旺盛的生命力，原因就在于其许多思想不仅在影响着生活在当今时代的我们的生活，而且促进了中国的现代化建设，因此还原乡村历史的真实面貌是今天研究乡村治理的起点。回顾历史，可以看出今天乡村治理中的遗留问题，比照历史，可以知道今天乡村治理在体制上的创新及其不足。基于历史的维度与经验，中国常规国家权力在乡村的建设，依然要借鉴中国古代传统伦理与士绅阶层管理乡村的模式，通过道德、法治与习俗，稳定乡村社会结构，完善乡村治理。

以宝鸡为代表的关中西部地区，虽然有其独特的区域社会、文化特点，但从乡村政治与基层治理层面而言，依然与中国其他地区一样，受两千多年以来儒家正统思想的影响，乡村治理层面呈现出与全国其他区域相统一的特点。

---

① ［英］马林诺夫斯基：《文化论》，费孝通等译，中国民间文艺出版社 1987 年版，第 18 页。

第一节　传统乡村社会结构稳定的内在逻辑

中国传统上属于一个“伦理本位”国家，国家的文化形态强调的是以德治国，圣人在国家正统意识形态中处于核心的地位，所谓“尧舜所行的理想的统治”，体现出以德治国的浓烈的人治色彩。卡尔·马克思（Karl Heinrich Marx，1818—1883）曾说：“社会不是以法律为基础的，那是法学家们的幻想。相反地，法律该以社会为基础。”[①]中国文化的特点就是融国家于社会人伦之中，纳政治于礼俗教化之中。以道德统治文化，或者至少是在全部文化中道德气氛特重，确为中国的事实，社会组织与秩序大部分存在于“礼”中，以习惯法行之，而不见于成文法。

一　儒家正统地位和儒家思想法律化的形成

从秦商鞅变法创立的一家一户小农经济到汉代确立精耕细作的农业生产方式，传统中国的支柱就是士与农，建立在这个基础上的国家政治制度结构，贯彻着礼制文化中的儒家追求的“仁”的思想，在社会实践中表现出的是“情、理、法”三者之间的互动关系。翟学伟在分析中国人际关系的模式时认为，人情是中国人际关系模式中的核心要素，它表现为传统中国人以“亲尊”为基本的心理和行为样式。

“亲亲”“尊尊”，是作为政治实体基础的“亲尊”并列的结构情理，体现了礼制文化最基本的特点：从初级的自然血缘关系扩展到次级陌生人社会关系。这种社会结构导致的结果就是无欧洲文明里的私人自治区域与公共精神之分，就如梁漱溟先生所言：中国人从家庭关系推广发挥，以伦理组织社会，消融了个人与团体这两端[②]。

“亲亲”是“尊尊”的基础，所有的“尊尊”礼制都是在“亲亲”的基础上衍生的，亲亲以“仁”为基础，是人类根本的血缘情

① 《马克思恩格斯全集》第6卷，人民出版社1995年版，第291页。

② 参见梁漱溟《中国文化要义》，上海人民出版社2003年版。

感。尊尊以“义”为基础，是经过裁断的人我关系，由个人来权衡利弊以及以亲属关系来主导的“义”成为调整社会关系的根本指导原则，这是礼制文明的一大特点，体现出浓厚的道德色彩。① “礼”的这个特点也为乡土的中国基层社会出现多元文化形态与多元的治理模式提供了巨大的空间，因此在古代中国，地方上各异的习惯法在维护社会秩序上起着重要的作用。

可以有这样一个推论，乡村生活中的聚族而居和家庭生活中的血缘亲情等，导致了中国人的生活和交往需要长期稳定、和谐，为了实现这些目标，中国人在为人处世中加重了情的成分。董磊明在《宋村的调解》里也认为，基于人情的互让原则依然是乡村基层人际交往与发生纠纷矛盾解决过程中的基本原则。因此即使中国进入了21世纪，人们的思想观念依然是传统的、以人情为基准的，人际关系依然是以儒家五伦为要素的。

秦朝灭亡后，汉承秦制，在武帝时代，儒家享受到“罢黜百家，独尊儒术”的至尊地位，从此儒家取得正统的地位，获得了专制君主的政治权力支持。儒家取得正统地位后，在国家的治理上，汉儒从教化之国的政治理念来推行政制安排与制度改革，故与主法制立国的法家之士和秦制帝国的文吏发生了冲突。孔子“五伦”思想的提出体现了礼俗在调整人与人之间的关系上更加细化，孟子提出“父子有亲、君臣有义、夫妇有别、长幼有序、朋友有信”，更加强化了这种关系。孔孟二人强化了“义理”在社会与政治生活里对儒家追求的伦理道德价值的具体化，也更有了操作性，但同时也强化了私人之间的关系，并没有强化社会正义。相反，在实践中，义理导致人们基本都是基于个人主观喜好判断，缺乏一种社会的客观性，这样，那种客观的、至高的，适用所有人的法制理念明显与儒家之义理是相悖的。至此对法家学说的儒家化改造开始了，这场运动意味着由儒家的“礼”所确认的社会准则被吸收进法典之中，并且儒家的经典文献成为裁断纠纷的

① 参见董磊明《宋村的调解——巨变时代的权威与秩序》，法律出版社2008年版。

最高依据与原则[1]。法家被儒家化后，中国的正统意识形态认为，中国的政治文化坚持在国家与个人及社会之间存在着本质的和谐。正式的国家权力基于儒家之理念，对乡村事务采取最低限度的干涉，而留给地方宗族内部处理与解决，事实上在国家政治权力上，其也无力达到乡村。

二　士绅阶层与传统乡村治理

秦政之所以能在中国维持两千余年之久，并用少量的官员治理一个幅员辽阔的国家，根本的原因就在于中央君主专制与地方高度自治的宗法制二元结构为政治秩序的稳定提供了社会基础，在中央君主专制的郡县制以上采取国家授权体制，在乡土的地方社会，则是社会授权，采取高度的自治。这种政治体制结构在理论上，皇帝控制着从中央到县的官僚机构，在县以下，统治者受到了士绅阶层的支持，其之所以会与君主休戚与共，原因就不仅在于这些士绅都受到儒家教化，而且还在于其与君主分享着共同的价值观，同时此价值观可以维护君主与士绅这个阶层的利益。

儒家和法家在治理国家理念上的冲突，恰恰为地方士绅这个阶层保留一个纠纷解决的空隙，这个空隙在我个人看来就是黄宗智所谓的第三个解决纠纷的机制，在这个机制中发挥作用的主要是士绅，或者费老所说的长老统治。

董磊明在《宋村的调解》中指出，作为地方社会的精英，地方士绅分享着官方正统的儒家伦理道德价值，其在国家中的地位、身份的取得，都是建立在与国家共同分享儒家伦理道德价值观后，被国家正式政治权力所肯定与认可的基础上。从而在地方事务上，士绅是与地方政府共同管理当地事务的地方精英，与地方政府所具有的正式权力相比，他们拥有的属于非正式的权力。他们获得和享有了伦理道德上的权威，因之获得了半正式的准官员地位，从而能处理大量的乡土社会的纠纷与矛盾。

另外士绅阶层的出现，遏止了贵族对王权的独霸，他们作为封建

---

① 参见刘小枫《儒教与民族国家》，华夏出版社 2007 年版。

社会中的一个新兴阶层，一方面与君主休戚与共，另一方面则是地方社会利益的保护者。虽然不是正式国家官员，但是由于士绅与正式官员分享着同样的儒家伦理道德，因此从士绅和官吏隶属于同一个集团这一意义上讲，他们的权力直接源于传统的政治秩序。

由于地方享受高度的自治权，加上儒家正统观念认为国家的正规权力对地方事务最好是最低限度的干涉，因此民事纠纷作为细事，本就属于社会事务，国家政治权力不应该积极地参与或干涉，除非影响到帝国和谐秩序。衙门之所以令人望而生畏，首先是因为它对当事人以刑相待的态势，另外就是对诉讼结果没有明确的把握，同时还得忍受胥吏与书差的盘剥。因此，解决民事纠纷这个任务历史地、责无旁贷地落在了士绅这个阶层的身上。

在精耕细作的自给自足的小农经济背景下，中国的基层乡土社会相对静态，地方社会必然是一个熟人的乡土社会。在这样的一个社会里，人们低头不见抬头见，加上面子与和气在中国人日常生活中的重要性，人们最为关心的是在社区的亲邻之间避免诉讼和维持和谐。美国汉学家曹文彦在20世纪60年代就提出，中国传统司法“在纠纷解决中，首先依据的是情，其次是理，最后才是法，并称此为中国人自古以来的传统”①。20世纪二三十年代，梁漱溟先生在对乡村建设的研究中也指出：“中国乡村的事断不能用法律解决的办法，必须准情夺理，以情为主，方能和众息争；若强用法律解决，则不但不能够调解纠纷，反而让纠纷易起。”② 为了避免对邻里关系的破坏，当家庭和邻里发生纠纷后，一般是先求助于中间人，这些中间人在地方调解纠纷方面必然是有威信的人士，这些有威信的人莫过于士绅这个阶层了。

在系统性的法典相对缺乏的情况下，地方的传统和家族的纽带使得非正规的机制得以运行，通过非正规机制解决纠纷，不仅符合儒家

---

① 刘云生：《中国古代契约法》，西南师范大学出版社2000年版，第136页。

② 梁漱溟：《乡村建设理论》，载《梁漱溟全集》第一卷，山东人民出版社1989年版，第706页。

的政治信念，还可以避免双方在熟人社会中丢面子。因此当发生纠纷与矛盾时，人们也首先并乐于求助于地方的士绅，让其出面处理纠纷与矛盾，而不是正式的国家机器。

三　传统乡村的“乡土性”特质呈现

1947 年，费孝通出版了《乡土中国》，费老开篇第一句话就说：“从基层上看去，中国社会是乡土性的。”① 从此“乡土性”成为对中国社会的经典描述。在费老看来，中国社会之所以是乡土性的，原因就在于中国的乡村社会生活是富于地方性的，是一个“熟人”社会。

自给自足、闭关自守的中国随着 1840 年鸦片战争的爆发，被迫卷入民族国家建设的世界潮流中，以儒教为核心的传统价值受到极大的冲击，面对民族之危亡，中华民族被迫进行民族革命与社会革命，一代又一代仁人志士不懈努力，直到 1949 年中华人民共和国的成立。从政治上说，新中国的成立算是完成了民族革命，但社会革命依然未完成。中华人民共和国成立后，由于党将其组织直接建立在了自然村落上，为实现建立全能主义的计划经济体制提供了组织上的保证。但经过 28 年的建设与摸索，实践证明这种全能主义的计划经济体制不仅不能解放生产力，相反束缚了生产力，直到 1978 年党的十一届三中全会的召开，党确立了改革开放的基本国策。经过四十余年社会主义市场经济的发展，中国在物质建设上取得了举世瞩目的巨大成就，但其社会革命的任务依然没有完成，农村依然是费老意义上的一个乡土中国。支配与主导中国基层，尤其是农村社会秩序的，依然是传统上以礼制为导向的逻辑，而不是现代法治。

国家对基层乡村精英的重新评价当然是按照阶级论来确认的，对基层乡村精英群体的重建则是通过建立党组织进行整合的。肯定地说，政社合一的大队建制最终形成的一个关键，是中共党支部在大队一级的普遍建立，这使大队成为乡村社会的正式权威和真正核心。国家通过基层的党支部达到了对底层社会的“覆盖”，无论是农民的经济生产，还是村政的运作，都开始按照国家的统一规划和安排进行，

---

① 费孝通：《乡土中国》，上海人民出版社 2006 年版，第 5 页。

村政遂成为更大范围国政的一部分[①]。国家借助党组织，通过群众运动、大批判等一系列方式，依靠经济上的集体制，对传统的乡村进行大改造，以适应国家现代化的建设。虽然国家对乡村进行了翻天覆地的改造，但实际上我们会发现在村落社会中传统仍然以其强大的生命力影响着人们生产生活，很大影响了国家政权的下渗深度。[②] 究其原因，一是村庄仍然是每个农民安身立命的场所，其“共同体”的性质不仅没有改变，甚至随着集体对生产、生活的全面控制而更加强化；二是农民还是被束缚在土地之上，乡土逻辑和地方性的价值观念仍然影响着人们的日常生活，[③] 因此村落固有的那些秩序、礼仪、风俗、习惯等在日常生活的细枝末节中精巧地调节着村内的人际关系，缓解着村内的家际冲突，维系着村落的秩序，实现着村落的整合。[④] 在计划体制时代，中国的乡村之所以依然是一个熟人的社会，也是一个乡土的社会，原因就在于此，乡村的治理因此是有秩序的、权威的。

在中华人民共和国成立以前，中国的社会结构基本上是稳定的，那就是中央君主专制集权与地方高度自治的宗法制的完美结合。在中国封建社会，之所以不存在“结构混乱”的问题，原因就在于在封建社会里，中国的双层社会结构一直是稳定的，以儒家为核心的价值观是牢固的。

在中国进行民族革命与社会革命的过程中，以毛泽东为首的中国共产党被历史地选择为领导者后，中国民族革命与社会革命的性质就变了，其不同于以前所有革命的原因就在于，在党的指导思想上，坚持“一切勾结帝国主义的军阀、官僚、买办阶级、大地主阶级以及附属于他们的一部分反动知识界是我们的敌人，工业无产阶级是我们革命的领导力量”。中国革命的任务是“对外推翻帝国主义压迫的民族革命和对内推翻封建地主压迫的民主革命”。因此，中华人民共和国

---

① ［美］黄宗智：《清代的法律、社会与文化：民法的表达与实践》，上海书店出版社 2007 年版。

② ［日］三石善吉：《中国的千年王国》，李遇玫译，上海三联书店 1997 年版。

③ 刘小枫：《儒教与民族国家》，华夏出版社 2007 年版。

④ 瞿同祖：《清代地方政府》，范忠信、宴锋译，何鹏校，法律出版社 2003 年版。

成立后，经过社会主义改造与土地革命后，政治上民族国家之建立实现了，但从民主革命来讲，中国的社会革命还远远没有完成。祝灵君在其著作《授权与治理》中指出，国家通过对四个变量的控制，实现了乡村垂直的国家授权体系，使乡村保持了前所未有的结构稳定和秩序，乡村迅速实现了政治的社会化，并完全成为国家的“殖民地”，形成了一种“荫庇与依附，控制与服从”的管治型秩序[①]，祝灵君认为这四个变量分别是：干部对国家的忠诚；对乡村生产要素的控制；乡村保护阶层因素，也就是说，新中国的农民利益一定程度上只有在干部的庇护下才能得到保证；意识形态的功能。新中国与封建社会以及民国的不同在于，新中国的乡村意识形态以另外一种方式出现，即选择了与传统乡村意识形态和现代意识形态都不同的路线，它强调国家主权至上，宣扬集体主义，强调起点公平，灌输阶级路线以及全球解放等精神。“土地改革”除了赢得广大农民的支持外，在政治上也唤起了他们的极大热情，因为在土地改革这场运动中，广大农民看到并切实地获得了利益，中国共产党及其建立的新政权进一步获得了全国大多数百姓的认可与拥护，伴随着土地革命完成的是乡村精英评价标准和精英群体的整体重建。传统的评价标准被颠覆的同时，一套新的政治意识形态的标准被确立，并且在国家权威的支撑下重塑乡村社会中的关联和分层[②]。

为何在建设中国乡村秩序中，对国家常规权力的使用要借鉴与继承中国本土的资源？我想不仅仅在于中国是一个大国，也不仅仅在于中国是世界上唯一一个文明没有被中断的国家，还在于中国现代化的建设，本身就是一个从被迫进行到自主进行的过程，这个过程是一个完全与传统政治结构与理念不一样的政治制度与法制学习、移植的过程。

即使作为党的缔造者的毛泽东，其革命精神的质地在刘小枫看来

---

① ［德］尤尔根·哈贝马斯：《现代性的哲学话语》，曹卫东等译，译林出版社 2004 年版。

② 祝灵君：《授权与治理——乡（镇）政治过程与政治秩序》，中国社会科学出版社 2008 年版。

依然是儒家的革命精神，其对马克思主义进行改造的过程中，依然受到儒家的巨大影响，从而成功地实现了马克思主义的中国化。

前几年，中央台的《百家讲坛》栏目热播，尤其是以“孔子”为象征与代表的国学重新在民众中获得了广泛的欢迎，这说明了一个现象：在市场经济实施了四十多年后，原来纯粹以技术治国为方针的策略已经不能适应国家建设的需要了，民众对以孔子为代表与象征的儒家传统文化表现出了巨大的需求，这个需求是属于精神上的。那就是说，以儒家为核心的文化传统依然是能促进现代化建设的，不完全是羁绊。这些现象说明了了解当代中国时存在的一大缺陷便是没有抓住这样一个深层的事实：支配中国文化的终将是适合这片土地和气候的思想和思想家。

党在依法治国的基础上提出以德治国，就因为认识到，经济发展了，法律也制定许多，但我们中国公民个人的素质与人文精神并没有齐头并进，这些反而影响中国法治的现代化进程，这就要重新借鉴、学习、吸收传统中国儒家的以德治国的精华，以促进中国现代化的建设。事实上，应该肯定的是，以儒家文化为主体的思想体系，对传统乡村的稳定，是起了重大作用的。

第二节　当下乡村基层治理新形态

中华人民共和国成立以来，全国乡村政治结构与基层治理是一盘棋。关中西部农村地区，与全国大部分地区基本上一样。在中华人民共和国成立初期，中国因为与以美国为首的西方阵营在意识形态上处于敌对状态，加上受到经济封锁，为了获得工业化需要的资本，只能对农业采取剪刀差的做法。因此在新中国成立后直至改革开放后相当长一段时间里，农村为国家建设提供了巨大的支持。尤其经过改革开放后四十多年的经济高速增长，农村年轻劳动力向城市的流动，使中国经济实现了发展，城市获得空前的发展。经济增长的新动力不再依赖农业，而是来自工业化与城市化，在革命战争年代建立的基层组织的功能和意义都发生了根本的变化。加上年青一代人对物质生活的态度完全不同于上一代人，在计划生育政策与生育观念变化的双重影响下，年青一代对生育自愿采取了少生的态度，多子多福的观念得到了根本改变。这些都导致了农村治理的弱化，甚至部分离开农村在城市购房置家的能人，对所属村子的事务彻底不管不问了。因此，从人口流动、经济结构等方面来说，乡村基层组织参与治理者对村民的影响力越来越小了。

一　基层治理机构的职能发生变化

在废除农业税和村委会各种提留以前，作为乡村基层组织的村委会和村党委，经过长时间经济思维塑造后，在他们的观念里，除了组织一些村上公益事业外，大部分工作都是在上级部门督促情况下需要组织完成的任务。他们的主要任务之一，就是征缴农业税以及村委会的各种提留，可以说他们基本上没有为村里的村民主动提供公共性质服务的意识。这样，农村村民与村干部的矛盾一度是非常大的，以至于有村民难以承受各种税费。

国家从制度层面彻底取消了农业税费，并开始反哺农村、农业和农民，振兴农村经济，推动城乡一体化，从自治层面来说，这些进一步弱化了村委会。按理说，村委会与村民关系松散了，对乡村基层治理者来说，再也没有机会向村民征收各种税费了，村干部的贪腐问题一下子从源头上得到了解决。

但随着国家宣布废除农业农村各种税费后，村委会和村党委人员作为农村的自治组织一员，并没有进入国家编制体系，这就出现了这些人的劳动报酬无处解决的难题。上级政府不得不考虑这个非常现实的问题。因为如果不能解决这些人的劳动报酬问题，则面临着很直接的激励属于负数的情况，也就没人愿意参与到村民自治组织中来；同时在农村发展党员，进一步加强党的建设自然也会面临着非常大的困难。

从权力的配置上看，其自身就存在着逻辑上的矛盾，这主要体现为村党委与村委之间的矛盾，常常存在职责混淆、人事难分的局面。从法律上讲，村支部是党的派出机构，负责传达党的政策、意志，村委会属于村民自治组织，由村民自己选举产生，但在实践中，两者在领导权的争夺上不可避免地存在着各种不一致、矛盾和冲突，为了避免两委领导人之间发生冲突，为了加强党对群众组织的领导，许多村出现了村支部书记与村委会主任“一肩挑”现象。“一肩挑”现象的出现实际反映出了两种授权体系在村庄发生碰撞的困境。因此在政治层面国家授权体制自身在乡村治理上存在着逻辑上的悖论，使得乡村治理出现了结构性紊乱。

从经济结构来看，有组织的工业化生产，劳动效率远远高于农业，农村大量人口向城市自然流动，这是一个客观的经济规律。随着人口的流出，尤其是村里的青壮年和能人的外出，必然导致农村精英的流失，那么乡村组织必然面临后继无人的局面，甚至部分村干部宁可外出，也不愿意参与村民自治。另外农村的优秀青年读书的目的，就是希望离开农村，追求一种崭新的生活方式。学习一般的就外出打工，家里几亩田地难以应对越来越高的生活成本，由于机械化的推广，庄稼由留守父母管理，自己只需要寄回一笔秋播夏收的费用而已。随着有的农村青壮劳动力的外出，村民自治组织的弱化就成了不可避免的现象，乡村的治理甚至从依靠地方上党性强、原则强，具有学识、德行、威望的党员干部，演变到依靠灰色力量治理的地步。

国家从最初将各种农业费变为法定农业税后，削弱了乡村基层组织参与治理的权力，随后国家直接废除了农业税，不仅不向农民征收各种农业税费，反而对农民按照亩数实行直补，并且在购买种子、化肥和农业机械上，都进行一定比例的补贴。但这种自上而下的资源转移会面临着一个信息不对称问题，那就是上级领导对村委会具体情况的了解，大多来自下面汇报，在缺少权力制约和监督的情况下，村干部与资源掌握者就会结合成一个越来越强固的自下而上的利益群体。

比如，对生活在城郊附近的农民来说，随着工业化和城市化大规模的展开，对土地的需求急剧扩大，这里的乡村治理者与村民之间的矛盾不仅没有减少，反而变本加厉，因为大量耕地的征收和拆迁补偿，带来了巨额的收入，在征地补偿款的分配上，国家又是将具体分配任务委托给了村委会，这样在征地补偿款上一些地方存在财务不明问题，由此还产生大吃大喝等不正之风，激化了村民与村干部之间的矛盾。由于缺乏有效监督，涉农腐败案件最近几年层出不穷，笔者调查所在村子的村委会主任，就因贪腐被国家检察机关公诉并被人民法院认定贪腐罪名成立而获刑。

在废除农村农业各种税费的同时，国家也开始考虑工业反哺农业，“新农村建设”开始作为国家战略进入了具体规划和实施阶段。国家倡导的“新农村建设”从一定意义上来说，从原来的村民自发谋取生活出路，发展个体家庭经济，变为由国家宏观指导，有具体规划和目标的激发性建设。这就一定程度上在乡村治理层次上出现了一个转变，即有了“建设”的理念。有了这个理念，就意味着农村发展要以村民自治组织为依托，对村委会来说，就得发挥主观能动性。从这里我们可以看到，对村民来说，这些基层管理人员就需要转变角色，从服务国家为第一责任变为以真正服务村民为第一责任的角色。

在国家宏观政策的规划下，在上级政府的努力推动下，农村经济文化的发展开始转变为反哺型的推动，具体来讲，就是在国家宏观政策引导下，通过具体优惠政策、国家项目，积极鼓励优秀人才下乡，鼓励资本下乡，探索新型农村合作化模式，以解决农村空心化带来的贫血现状，从而实现再次激发农村发展的原动力，促使农村恢复自我“造血”功能，推动农村实现良性发展。

在笔者调查的关中西部某村子里，因为在外当干部的人较多，有实权的县处级、厅级干部均有，加上在外“干大事”的人也乐意给村上办一些实事，这个村子成了省级扶贫村和定点扶贫对象。在许多政策与优惠项目上，这个村子均可以成为考虑的对象，这样在项目、资金上，该村都获得了国家支持。村干部虽然不能从村民身上获得各种好处，但国家开始给他们发放薪酬工资，并且国家对农村的支持也使得许多人更愿意进入村委会领导班子。由于资源大多都来自国家，因此从经验来看，位于下位者的村干部想尽办法向位于上位者的上级争取各种资源和项目。是否能争取到项目与资源，与村干部自身能力和村上在外资源有很大的关系，几乎都摆脱不了传统意义上以乡村为地缘产生的血缘、亲缘和乡缘为基础的私人关系这个维度。

从以上分析可以看出，一方面，随着农村税费改革和基层治理职能调整，基层组织与普通村民的直接接触事务减少，一定程度上减少了与村民发生矛盾和冲突机会；但另一方面，乡村建设政策的推行，又不得不依靠基层组织和管理者去落实和执行。这样，对于基层管理者即村干部的身份和职能就需要明确界定，只有这样，才能使他们有效进行乡村事务管理。

二　村干部准官员化与准职业化的必要性

根据《中华人民共和国村民委员会组织法》，村民委员会是村民自我管理、自我教育、自我服务的基层群众性组织，村民委员会主任、副主任以及委员，都由村民直接选举产生。对村民委员会成员，根据工作情况，给予适当补贴。根据法律规定，村干部从来不是中国正式权力结构中的一员，村干部不是公务员，也不拿工资，而是不脱产的、拿误工补贴的、由村民选举出来的村民当家人，其身份的服务性与公益性排在第一位，谋生排在次要位置。

按照法律规定，村级组织是由村党支部和村民委员会来组成，村民委员会根据《村民委员会组织法》来行使职权，属于群众自治组织，是由村民选举产生的，基本上根据“自我决策、自我管理、自我监督、自我教育”的原则来进行村庄治理。在实践过程中，两委理论上确实可以井水不犯河水地并存，但是在实际运行中，我们知道，两委在职权上常常不仅有交叉，而且是彼此难以分家。一个是负责传达党的意志和政策，一个是要面向村民负责，这必然存在着现实运行上的矛盾与冲突。从村委会权力组织结构来看，村党委书记和村主任如果由一人肩挑，则权力会统一集中。如果村党委书记和村主任由两个人分别担任，可以在村子事务上实现权力监督和制衡。从法律来讲，由于村委会属于村民自治组织，不是政府派出机构，那么上级政府对村委会的管理以及指挥，只能通过党委来实现。因此，村民自治制度不仅是国家安排，村委会还必须直接面对上一级政府党委与政府，而且在许多方面，直接或间接地要依赖上级的指导。

在村民自治法上，乡村干部是村民直接选举出来的，是对村民负责的，村委会作为一个群众性的自治组织，介于国家正式权力之乡一级政府与村民之间，起到一个桥梁作用，其主要功能是为村民服务，听取村民心声，但是理论与实践总是有出入的，乡村治理的运行与规定会出现不一致的情形。原因就在于，一方面制度设计有从西方移植的因素，可能与现实脱节，另一方面国家在实现乡村治理上，出于稳定需要，不得不对制度变通，这样必然导致在具体复杂的社会中，实践运作与制度的不匹配，再加上中国当前正处在史无前例的高速发展和社会巨大变化过程中，制度的稳定性面临很大的实践挑战。

在这个过程中，村委会班子成员的角色从与村民结为共同体，对村民负责，为村民服务，变成了只对上级政府汇报工作，贯彻落实上级政府指令的执行体，村干部慢慢成为政府在乡村的代言人。随着农业税、各种规费取消后，村干部待遇由国家财政负担，甚至村委会日常开销也由国家负担。这些都导致村干部越来越倾向向上一级政府负责，而不是专注于村子内部事务；村干部行使权力是否合法，也是由上一级政府根据他们制定的各项指标来判断的，这些都必然导致村干部准官员化。

农村的税费被废除，从源头上掐断了村干部贪腐的机会和制度基础，村干部由国家收编，那么对乡村来说，公共品无序供给的问题则出现了。造成此种情况的原因，主要是农村税费废除后，村干部变为只是简单地由上级政府拨款支薪的职工，不再是由地方社区财政自己负担的准官员。当村干部变成国家正式权力体系中的准一员时，一方面乡村组织日益理性化，另一方面村干部则准官员化。从逻辑上来看，由于村委会这一基层组织被拉入了国家正式行政体系，乡村组织上的理性化与官员化必然会压缩村委会作为自治组织的民主性空间，不利于基层组织发挥村民自主管理的积极性，既然村民的积极性不能通过行使民主权利激发出来，公共服务供给自然会面临行政效率降低的风险，这样一来自然会降低村民自治组织自身提供公共服务的能力。

由于年轻人大多走向城市谋生，农村出现了空心化。农村的空心化，本质上是人的非农村化，由于年轻人几乎都进城了，只剩下老人与一些儿童，致使农村丧失了生机与活力。在笔者看来，农村的空心化是农村干部被迫准职业化的根本原因，也是农村干部被灰色或黑色势力占据的一个主要原因。

村干部准职业化，主要体现在村干部的身份不再是流动性的，而是固定化的。由于农村精英大多流出，使得党和政府在农村要选择一个合适的代理人，要面临选择空间狭小的局面。有的村子不得不依赖原来的、快要到退休年龄的老干部，原因就是这些人农村工作经验丰富，在村里也有一定威望，这类人大多年龄较大，以 50 多岁的居多，他们大多是当了多年的村干部，再熬上几年到 60 岁退休，每个月就可以从国家拿到相当多的养老金补贴，这对农民而言还是有相当大吸引力的。对于农村 50 多岁的人而言，进城务工也没人要了，当村干部工资虽不高，事情多，但相较于同龄的老人在附近做建筑小工，还是轻松体面多了。由于符合村干部标准的人选越来越少，并且村干部拿国家工资，那么不管是村民选举意愿还是上级政府的意见，都无意中固定化了村干部的人选，在准官员化基础上，必然会呈现出职业化倾向。

村干部的准官员化与准职业化，顺应了乡村自治组织性质向社区服务性质的转变，有利于提高服务质量；也增加了村干部这个岗位的吸引力，加强了乡村基层自治组织建设，有利于维护农村社会稳定。

三　村民民主权利意识需要加强

基于以上的分析，我们看到，在国家彻底废除农业税费并反哺“三农”的情况下，村委会作为乡村基层自治组织，呈现出准行政化趋势，村干部因为领取的是国家工资，不再是误工补贴，身份呈现为准官僚化。工作的内容越来越专业，即从原来的催款催粮变为公共服务，对职业技能有了更高要求，比如要会电脑自动化办公，使得村委会干部角色呈现为准职业化。村委会作为基层组织的准行政化，出身村民的干部身份准官僚化，可以说彻底打破了村干部双重角色和身份之间的平衡。在农村留守人员看来，不论谁当村干部，与自己都无直接的关系，必然使得他们不再热心本村事务，更是懒得去参加村民大会等，产生了“行政消解自治”的社会后果。

这几年还出现一种贿选现象，这类现象在关中地区，和全国其他地方一样，主要发生在城郊。由于村子在城市郊区或称为城中村，依托村集体，不仅可以争取各种优惠政策和项目，而且可以将村子资源充分利用起来为自己谋取利益，因此也就出现了一种有钱人通过贿选当上村里干部的情况。在竞选时，我们看到候选人不是口头许诺，而是实打实地买一些商品送到村民家里，希望村民投票支持自己当选。有的地方甚至直接给现金，这些有钱人，本身就有自己的产业或生意，当选以后，借助乡村自治组织这个平台和村干部的角色与身份，更是如鱼得水，扩大自己的社会关系网，进一步压制降低了基层村民参与村上事务的民主积极性。

现在国家有强大财力来实现“以工哺农”，实施乡村振兴战略。但是我们也要看到，即使国家能够支付高昂的行政成本，实现暂时的社会治理秩序，但激发社会活力和治理活力并不是轻而易举实现的。原因在于，乡村自治组织的准行政化，村干部的准官僚化与其身份的准职业化，割裂了与村民之间积极、主动、热烈的互动关系，进一步冲击了建立在血缘和地缘基础上，以乡村为基础的传统熟人社会，无形中乡村之间的熟人关系与感情也走向了功利化、冷漠化，以至于许多公共事业难以组织起来，村民之间互助性质的功能和村庄内部有效的治理系统也被消解，这些其实体现出的都是村民对民主权利的消极对待。结果，国家高层对乡村基层寄予希望的民主，不仅没得到滋养成长，反而还有萎缩的倾向。

现在国家要求乡村自治组织公开村务和财务，但是由于不再向村民征收和征缴各种税费，村上开销等主要来自上级政府拨款，因此自上而下的监督比自下而上的村民监督更有力量，普通民众的民主监督很难到位。比如，低保名额的分配、农村危房改造项目等，从前皆由村干部根据关系亲疏远近来决定分配，这几年国家政策监督更加严厉，遏制了村干部的率性行为，但同时也说明村民对行使民主监督权利缺乏积极性。

笔者认为，要实现农村振兴，就要让农村有自我造血能力，要实现这个目标，应该进一步落实村民委员会组织法，鼓励与肯定村民自治，发扬村民对公共事务的参与热情，激发基层活力与治理创新，将农民组织起来，通过自我决策、自我管理、自我监督和自我教育来解决与农民自己利益息息相关的村务。以中央确立的农村确权制度为基础，明晰产权，让农村的生产要素也流动起来。只有这样，才可以调动农民的参政热情，恢复以自然村为基础的村民自治，重新将农民组织起来，恢复农民的公共生活，提高基层的社会治理能力和治理活力。

四　乡村社会治理需法治与德治齐头并进

当前中国乡村社会，由于电视、网络普及，政府大力宣传，老百姓的法治意识都得到很大的提高，一些与日常生活关系密切的法律常识，他们都或多或少知道一些，比如离婚、彩礼、家里盖房出现意外事故等，都愿意先协商，无法协商了才会诉诸司法程序。年轻人把凡事通过司法途径来解决看作很正常的维权行为，但在一些上了年纪的村民眼里，被起诉到法院，依然是很丢人的事。村民需要懂得的法律知识不像现代都市中的人那么多，虽然对法律的内生需要不多，但法律也足以让每个村民都变得更加理智，使他们认识到，许多事不可走极端，大不了去法院打官司。这说明当村民出现纠纷时，不再仅仅限于诉诸村庄内生权威的调解，更乐意求助于国家正式司法机关，这一点也正说明，村庄内生性权威主导的秩序正在变得衰微。

人民调解法颁布后，基层政府普遍成立了以乡镇司法所和村委会为主体的人民调解委员会。在笔者调查的关中西部农村，几乎每个村都成立了人民调解委员会，以调解村民纠纷，甚至每个村还有包干法官作为调解力量参与进来，乡村社会不断援引国家法律，这表明法律已成为乡村社会建构与维持秩序的力量。驻村联络法官，作为有正式编制的国家司法人员，对村上相关法律事务予以指导，让准司法权力更接地气地走进了村民之中。发源于关中西部陇县的送法下乡大调解，得到最高法的肯定和推广，这种马锡五审判方式再次得到国家重视，说明在乡村，那种欧洲式的坐堂式审理诉讼机制，依然让村民在维权上存在各种顾虑和忌惮。在这种情况下，村干部对引入法律、依法调解的积极性很高，这不仅是体现自己作为农村能人的机会，也是向上级政府争取自己政绩的一个渠道。

当村民因为邻里之间鸡毛蒜皮小事产生纷争后，为了避免小事扩大化，国家通过发挥大调解功能，以面对面的方式，由村干部、人民调解员，甚至国家正式在编法官参与调解，结合民情、村情，把国家正式法律深入浅出地引进来，不仅有利于村民理解法律、认识法律，而且可以帮助村委会、人民调解委员会等组织和机构积累行政资本，进一步强化了其权威性。对于准官员化、准职业化的村干部而言，基于维持治安秩序的考虑，他们也急需法律知识，以帮助他们通过法律进行生动的案例宣教，因此他们对引入法律参与村里治理持非常欢迎态度。在传统公共道德衰微情况下，村庄内生权威日益衰落，已得不到村民认可，此时法律及时入场，正好填补了这个空白，有效维护了村庄内部社会秩序。

国家法律进入乡村，并不仅仅是国家一厢情愿的"送法下乡"，更表现为乡村社会产生了内在需求。农村社会在十多年的变迁中，经济生产方式、文化价值、道德伦理已经发生了巨大的变化，本身就为现代法律下乡提供了更多的现代因子，表现为村庄社区中日益增强的流动性、日益凸显的异质性、村民之间关联的降低、村庄认同的下降、公共权威的衰退等，这些导致村庄共同体逐步瓦解，使得农民逐步挣脱土地和地方性规范制约，农民和乡村越来越与理性化的国家法律规定相契合。

同时，我们也应看到，国家的正式法律，这个带有国家权威力量的普遍性的规则体系，是无法满足幅员辽阔的中国乡村社会对内生性秩序的需求的，原因就在于建立在地缘基础上的中国乡村社会，其十里不同俗的内生性秩序具有极为复杂和微妙的伦理需求。因此，乡村社会对纠纷的解决，就体现在实体层面而非程序层面，村庄内部熟人之间，由长时间对彼此生活的熟识而产生的默契，决定了他们对彼此矛盾的预期是大事化小，小事化了，而不是激化矛盾。这就是现代性法律制度为何没有能力提供熟人之间村民需要的法律服务，农村会出现与现代法治精神完全相悖的司法实践。

虽然社会制度不同，但我们的邻居日本在社会治理的有效性方面，还是有很多经验供我们参考的。从日本的经验来看，日本之所以实现现代化，是因为它把法律的运用维持在最低的限度内。虽然大多数人会认为，以普遍、平等且以公民个体为基础的法律是现代社会形成必不可少的条件，但是从日本的现代化实现过程来看，恰恰日本普通民众低度运用法律是有助于而不是有碍于现代化的，法律并不是日本现代化的前期条件，至少没有达到“法律是现代社会的前提条件”这个普遍命题所意指的那种绝对程度，相反，法律被小心翼翼地置诸一旁，管理大多是通过非正式的社会制裁来实现的。这些非正式的社会制裁，则是建立在东亚文明的“耻感”文化上的，本质上是礼的社会规范在起作用。另外从韩国以及我国台湾地区的现代化过程来看，儒家许多传统精华不仅没有阻碍现代化进程，相反实实在在地促进了现代化进程。

总而言之，针对乡村一级组织的空壳化与公共产品供给的衰微等问题，要重新培养乡村精英，这个精英不能再和封建社会一样是建立在分享儒家价值观的基础上的，而要以现代化国家为归属，立于现代法治文明保护的对象——个人财产权、自由权基础上。在道德上获得村民的信服与尊崇，在财力上能对地方公共事务起到积极作用。

实现这一目标的方法，就是引导城市人在农村置业，让资源、财力与人才不再是单向的从农村向城市源源不断地流动，而是双向流动。允许土地的合理化、合法化流转，国家加强对流转过程的监管。当然考虑到当代中国的国情，家庭联产承包责任制下的一家一户的小农经济模式，在解决生存问题上，依然起到社会保障的作用，因此在尊重农村的联产承包责任制前提下，通过城乡互动，慢慢培育农村的新一代具有道德魅力的乡村领袖，让他们分享部分社会权利与准官员的行政权力，保持其价值观与现代国家的一致性，十分重要。

第二章　乡村经济发展与村落民居

对农业、农村与农民问题的研究，都离不开土地问题的研究，土地问题是“三农”问题的前提和基础。土地依附关系历来是研究乡村经济与乡村民众生活的“牛鼻子”，不同的土地依附关系，反映不同的农业经济和农村社会结构。城乡二元结构在一定历史阶段对社会稳定与经济发展贡献过力量，但随着社会发展，其已经越来越不合时宜，城乡一体化发展将是必然趋势。同时，在不同的土地政策阶段，关中西部地区的乡村民众也经历着不同的生活方式变化，包括农业生产、物质消费以及生活体验等多个层面。

形成于特定地缘与文化背景下的关中西部民居，在历史长河的冲刷下仍旧长时间保持其鲜明特色，成为中国民居版图上的亮丽风景。改革开放以来，随着民众物质水平的提高和外来信息的熏染，民居中的传统元素逐渐让位于现代审美理念，传统关中民居出现了新的变化趋向。

第一节　土地依附关系与乡村经济发展[①]

城乡二元结构的形成与农民和土地的关系密不可分。随着工业化的不断推进，城乡二元关系逐渐解体，农民与土地依附关系发生改

---

① 本节内容是作者在其发表于《中国土地》（2011 年第 1 期）的《当下土地依附关系嬗变与乡村生活的变化》与《宝鸡文理学院学报》（社会科学版）（2016 年第 4 期）的《城乡二元结构的运行分析与新型城乡关系的构建探索》的基础上修改和扩充而成。

变，随之带来了乡村民众生活内容与生活观念的转变。虽然不能将新型乡村社会结构的形成完全归咎于土地依附关系，但在乡村社会，土地关系是其他关系形成的前提和基础，是研究乡村社会回避不了的因素。

一　土地依附关系改变与乡村民众生活变化

农耕文明的发展是建立在稳定的农民与土地关系基础上的，没有大量农民的存在和稳定的土地关系，国家政治稳定与经济、社会稳定也无从谈起。从中国历史发展来看，农民与土地关系处理得好，往往经济发展、社会稳定、国泰民安，而当土地关系混乱时，耕者无其田，政府加大赋税和盘剥，农田荒芜、乡村凋敝、社会关系紧张甚至改朝换代的情况就会出现。

自有历史纪年以来，从公元前841年“国人暴动”起，中国国家政治与农民生存的关系就是一对矛盾，并处于不断调整的过程中。跟古罗马情况相似，西周时期的奴隶被捆绑在土地上，直接从事农业生产活动，向贵族提供物质资源，而“国人”即平民阶层，拥有一定土地但主要依靠奴隶劳作，自身的主要职责是保护贵族政权，同时依靠对“湖泽林鱼”的经营与收益取得生存资源，但随着土地矛盾的激化和贵族阶层对“国人”的限制与盘剥，主要是对土地收益以外的其他收入来源的限制和剥夺，平民阶层有失去土地和沦为奴隶阶层的风险，于是，他们为了保护自己的权益不得不起来斗争。纵观中国历史上的农民与土地关系，在大部分时期，农民是作为一定土地拥有者、生产者和国家非职业军人的综合体而存在的，闲时为农，战时为兵，这样的平衡持续了相当长时间，期间的改朝换代往往发生于这种平衡被打破的时期①。比如土地被大量兼并，农民破产，这个时候农民往往会造反，领导者会打出“平均地权”“耕者有其田”的口号来吸收农民。“农民革命”是穷则思变，死里求生，而不是出于市场经济发

---

① 参见［加拿大］埃伦·M. 伍德《资本的帝国》，王恒杰、宋兴无译，上海译文出版社2006年版，第18页。

展后冲破宗法束缚的发展要求①。直到清朝，这种稳定的农民与土地关系还在持续。封建贵族掌握统治政权，而八旗子弟成为其军队保障的主要来源，他们享有特权并成为职业军人，而农民阶级享有土地使用权，汉族贵族在享受特权收入的同时，肩负着对基层社会的管理职责，保证其平台的稳定。总体而言，在农耕时代，农业是国家的经济命脉，国家运行基本上指靠土地产出，中国传统社会是“乡土社会”，生活节奏较慢，生存成本相对较低，农民基本上可以供养统治阶级和自身需求。

鸦片战争以后，国门被打开，一系列不平等条约的签订和西方列强的疯狂掠夺，加重了清政府的经济压力。没有现代化工业的清政府，为了维持政治统治和城市发展，只能将压力转嫁到农民身上，加重了对农民的盘剥，外来工业产品对农产品的冲击也加速了传统农民的破产。从清末开始的战乱年代，连年军阀混战需要农村提供人力和物力的支持，对农村的掠夺到了无以复加的地步。农村和农民在遭受持续的掠夺后，变得凋敝不堪和异常贫穷。直到 1949 年中华人民共和国的成立，这一趋势才得以发生根本性改变。

1. 城乡二元结构的形成与粮食安全

城乡二元结构的出现与新中国成立初期内外交困的现实密切相关。连年战乱造成国家经济基础严重受损，社会财富大量消耗和流失，加之年轻的中华人民共和国不被大多数国家承认，国家面临困难局面。为了稳定政局和恢复经济，国家不得不实行城乡二元体制，先将数量众多的农民用户口捆绑在土地上，限制人口的城乡流动，以维护城市基本运行和工业品的生产与限制供应。同时，用集体化农业生产来压缩农产品成本并提高农业生产效率，用农业哺育工业。这样的权宜之计在中华人民共和国成立后很长一段时间内确实起到了稳定政权、促进经济恢复和发展的效果。

中华人民共和国成立后为了恢复凋敝不堪的农村经济，应对国际

① 秦晖、金雁：《田园诗与狂想曲——关中模式与前近代社会的再认识》，语文出版社 2010 年版，第 42 页。

上反华势力对我们的封锁和压制，我们不得不艰苦奋斗，自力更生。中华人民共和国成立初期开展的合作社运动，在低下的生产力条件和简陋的生产工具背景下实现“耕者有其田”，这是不得已的事情。对农村与农业的管理，只需要落实到集体而不需要细化到个体。对于当时一穷二白的中国来说，要恢复工业生产和城市的正常运行，依靠稳定的农村来提供资源，是最安全的办法了。当然这也使得本身已凋敝不堪的乡村经济在得不到补充和恢复的情况下就要继续付出，为乡村的长期贫困带来隐患。

大多观点认为，工业化是仅对城市发展而言的，与农村无关，其实不然。工业化的显著标志是为了提高效率而进行的劳动分工，具有标准化、专业化、同步化、集中化的鲜明特点。新中国成立后实行的人民公社的生产生活模式具有农村工业化的特点。城市工厂出产的叫工业产品，农村人民公社出产的叫农产品，农产品的生产模式是工业化模式，因为是由分工劳动生产的，整个农村就是一个大工厂，进行着农村的工业化生产。当然不能完全否认这种模式的成功之处，在当时那种国际环境与国内环境下，年轻的中华人民共和国要生存下来，这种农村的“工业化”集中生产与管理功不可没。

20 世纪 80 年代初开始实行的联产承包责任制，一定意义上宣告了农村工业化改造的失败，其判断标准是合作化生产并没有提高劳动生产力，没有提高劳动效率，农村处于破产的边缘。联产承包责任制从政策上给乡村松绑，激发乡村自我复原和自我发展的动力，打破集体化生产与统购统销，给已经接近崩溃的农村经济带来转机，激发了广大农民的生产积极性，农村经济的造血功能逐步得到恢复，很快乡村经济就缓了过来，加之乡镇企业的发展等，乡村一度呈现出欣欣向荣的景象。但很快这种状况又发生了变化，90 年代以后，随着市场经济体制的逐步确立并占主导地位，一方面城市的快速发展和东南沿海的普遍崛起，需要大量劳动力参与建设；另一方面土地收入相对于经济增长步伐来说，显得缓慢和停滞不前，致使大量的乡村青壮年劳力纷纷撂下农具，背起行李，投身到大城市建设的怀抱之中，而土地耕作成了打工之余的捎带活。有些获利低于成本的贫瘠而边远的耕地被撂荒和闲置，导致资源浪费。农村经济长期得不到发展和补偿，导致乡村的荒芜和贫穷。

到20世纪末，中国基本完成了工业化，国家不再需要从农村提取用于工业化的原始资本积累。相反，国家财政收入中农业税所占比重很低，农业产值占国民生产总值的比重降到了15%以下，国家已经具备了“以工哺农，以城带乡”的经济基础[①]。进入新世纪以后，随着农业生产水平的提高和工业化发展，不论是政府层面还是农民层面，获得物质资源的途径大大拓宽。全球化市场背景下整合世界农业资源，农产品的大量进口缓解了从农民身上获取剩余劳动的压力，以工业品的出口与农产品的进口来维持对物质需求的平衡。取消农业税，加大农业补贴等措施都透露出政府缓解农民压力，消除农民阶层的不满的考虑。同时，国家将国内农民劳动力与土地产品纳入全球化市场竞争，鼓励经济作物的种植和科技创新，增强市场竞争的能力。由于减轻了对土地出产品的依赖，政府有更大空间对国有土地和集体用地政策进行调整和变更。政府对国有土地和部分集体用地的产业化运作，为经济发展和城市化建设作出了重大贡献，这一点是不容置疑的。比如招商引资，进行工业生产平台的建设，推动房地产行业蓬勃发展，在改善城市民众和进城农民居住条件的同时，带动了相关产业的发展，促进了城市的繁荣。同时，失地农民和城市平民通过从事各种工作以换取对房产的取得。在为社会提供劳动力的同时，促进了国家税收的增加，从土地上解放出的农民，盘活了自身劳动力资本和土地资本，更深入地参加到市场经济的洪流之中。

当然，城市现代化发展的同时也不能忽视农村经济发展与粮食安全问题。“三农”问题的立足点是土地问题。“耕者有其田”是千百年来农民的夙愿，中国共产党领导下的土地革命和联产承包责任制的实施，从根本上解决了这一历史性难题。首先应该肯定的是几十年来不断完善的土地政策是英明的，尤其是家庭联产承包责任制实施以

---

① 丁卫：《复杂社会的简约治理——关中毛王村调查》，山东人民出版社2009年版，第3页。

来，农村发生了翻天覆地的变化，农民的经济收入与生活水平有了很大提高。这一点是有目共睹的。但是随着改革开放的深入和新农村建设的展开，与土地相关的一系列问题也接踵而来。必须承认土地依附关系嬗变对乡村生活的变化有一定的影响作用。新农村建设的目的是保持农业生产的稳定、农村生活的和谐和农民生活的满足。不能把经济指标作为唯一衡量标准，不能把新农村建设误认为农村经济建设，基层管理与舆论宣传尤其要清醒地认识到这一切。如果农村经济发展与农民快乐指数成反比，那样的经济发展是得不偿失的，就背离了科学发展的方向，那样也就没有了乡村的和谐和真正的繁荣。农业社会数千年的发展历程，创造了繁荣而富足的物质文明和灿烂辉煌的精神文明，在传统中国表现得尤为明显，虽然在工业化和信息化冲击下，传统乡村由一元的农业生活朝多元化发展，但以土地为根本的乡村社会在相当长时间内需以土地依附关系为保证，这样才能保持稳定而和谐的局面，才能为逐渐城镇化奠定坚实基础。另外，乡村民众的粮食危机意识下降令人担忧，一定要树立居安思危意识。在农业生产效益提高和国际贸易一体化背景下，中国人的吃饭问题可以依赖世界性生产，短期内不会存在多大问题，但从长远来看，世界人口急剧膨胀和气候变化存在不确定性，粮食生产与粮食安全关系国计民生，不可大意。土地不仅是经济发展的重要资本，更是社会长治久安的根本保证，任何时候都不能用经济资本的思维简单对待土地。没有土地的足够供给和农业生产的有效利用，没有土地安全和粮食安全的保证，就不会有乡村的长期稳定。这样看来，要实现全社会的和谐，乡村一定要和谐；要实现乡村和谐，乡村民众与土地的关系要和谐，因此土地关系的处理尤为重要。在不断深化的农村改革中，尤其在新农村建设和城镇化过程中，一定要慎重考虑土地关系因素的重要作用，要以更宏观更长远的眼光，客观而全面地看待农村的发展。

2. 土地松绑改变了乡村民众的经济生活

20 世纪 80 年代，乡村民众的主要经济收入是种植业，包括经济作物与粮食作物。土地劳作之余，就近从事一些运输和基建工作，贴补家用，俗称“搞副业”。这种工作方式与经济收入方式并没有远离土地，乡村民众也没有走出农村，民众的日常生活与交往活动还是以土地为纽带，交往空间还是静谧而稳定的。90年代以后，随着城市的快速发展和对劳动力的大量需求，乡村中的青壮年劳动力纷纷离开土地，走向城市，乡村民众与土地的依附关系发生第一次变化。他们在城市赚取一定财富，具有一定的经济基础，加之对城市生活方式的接触，他们对农村生活的看法改变了，萌生离开农村，进入城市生活的想法。他们在城市买房并且定居，对土地的依附进一步松弛，从第一次变化时的农忙耕种、农闲打工的模式转变为将土地转租于别人种植甚至撂荒。这是与土地依附关系的第二次转变。进入新世纪以来，在城镇化与新农村建设背景下，城市不断扩张，将农村用地不断转化为城市用地，有的地方已经开始将农村户口转移为城市户口。同时，随着大众传媒设施的完善与信息传播途径的通畅，城市生活方式逐渐被乡村民众认识并接纳，当下的乡村生活已经变为城市生活的"山寨版"。乡村民众对土地的认识也发生重大变化，从以前赖以生存的生产资料变为解除生存后顾之忧的退路，对自己的农民身份认同减弱。

随着种植业收入在家庭收入中的比重不断减小，以土地为纽带的人际交往关系的密切程度大大降低。联产承包责任制之前的人民公社时期，集体化劳作提供了民众人际交往的平台。上工、开会、休闲时间，大家都是一样的，共同的生活状态、生活经历形成共同交往话题。联产承包责任制以后，虽然不是共同进行生产活动，但在农忙时间，民众之间相互帮助、协作生产还是必要的。这种协作关系不是以经济利益为交换，而是以人情为纽带。随着市场经济理念和农业机械化生产模式在农村的盛行，以金钱为衡量的交往关系逐渐上升。民众不需要在平时交往中主动修缮人际关系以备不时之需，劳务关系取代人情关系，农业生产、红白喜事、日常协作，都有专门化的机构和商业组织完成，只需要支付金钱就行。当然，这种状况的形成也有其客观原因。打工群体长年在外，村落缺少青壮年劳动力，留守老人和留守儿童成为村落主体。同时，农民在城市购置房产并且长期居住，又使得一部分民众在空间上远离村落。这样一来，乡村事务就不得不依赖商业元素。土地的松绑，一个直接后果就是村落人员结构的变化和平常在村落居住和生活的民众数量的减少，村落人际交往平台从根本上发生变化。同时，随着家庭收入结构的变化，经济化意识增强而粮食安全意识逐渐淡漠，民众普遍认为，只要手里有钱，就能买到所需要的物品，包括粮食，他们忽略了一个基本事实：粮食不是工业品，工厂里是生产不出粮食的。生活的富足冲昏了头脑，土地安全与粮食安全意识变得淡漠。

3. 乡村城镇化应当因地制宜

任何问题的有效解决都是立足于对问题背后的原因的正确分析与认识基础之上的，问题认识不清就不会有问题的正确解决，城镇化建设也是这个道理。要探寻新型城乡关系的构建路径，就必须分析当前农民的生存与生活现状，立足农村实际与农民需求，深刻认识城镇化并不是农民进城，农村户口转换成城镇户口这么简单的事情，而要从农村发展规律与农民生存与生活内容等深层次角度开展工作，这才是真正立足问题和解决问题的态度和方法。

（1）对当前农民生存与生活困境予以清醒认识和高度重视

有土地或者在农村有谋生机会，能活得下去，农民才会待在农村，要不然就只能为了活着而逃离农村，同样道理，农民进城也要有谋生机会，要不然城镇也是待不住的，还得回到农村。同时，农村有丰富的日常生活，待在农村有意思，农民也才能愿意并长久生活在农村，否则也只能离开无聊的农村。这一点必须引起重视尤其是政策制定者的重视。

首先，土地城镇化不等于人的城镇化。集体土地的工业化开发和土地合理流转都是城镇化发展的趋势，这一点无可厚非。但如果不能构建好失地农民的生存生活平台，使他们处于“既非农民，又非市民”的尴尬境地，后果是非常严重的。笔者在关中西部调查发现，一部分失地农民的生存境况堪忧。这些农民在离开土地以前，主要靠农业收入，并以家庭养殖为副业，无其他生存技能或手艺，无投资性产业，一旦离开原先住地，失去土地，将失去其基本经济来源。加之居民一般年龄较大，外出打工也不受欢迎，收入来源趋近于零。在调研过程中，失地农民反映出的问题是：在原先居住区域内，虽然农业收入不高，但可以满足自己的基本需求，起码吃的“不要钱”，虽然收入少，但支出也少，有时不用花钱就可以维持基本生存。失去土地并且搬迁进城后就不行了，各个方面都需要钱，物业管理、煤气水电、通信交通等，一动身就要钱，而他们又没有机会挣到钱，这样就使得很多失地农民的生活难以维持，叫苦不迭。众所周知，在不同的生存区域，民众生存成本是不一样的。在城市打工然后在乡村消费，生活就较为宽裕；而靠土地收入，却居住在城镇，生存境况就非常糟糕了，因此，失地农民在城市中的竞争力相对是比较弱的。笔者认为，在土地城镇化的同时，首先应该考虑的是人的城镇化，即农民生存机会的城镇化。

其次，有的年轻留守群体之所以未去城市打工是由于老人年龄太大或者孩子太小无人照管，不得不留在农村。但是，由于土地收入微薄，乡村就业机会少而导致经济状况不佳，他们看到自己生活与别人生活的巨大落差，心里会产生不平衡，进而影响到家庭的稳定与和谐。老人赡养问题也是乡村当下不能回避的大问题，遗弃、虐待老人的事情常有发生，传统伦理价值观受到强烈冲击。夫妻之间互相埋怨，信任与尊重消失，产生了很多不和谐问题。

(2) 尊重农村存在与运行的规律，正确引导和推动农村发展

只有在“尊重”的前提下才能理性、深入地认识农村、发展农村。农村并不仅仅是依靠土地收入和打工收入群居生存的一些人这么简单，它是一个庞大复杂的有机整体。乡村是诸多元素以一定秩序存在的综合体，乡村的存在是由经济、文化等多种元素共同维系的，尤其乡村文化，是乡村的“根系”，是乡村存在与稳定的前提和基础。乡村文化是由承载生存与记忆的诸多元素，在相当长的时期内逐步重组、融合并稳定下来，形成一定的存在形态，调节着乡村的存在方式与民众的生活秩序。

城镇化建设的立足点应该是“人的城镇化”，即以解决人的生存出路和满足人的生活需求为前提，而不仅仅是将“农民”头衔换成“市民”头衔这么简单。“城乡一体化发展”不是将农村建造成高楼林立、商铺遍地的城市，也不是让农民放弃农村，住进城市。很多人

对“新农村建设”的理解和“农村城镇化”的理解都很狭隘，比如认为低矮的房屋，苦涩的井水是乡村的图景，而高楼大厦、车水马龙是城市的写照。将农村的房屋推掉，集中区域建居民小区和小洋房，让农民集中居住，并在居住区域内建立商铺、医疗中心、学校等辅助设施，使农民的日常生活像市民一样，这就是农村的城镇化建设。事实上，这样的认识是偏颇的。

从千百年的历史发展来看，农村有很强的发展潜力和自我复原的韧性。只要有正确的发展思路，确立市场在资源配置中的决定性作用，发挥好政府的作用，就能激发农村发展原动力，使其恢复“造血”功能，推动其自我恢复和自我发展。传统村落的日常生活之所以能够井然有序，往往是因为村落内部有着较为健全的管理机制，形成了某种权威和一些必要的规章制度①。所以，要以“尊重”为前提，转变政府职能，扶持、帮助和大力推动农村发展，这样农村就有希望，新型城乡关系就会真正确立并不断发展。

（3）尊重并明确农民身份，构建农民合法权益保障机制

城乡一体化发展的前提是尊重农民的主体地位，尊重农民的主体地位首先要还农民一个明确身份。身份是对个人进行社会定义的一个方面，它界定了一种社会关系并赋予其对他人的某种权利和义务，身份和角色为行动者可能的行动范围画出了轮廓②。从几十年来“农民工”的提法和当下“职业农民”的提法，就可以看出农民是被忽视和边缘化的一个尴尬群体。

所谓“农民工”，顾名思义就是以农民的身份干着工人的工作，相对于城市工人而言，农民工就是业余的。大量农村剩余劳动力进城务工，参与城市建设，并没有被认为是农村对城市的支援，而被认为是城市给农村劳动力就业提供了机会和平台。同样道理，一些有知识、有技术的城里人回乡务农，成为“职业农民”，也就意味着种了

---

① 顾希佳：《社会民俗学》，黑龙江人民出版社 2003 年版，第 95 页。

② 参见［挪威］托马斯·许兰德·埃里克森《小地方，大论题——社会文化人类学导论》，商务印书馆 2008 年版，第 68 页。

半辈子地的农民充其量就是“业余农民”。如果在城市里是“业余工人”，回到农村又变成“业余农民”。那么，农民工的“定位”是什么？他们的归属感在哪里？这就让人疑惑农民究竟是什么身份，究竟受到多少重视和尊重。几年前一则新闻报道显示：某一年春节，由于进城务工者都回老家过年，某大城市的环境卫生与生活秩序大为混乱，局部环节处于瘫痪状态。因而，城市管理者和城市居民必须要转变观念，提高认识，尊重农民，尊重农民的付出与牺牲。他们抛家舍业到城市打工，在赚取辛苦钱的同时，也为城市建设贡献了力量。不是城市应该帮助农村发展，而是城市在发展过程中对农村索取过多，扶持、帮助农村的发展是城市的责任。

同时，要健全“失地农民”或“新市民”生存生活的保障机制。要维护乡村的稳定，就要维护耕地和宅基地归属权的稳定，以解除农民在外打工的后顾之忧。同时还需要盘活现有土地资源，提高土地使用效率。要维护农民土地权利，当下提及最多的话题是土地流转，即在保证集体土地所有权前提下，进行整理盘活，优化资源配置，以期实现乡村的繁荣和农民生活的幸福。在对传统乡村进行解构的同时，还必须对其进行重构，尤其是对乡村民众日常生活内容的重构。没有生活内容的乡村会如同当下有的城市，出现大量空置、无人居住的“鬼城”，令人恐怖。

总而言之，推进城乡一体化发展并非是将农村“原封不动”地“克隆”成城市样式，城市化进程的本质是农村、农业在地缘文化基础上的现代化，是将农村产业方式、经济文化生活内容、民众生活质量等从传统农耕生活层面向现代城市层面升级和转化。只有深入而冷静地分析农村、农业和农民，深入领会推进城乡一体化发展的精神实质，才可能探索出行之有效的路径、措施，真正落实好这一改革蓝图。

二　农业生产模式改变与民众生活变化

上面从宏观角度对城乡二元结构下的农村生活进行梳理，尤其对在城镇化过程中出现的问题予以分析，指出土地依附关系转变带来民众生活方式改变是必然的，但一定要对出现的不和谐因子予以辨析和重视，只有这样，才能真正适应这一时代变化。要理解乡村，就要理解农民，要理解农民，就要知道农民过得是什么样的生活；知晓了农民的生存与生活经历，才能理解农民的许多想法和行为，才能真正理解农民的情感。这里笔者将在关中西部地区凤翔县Q村访谈与调研的信息分享给读者，以拉家常的行文风格告诉读者一个真实的关中西部乡村民众日常生活。

1. 关中西部地区的传统耕作

关中平原由渭河冲积而成，黄土层厚，四季分明，利于作物生长，尤其渭北旱塬，民众大多耕读传家，说明这一区域农业一直比较发达。在集体化时代，农业生产基本上还是靠老一套，也就是属于传统手工作业的，机械化基本没有展开。那时种庄稼好手是很受人尊敬的。农业生产不仅仅是生存的头等大事，还是一项技术性很强的复杂工作，每年要按照节气播种、除草、收割，这一整套下来，就消耗掉了农民一年中的大多数时间。

关中西部地区基本上都是旱地，农业依靠的畜力包括秦川牛与驴、马以及骡子。比起驴和马来，用的更广泛的是牛，主要原因是牛比较好饲养，耐力也好。骡子有，但比较少见，原因是骡子虽然爆发力好，但不好养，不仅仅要草料，还要一些辅料，包括豆子之类的。这对刚解决温饱的农户来说，是不小的负担。因此生产队解散后，分到骡子的，没几年也都卖掉了。

20世纪80年代初期，关中西部地区普遍实行了家庭联产承包责任制，包产到户后，不需要统一安排上地、下地时间，但家家户户基本上有一种竞争，争先恐后到田里耕作，农业社时期的偷懒、磨洋工现象荡然无存，农业生产场面热火朝天，大家干劲很足。

那时一家四口种十来亩地是很正常的，今天来看，这十来亩地两天也就种完了，或者两天就收割完了，但在那个时候，种地、收粮都是家中头等大事，很费力气和时间。因为十几亩地庄稼要一镰刀、一镰刀地人工收割，并且得抢时间，遇上天公不作美，比如下大暴雨、雷阵雨或者连着数天的连阴雨，收成都会受影响。一镰刀、一镰刀地收割完后，又要用人力架子车拉回去堆放和碾场，遇到天气不好，还要及时垒起来成为圆形或长方形的麦垛。劳力多的大家庭可以相互帮忙，家庭劳力少的，或者主要劳力在外面工作的，就不得不花钱邀请来自甘肃天水、平凉、庆阳等地的“麦客”来协助收割，一般要管吃管住，工资按照收割亩数结算。

收割完后需要往家里运输，大多数人家用人力架子车，少数富裕农户家里购置了手扶拖拉机或者小四轮拖拉机，一般是 12 马力或者 15 马力，在运量上，明显比人力架子车高出了许多。需要人力拉六七次的小麦，拖拉机有时一次就可以拉回去，这样一来，单运送麦垛这一项，就比纯粹人力要节省好几天时间。

麦子上场以后，就要“摊场”和“碾场”，一家一户的场地，需要先整修平整。小麦从地里拉回去就需要全家齐上阵“摊场”，接着是“碾场”。开始是用牛或者马拉一个石磙子碾场，速度极慢。随着手扶拖拉机和四轮拖拉机进入农户，碾打效率就大大提高。当时家家户户在大清早趁着天气好，摊开收割回来的麦子，让太阳晒到十一点左右，排队等有拖拉机的农户过来碾场。当时有拖拉机的农户，也可谓风光一时，一般人平时都得巴结着，避免夏收季节了被故意为难。一般来说，碾场要三次，收费按照时间计算。第一遍完后，翻一遍，让下面的翻上来继续晒一段时间，太阳越好，晒的效果也越好，第二遍碾场完麦粒基本就脱落了。第二遍完后，则是最后一道程序，这个时候，不需要手工翻麦秆了，而是用一种四个刺的木头或铁做的杈挑起来，将麦粒抖落出来。这时，麦粒基本上已经落下来了，第三遍碾场一般时间很短，基本上没第一次与第二次那么认真细致，如果说第一次目的是压扁麦秆，以释放水分，那么第二遍则主要是脱粒，第三遍则是柔化麦秆。第三遍完后，一般都到下午四五点了，太阳也不是那么毒辣了，这个时候就要“起场”了。也就是把麦草收集到一起，堆一个简易麦草垛，然后就是把带着皮壳的小麦拢起来，有电风扇的就用电风扇，很快就把干净的麦粒吹了出来，没有的，只能等自然风，如果自家场子不顺风，往往还要再费工序，把含着小麦的皮壳拉到顺风的地方去“扬场”，这样麦子就算彻底归仓了，剩下就是一年中最轻松的农活——晒麦子了。

麦子收割完后，就要抓紧时间播种玉米。一般还是用牛或其他畜力，如果自家没养牛或者借不到其他家里的，就纯粹人力，自个儿用锄挖坑下种子。玉米发芽长上来大概一尺多后，还要施加肥料，开始多用农家肥，即家里圈养的牛羊猪等的粪便，后来慢慢接受了化肥，就多用更加省时省力的化肥，大多是使用本地化肥厂生产的碳酸氢铵或者过磷酸钙。施肥后，就要用锄子把周围的土围拢起来，以保证肥料能被吸收而不被挥发掉，另外也起一个固定玉米的作用，尤其是遇到大风的话，有很好的保护玉米的效果。如果遇到天气好、雨水好，玉米一般 3 个月就可以成熟。玉米不仅可以做副食，比如苞谷榛子，还可以搭配着麸皮做家禽饲料。收玉米最辛苦的是挖玉米秆和掰棒子，一般玉米秆挖倒后，都会堆放在地头，等晒干了，或者到冬季了才往回拉，是很好的做饭燃料和烧炕的柴火。

收完玉米，紧接着就要进入秋播，也就是种冬小麦。先前种麦还是人力结合畜力，犁地，撒肥料，或施农家肥，有时一天才能种一两亩，比较慢。撒种子有的是天女散花式，有的是人跟着牛拉着的犁一路溜种子。

农业机械对农村生产真正带来改变大概是 1995 年以后，那时开始有型号为“新疆二号”的联合收割机，最初尝试使用的主要是家中男劳力在外打工或者上班的家庭，妇女一个人难以完成手工收割，同时来自甘肃的麦客也日益减少。人们发现联合收割机参与夏收后，七八亩地甚至十几亩地，很快就可以收割完，而且麦粒很干净，不需要费多大工夫，留够口粮后，其余的一晾晒就可以在家门口卖掉。这样，原来要一个多月才能完成的夏收，竟然一天就可以完成，效率大大提高，虽然花钱了，但节省出的时间用于在外打工，赚的远远高于花费。联合收割机在短短十年内很快普及，“晒麦”由原来最轻的劳动变为最重的农活。收割机遗留在田间的麦草，家中妇孺在空闲时候用架子车拉回家，主要用来冬季烧炕或者烧火做饭。有的家庭，则用专门的捆扎麦草机捆扎后出售给造纸厂。近十几年来，就连渭北旱塬上的平坦耕地，慢慢地也没人种玉米了，现在仅有几户人家种植，但因为降雨少，往往收成很差，几乎把种子、肥料以及耕种费用都白扔了。绝大多数农户只种一茬麦子，其余时间让地闲着。

20 世纪以来，关中平原上的油菜种植还是很普遍的，因为部分还要作为公粮任务上交给国家，不交油菜要补交金钱。包产到户后，各家各户劳动积极性很高，农业收入成为家中主要经济来源，种油菜不仅可以完成国家任务，而且剩余的卖掉还能有一笔收入。虽然油菜能交公粮和卖钱，但营务过程很麻烦，现在一般都不种植了。油菜种植时间比冬小麦略早，一般要借助畜力，先犁个浅沟，顺着把种子丢下去，后面再用“磨”拉平。苗长上来后，大概半尺高左右，就要取苗，取的苗煮熟晒干后，留作冬菜。取苗完后，则要把苗两边的土拢起来，避免冬季冻死。度过冬季以后，来年开春，油菜就开始快速拔秆，到 5 月中旬左右，油菜八成熟后，就可以动手收割了，不能等菜籽熟透了收割，那样就全落地里了。收割时节一般早于小麦半个月，用镰刀割回来后，先要放几天，让菜籽再熟几天，然后在场里铺开，用“连枷”人工脱粒，不可用机械，这样会压坏菜籽。油菜秆可以作为做饭的柴火，也可以打碎用来做家畜饲料。油菜籽打下后，除了上交公粮和换钱外，一般都是自己去油坊榨油吃，油渣有时做肥料，有时有人专门来收时卖出可以得几个小钱。近几年种油菜慢慢减少，除了与国家粮油政策有直接关系外，也与农村打工经济兴起有关系。此外，超市里面各种各样的菜籽油、花生油，应有尽有。现在，油菜种植基本上退出了渭北旱塬。但在陕南，尤其是汉中，还在大面积种植，这是由于市政府把油菜花作为一个旅游亮点推介。每年春天二三月间，去汉中看漫山遍野油菜花的游客可以说络绎不绝。

农业生产方式的变化使得许多农业生产工具成为了历史，这是社会变迁的必然。而今，由于农业机械化，一家一户的小农经济明显已经不适应农业发展了，但目前还没有更好的替代办法。虽然土地流转已经宣传多年，但毕竟对数亿农村人来说，手头的自营地对自己的生活有很重要的保障功能，虽然不能靠农业种植发家致富，但一年种一茬小麦，留守老人自己吃一口放心粮食，给在外打拼的子女提供一些农家面，也是一件不错的事情。

2. 农作物种植结构的变化

关中地区，自古以来就是粮仓，尤其笔者调查的关中平原西部，可谓良田万顷，土地肥沃，地势平坦。在计划经济时代，这个区域的农民大多按照国家计划和要求，按照地块与比例种植小麦、玉米、烟草、豌豆、高粱等，那时农业的机械化程度不高，农民主要靠牛、马、骡子等来协助完成田间耕作。

家庭联产承包责任制实行以后，笔者所调查的Q村某个生产小组，平均每口人分到了三亩多地，也就是说一家四口，要种12亩多地。对于孩子尚幼的家庭来说，绝对是一件很辛劳的事。因此，家庭联产承包责任制后，最明显的变化之一，就是一家一户种植作物发生了显著变化：从原来的多样化种植变成了只种植几样，主要是主粮冬小麦、秋粮玉米等，个别农户在个别年份还种高粱。由于高粱比起玉米，在种植、照料以及收割上更费劳力，又不好卖出，渐渐地也就没人种了。最初分产到户后，也有个别农户种植黄豆等，但由于同样的原因，慢慢也退出了种植。虽然种植作物种类变少了，但只要人勤快，舍得施肥，种小麦和玉米只要收成好，留足口粮外，还是能卖不少钱。农民把粮食出售给国家几千斤，也是一笔不小收入，孩子上学、过庙会，甚至买衣服、买化肥等都依靠这笔收入。

20世纪90年代，在水利条件较好的地方，方圆几十里的农民的另一个重要的副业收入来自种植辣椒。种植辣椒需要在温棚里提前培育好苗子，并在种植小麦时提前留好栽培空隙，到了栽种时节，则要人工一株一株栽培，因此也是一件很辛苦的事。但由于那个年代，工业化、城市化还未展开，种植辣椒好销售，是一笔很大收入，这笔收入能解决许多问题，孩子上学、家庭日常生活开销、家里添置家具等，几乎都靠这一经济作物。

后来慢慢地，随着人力成本的增长，农业边际收入减少，以至没明显收入后，辣椒经济慢慢被打工经济取代，年轻人越来越愿意走向城市打工谋生，原来种植辣椒的数个乡镇，也渐渐放弃了种植，几乎都改种了小麦。玉米也很少种植了。农业生产也仅仅是为了解决吃饭问题，求得一个吃得安心放心。

20 世纪末，由政府主导的经济作物种植，主要是苹果种植，明显发挥了增加农村收入的作用。较有眼光的，提前种植了苹果，成了最早致富的群体。时至今日，对很多家庭而言，苹果种植依然是家庭收入的重要来源，其经济效益远远高于外出打工。同时，农民与政府都注重了品牌建设，加上从吃饱吃好开始向注重营养搭配转变的消费观念，使得水果消费日益增长，鼓励了大农业发展。这样一来，以家庭为单位种植经济作物的明显增多，好多农民几乎不再种植粮食作物。经济作物主要包括葡萄、苹果、樱桃，部分县区则发展核桃。这些经济作物种植到一定规模，带来的经济效益明显高于种植小麦和玉米，也就是在生活成本越来越高的情况下，一家一户种植五六亩经济作物，一年的辛劳基本能得到回报，并可以进一步改善生活。

尤其是关中西部几个平原县区，在政府主导下，一个县区主打产业是苹果，全县几乎都是苹果，每到春季，一望无际的苹果花，掺杂着梨花、桃花。还有一个县区主打猕猴桃，全县几乎都种植猕猴桃，一家种植五六亩猕猴桃，基本上有五六万收入。政府积极帮忙向全国甚至国际市场推介；在种植上加强了管理；在营销推广上更加注重品牌建设和品牌效应。这样比较起来，如果算上生活成本，外出打工就没有优势了，因此当地农民更愿意在家种植。

进入 21 世纪以来，一家一户的小农经济难以提高农业效益，国家开始有力推动民间资本下乡。近十年来，随着基础设施的大建设与房地产行业的大发展，许多赚了钱的人，没有找到更好投资方向的，就会回到农村发展种植产业和养殖产业。国家在政策上也会予以引导和指导，因此在关中西部好多地方，农业产业化标杆公司开始出现了。从笔者调查来看，主要有大面积承包农民土地后种植葡萄、猕猴桃、树莓等的，他们采取滴灌技术，可以说很符合渭北旱塬的特点，同时带有观光、休闲、采摘、娱乐等一体化的特色。

3. 农田水利建设的尴尬

中国是水旱灾害多发国家。渭北旱塬，缺少雨水，又不能有效灌溉，旱情严重时，就会造成减产，甚至颗粒无收。在正常年景下亩产只有二三百斤，历史上农业完全处于靠天吃饭、受大自然摆布的状况。中华人民共和国成立后，党和政府十分重视农田水利建设，经过四十余年的努力，农田水利事业取得了不俗的成绩。

十一届三中全会召开后，农村实行了家庭联产承包责任制，在农田水利建设方面，由于就大投入搞水利建设出现了怀疑的声音，使得从中央到地方对水利的投入出现了巨大的缩减。此外，国家改革农田水利收费制度，提高农业灌溉水费价格，将农田水利工程的管理、运行费用转化成农民的生产费用。这两项措施的实施，不可避免地影响了后期农田水利建设。由于我国土地使用实行家庭承包制，一家一户，夫妻为主劳力开始各自为战。80 年代初期，许多毛泽东时代的水利设施没遭破坏，渭北旱塬的好多田地还能用水库的水浇灌，但这些水利设施基本无人维修。

90 年代以后，农村经济搞活，生产力有了一定发展，但国际大环境不好，国内经济也受到波及，需要农业产出来支持。这时候，农民的负担并未减轻，反而在各种税费压力下，负担非常沉重。湖北省公安县党委书记李昌平上书总理疾呼，原来修建好的农田水利系统，如水渠、涵洞等水利设施，长期得不到及时有效地维护保养，已渐趋衰败。甚至存在村上干部采取各种措施变卖集体财产，拆毁水利设施。灌溉要花钱，农民们无意而自觉地选择了靠天吃饭。有人就盯上了水渠中的水泥板，开始偷的偷，盗的盗，有用于自己铺院子的，有用于修建猪圈的，等等。导致灌溉的主水渠、支水渠和通到田间地头的小水渠，没几年时间，在大自然风化、人为毁坏等各种因素影响下，变得破败不堪。小水渠已经不见了痕迹，主渠龙骨还在，但荒草丛生，部分地方成了野鸡的栖息地。

由于国家水利建设的松懈和地方的疏忽，以及村上人为破坏、大自然风化等原因，在笔者调查的 Q 村，20 世纪 90 年代末，在风调雨顺的情况下，农民又一次回归到了靠天吃饭的状态。由于农业机械的扩大使用，化肥的普及，种子的改良，即使遇到少雨的年份，粮食也能保证一定的产量，这个产量即使在最差的年份，也有五六百斤，比起新中国成立前与农业合作社时代，已经算大丰收了。因此这些年即使遇到缺雨严重的情况，也没有闹饥荒。

农村税费改革以来，种田基本为了保证口粮，农民家庭经济收入的重心转为外出打工、经商等，农民对水利建设等集体性事务的关注度下降，导致水利工程单位与个体化农户之间的用水关系失去纽带，已有的水利系统也趋于瓦解。近十几年来，我国个别区域的干旱问题一直存在，因干旱导致的粮食减产，对我国的粮食安全造成一定影响。关键问题是，本来可以得到有效灌溉的农田，由于粮食经济收益较少，农民种粮积极性不高，对农田水利建设的投入不足，水利设施普遍老化、失修，没有及时更换、维修，因灌溉不足而减产。

水利是农业的命脉，农田水利建设滞后会影响农业稳定发展和国家粮食安全，必须予以重视。2011 年中央一号文件《中共中央国务院关于加快水利改革发展的决定》（以下简称《决定》）颁布，这是中华人民共和国成立以来中央首个关于水利的综合性政策文件。《决定》从战略和全局出发，将农田水利建设提升到国家粮食安全的战略高度。

随着《决定》的颁布与实施，国家开始加大对水利的投入。在笔者调查的 Q 村，原来已经破损的水渠故址上，又重新开始修造新渠。现在由于机械化程度高，修渠速度很快。同时，根据国家建设高标准农田规划，2014 年，村子争取到上级资金，在田间打井，耗资共计数百万元，计划使用喷洒技术进行灌溉。但后来的实际情况是，井打好了却一直没有使用，即使媒体关注报道，也无济于事。笔者认为主要原因在农户，因为没有了给国家交纳公粮的硬性任务，加上农业收入也不高，辛苦一季一亩地最多落个百十元，如果再实行精细灌溉，成本会大大增加，不仅不挣钱，可能还会赔钱，导致打的几十口机井闲置着。

从 20 世纪 80 年代以来，国家在农田水利建设方面进行多次探索实践，也走了很多弯路，出现了当下的尴尬局面，需要进行反思。虽然当前我国粮食安全问题不突出，尤其是主粮的自给自足完全有保障，但每年粮食进口量也不小，尤其是大豆。一旦国际环境发生变化，进口不能保证，粮食安全问题就会凸显。这样看来，农田水利建设问题不能小觑，一定要未雨绸缪，要有危机意识。农田水利建设问题不仅仅是解决当前吃饭问题，更是未来国家战略安全问题，一定要提高到国家安全层面来认识和定位。

4. 吃水方式的变化

笔者所调查的渭北高原上的 Q 村，是一个有着 3000 多人的大村子，一个自然村包括了三个行政村，有三个村委会，每个村委会平均管辖七个村民小组。

早些年，由于地表黄土层比较厚，相比十余里外村子十几米深的水井来，这里的水井算很深了，到底要挖多深，才可以打一口水井，引用当地流传一句俗语“要把井水吃上，就要三十六丈”，大概相当于 130 多米深。

水乃生命之源，没有水，人就无法生存，这是最起码的常识和道理。在科技不发达的年代，打一口井是相当重大的事情，以前打一口井，到了一定深度，上面的人就要不停地想办法把氧气输入到下面，以避免缺氧对打井人造成生命危险，那时没有氧气罐，主要靠一些原始的东西用力向下扇风。

从民国到中华人民共和国成立以后的 70 年代国家协助打机井前的这段时间，据说村里有一口水井，由专人看护，多为村里德高望重的老人，那时打水就是通过木制手摇辘轳打水，因此挑水吃是一种普遍现象。如果井用的时间久了，就需要淘一淘，也就是用人力下到井底，把淤泥一筐一筐拉上来，这项工作非常费时费力，有时需要半月甚至一月时间。这段时间，就要使用村子里面的一个池塘来替代饮用水源。为了避免池塘水受到污染，要委派几个德高望重、说话有一定分量的老人轮流值班，严加看管，不准在池塘里洗衣洗菜等。

据说到了 20 世纪 70 年代，国家给打了一口机井，并安装了现代电动水泵，也完善了相关配套设施，修筑了水塔，这样一来吃水才基本摆脱了被动局面，池塘储蓄的自然水不仅允许人洗菜，更允许洗衣。甚至还允许牵引着耕牛这些主要劳动工具到这里饮水，夏日大热天大人小孩下水游泳。那时，用当地主要的劳动工具架子车拉一大桶子水，大概有一个半立方米，需要五分钱，每家基本上有一口大瓮，能储存两个立方左右的水。由于是深井水，水质较好，保存十天也不会变味。抽水、放水，基本上有固定时间与专人看管负责。在当时，工业化、城市化还未大规模展开，看井这样的事，也是村里部分人羡慕的，毕竟每个月多少给些所谓的工资，在那个年代，也算不小的一笔收入。

90 年代初，东村一位在省委工作的干部出面协调，争取到部分国家扶贫资金，该村就首先使用上了自来水，而且水管都是钢管。同时也安装了水表，按吨计算用水量和收费，这样就可以减少村民浪费水资源。随之中村、西村也效仿安装，采取村民集资办法，开始铺设自来水管，每家每户划分一段，出劳力自己挖掘埋管水道，一般要一米多深，这样通过集资与出劳力解决了通用自来水问题。那时，据说根据户籍，每家每户每个人一个月缴纳 2 元水费，水可以无限量使用。理论上确实如此，但现实里，管理放水的人总安排相对固定时间放水，比如三天或两天一放水。放水时，地势低的农户水就大一些，许多家庭不仅储蓄了生活用水，包括洗衣洗菜等用水，甚至还浇灌自家门口几分菜地。这样一来，用水成本是相当小的。即使如此，许多村民还是抱怨水费太高，拖着几元十几元水费不交，甚至有的一拖就是半年一年的，管理机井的人也没办法，只能一趟一趟地催缴。

2014 年，县上同意安排供水，重新打井，由财政出资，统一铺设管道，村民每户承担 160 元的水表钱，也不用出劳力，铺设管道的坑渠，由挖掘机统一施工，速度快，而且也能达到要求，可以直接将水管输送到厨房，水也变成了长流水，一天 24 小时随时都有水，每吨水费提高到 2 元。高于以前的价格，村民即使有抱怨，但也比以前村上自我管理、自我集资铺设自来水时的收费效果好多了。因为现在水井是县上财政出资打的，由县上水务部门代表国家管理、收费，也没人敢拒绝，一旦水费不按时缴纳，就随时停水。

从吃水方式来看，这几年变化非常大，而且这是一项看得见的民生工程，最重要的是，由国家统一管理水资源后，通过价格杠杆，不仅使得水资源可以实现最大化利用，村民对水的利用更加合理，不敢随便浪费，更加珍惜，更主要的是，水费也不存在打白条的问题，因为水费的收取采取先收费再给水量的办法，这样就不存在水费收取不了的情况，体现了相对的公平。

5. 基层教育资源的闲置

通过对关中西部Q村基层学校变迁的调查，笔者发现，几十年来学校教育的变化还是很大的。这个村子的学校教育在当地村落里算是比较齐全的，有小学和初中。之所以从小学到初中比较齐全，一是因为这个村子本身就属于比较大的村落，人口基数相对比较大；二是因为周围几个村子从民国开始，就有在这个村子里读初小的惯例。

新中国成立初期，小学所在地据说是个庙，当时把所谓学校就设立在这个庙里，来这里读书的是本村孩子加上其他三个村子的孩子。在民国年代，把学校设在一座庙里，可能与中国人的习俗有关系。人们认为学校设在庙里，被神灵与圣人每日监督着、激励着，可以更好地保证老师的身份地位和学生的勤勉。毕竟在那个时代，能读得起书的，都是家庭条件比较好的，绝对贫困的家庭，吃饭穿衣都是问题，根本没钱读书。即使学校是免费的，单是给老师的礼节往来，也是一笔不小的开支。再说，在那个时代，认识不认识字，对改变自身处境的作用也不大，因此即使几个村子的孩子来这个所谓私塾读书，其实课堂上的孩子也并没有几个。

中华人民共和国成立以后，通过土地改革和合作化运动，新中国彻底改造了农村社会的基层结构，在新的乡村社会中，农民自身意识到没文化的害处，他们自发地产生了学文化的愿望，识字运动得以轰轰烈烈地开展。同时党和政府针对文盲比例过高的现状，在全国展开扫除文盲工作。像所有卷入新中国建设的乡村一样，当地政府积极推动各个村落，在农闲时节，组织农民学习。

在1951年开始开展的全国规模的识字运动中，扩大教育面、建立新式学校是主要方式之一，面对当时有识字需求的人数巨大，国家建设又急需大量有文化的人的状况，读了初小的人在当时被当作有文化的人，被拉入教师队伍，这些教师大多都是自己边学做老师边带学生，有的学生甚至比教师年龄还大。教师来源主要是本村，老师们通过代课赚取工分，绝大多数不属于国家编制人员，也就是不吃财政。

随着人口的增长，新式学校得以建立，等到“文化大革命”结束，Q 村邻近的三个村子，都各自建立了自己的小学独立了出去。在 Q 村，小学有学前班、一年级到五年级。随着人口的增长，80 年代初期，每个年级开设了两个班，每个班有五十几个学生。老师的结构依然是：少数是公办教师，即领取财政工资的，大部分还是乡村自己推荐的民办教师，收入微薄，大概是公办教师收入的三分之一。校舍主要是大瓦房，由土坯修建而成，时间久了，存在漏雨问题。课桌以木制的为主，学前班没课桌。不管是物质条件还是生活条件，那时都是极为艰苦的。等国家全面实行六年制义务教育后，学校年级也从五个增加到了六个，办学条件改善并不明显，家里人口多的本村民办教师，通过寒暑假等看护学校（防止被盗）这一形式，增加几十元收入。公办老师是拿财政工资的，当然工资相对本村民办老师是比较好的，学校有食堂，吃饭也带有补贴性质，费用较低。

Q 村的初中，规模也不大，来就读的是本村升入初中的学生，加上邻近两个村子升上来的学生。由于初中学生名额比较少，好多考不上初中的就辍学了，早早出去谋生，或者参军，初中只有六个班三个年级，办学条件与小学差不多，教室也是土坯大瓦房，据说最初连电灯都没有。随着社会一步一步发展进步，后来就拉上了电灯，但窗户没玻璃还是纸张裱糊的。唯独给老师居住的宿舍兼办公的房子是砖土结构，显得比较高大上。那个时候，读初中能考中专，早日成为国家的人，跳出农门、不当农民是很多农家子弟的梦想。考不上中专才上高中。有的人为了考中专，据说有在初三复习长达 8 年，但最终还是未考上，回家务农了。足见当时中专竞争之激烈与残酷。

到了 20 世纪 90 年代末期，在国家政策的鼓励下，Q 村也兴起了进一步普及九年义务教育，改善教学环境的高潮。尤其邻县的一个村子，建成了全市第一所标准化小学，村上唱戏庆祝，紧接着另一个邻村也上马修建自己村子的小学，在规模与豪华程度上很快超越了邻村的标准化小学。在这个情况下，Q 村也不甘示弱，通过给村民摊派和在外工作人员捐款，以及争取上级政府的财政补助等各种措施，筹集建校费用，开始大规模改造。那时一个家庭据说每个人被摊派了 100 多元，这是一个数字不小的摊派，尤其对一个有五六口，甚至更多人口的家庭来说，这笔费用一次性根本拿不出来，有的就采取分期支付，有的干脆没钱不支付。后来由于本村的一个人当了市教育局局长，帮助申请到了国家专项资金，Q 村的小学档次又一次超越了邻近两个当年成为示范小学的档次。这个阶段，中学、小学的发展都借助了那位局长的个人能力，不仅免除了村民负担，还彻底改善了学校硬件设施。许多没交钱的人家也就不了了之了。

随着大学教育规模的不断扩大，师范毕业生也越来越多。原来中师毕业生在初中都比较抢手，随着大量本专科师范生的毕业，中师毕业生只能进入小学从教了。2000 年以后，随着就业市场的变化，学校的师资结构得到了很大改善，现在的大多数教师都是受过良好和系统的师范院校教育的本专科毕业生。

21 世纪以来，在外打工以及通过其他途径离开农村的人越来越多，同时由于长期推行计划生育政策，人口断茬现象凸显，在校学生人数锐减。原来有两个班两个教室，一个班的学生人数可以达到五十多人的，现在一个小班都很难凑齐人数。每天早晨，朗朗的读书声很难听到了，一个原因是学生人数锐减，另一个原因是现在孩子上学，再也不需要像以前一样，每天早晨六点不到起床，赶去上早读早操，然后再放学回家吃饭，而是早上八点上学，十二点就放学。

学前班也被幼儿园替代，由于国家对幼儿园的重视，加上孩子断崖式减少，现在几个村子的孩子集中在一个幼儿园，每天按时有校车接送，专人护送，相比以前，可以说各种条件都得到了极大改善。但是现在还存在教育上的过度竞争、师资的不平衡等问题，农村家庭条件好的，尽量送自己孩子去县城读书或带到自己打工的城市上学，留守儿童相对来说还是比较少的。

总的来说，人口从 20 世纪六七十年代的爆发式增长到 21 世纪以来的断崖式下降，对教育的物质投入，也由早期的严重不足变成现在的大量闲置，造成了很大的浪费。一些村子修建好的楼房校舍，慢慢空闲了下来，有的变成村委会的办公场所或者村里的敬老院，有的就废弃了。

6. 农民衣、食、行的改变

中华人民共和国成立后的很长一段时间，在穿衣方面，最明显的是，农民不仅很难买到纺织厂生产的工业品布料，就连传统土布衣服，家里兄弟姐妹多的，都是老大穿了老二穿，老二穿了老三接着穿，直至穿得无法再穿了，完全破烂不堪，也不会送进土炕烧掉，更不会扔掉，而会用来做布鞋的鞋底。许多家的孩子、大人穿的鞋，几乎都是家里女主人手工做的。在那个年代，一件衣服补丁重补丁是很正常的现象，家庭条件好的，主要是父亲在外，比如在国企、事业单位或政府部门工作的，每个月相对有几十元的固定收入。这些固定收入，就保证了一定的购买力，生活条件明显好许多，这一点最明显地体现在衣着穿戴上。

80 年代初期，受香港消费文化影响，加上西方自由化思潮开始蔓延，有一段时间，年轻人之中特别流行穿喇叭裤，白色的确良衬衣，有的比较新潮的，衣服色彩也会选择花哨与艳丽的，一改六七十年代清一色的军装色彩。当时，过年是很受期待的，不光是孩子，大人也是，因为在这个时候才可以做新衣服。根据当地裁缝的建议，新衣服的布料也多自己购买，男装色彩多为黑色或蓝色，做西装很少，中山服比例相对更大。冬季棉袄棉裤是家里女主人缝制，棉花多半是去商店购买，也有极个别家庭还自己种植点棉花，但慢慢地他们发现划不来，也就没人种植了。

调查中遇到一位男士，他说，乡镇企业蓬勃发展起来后，他当时在乡上建筑队做会计，有一年企业效益比较好，给经理、主任级别的人奖励一台日本进口彩电，给他们一般员工奖励了御寒的防寒服，里面虽然是人造毛，但比较保暖，也很洋气，穿出去非常有面子，很多年过去了，他说起来还是一脸的得意。部分有参军经历的人，则有退役转业时带回来的军大衣，在大冬季，穿军大衣都是让人羡慕的。那个时候，自己买毛线，织毛衣来穿，也是一件足以值得炫耀的事情。

2000 年以后，随着市场经济的发展和城市化建设的大规模展开，农民打工收入改善了生活，使得这一时期人们在穿衣方面，几乎由购买现成的替代了原来自己购买布料去乡村裁缝处定做。同时随着人口流动性的增大，就业机会增多，农民的消费观念和审美观念也慢慢改变，农村人穿衣也开始讲究品牌。尤其外面挣了钱的，更好面子，穿得一点不比城市人差。这说明城乡差异进一步缩小，农村人在穿衣方面越来越自信了。

关中自古以来，旱塬地居多，农作物主要是冬小麦、玉米，早先还有种高粱的。因此人们的饮食习惯以面食为主。联产承包责任制以后，土地承包到户，农民的种粮积极性得到了提高，农业有了很大发展，小农经济在传统一家一户的精耕细作下，使土地发挥出了最大的效益。粮食很快有了大幅度增产，并且不再受国家计划安排。

农民获得自营土地后，可以自己决定种植什么作物，其日常生活虽以面食为主，但蔬菜慢慢地有了细微的改变，一些家庭，在土质较好的小块地上，自己种植白萝卜、红萝卜、大白菜、香菜、菠菜等，秋季栽植蒜苗，在玉米地里套种秋刀豆等，食用油则是自己家种植的油菜去压榨出来的。副食可以说基本上也是自给自足。到了冬季，没有新鲜蔬菜，一般是将红白萝卜晒干悬挂，或者将一些野菜晒干悬挂备用，再者就是窖藏的红白萝卜或者土豆了。家庭经济条件好的，隔三岔五会买些大肉，大多会做成臊子储存在罐子里，在面食里添加一小块，增加荤油味，提高面食的香味。偶尔炒几个小菜，吃顿米饭，绝对属于改善生活。

20 世纪 80 年代，大棚蔬菜在农村还没有普及，比如一些葫芦瓜菜、西红柿、黄瓜、韭菜等，到了冬天是见不到的，只有在过年的时候，到集市上买一些大棚里种的。但是太贵，只买一点，春节待客时，使席桌上稍微好看一点，自家是舍不得吃的。很多时候，家庭条件不好的，基本上就是“白吃”，也就是除了盐、醋、油辣子以外，就是一碗白面条，没有任何蔬菜和肉。很多家庭将碗里有蔬菜叫“间白”，也就是除了白面条外还有其他点缀。这一时期的生活，用解决温饱来形容，应该是恰当的。

李昌平一言上书，使得农村沉重的负担问题得以暴露，引起中央的重视，“三农”问题成了国家重点关注的问题，农村各类收费与农业税的废除，大大减轻了农民负担。伴随这一时代的城市化与基础设施建设，城市市民消费能力提高的同时，也带动了农民收入与消费能力的提高。原来过年才可以吃到的鸡鸭羊牛肉等，也经常性地出现在日常的餐桌上。村里原来骑着自行车穿街走巷卖菜的人，也开始改变方式，在村子繁华地带开一蔬菜专卖门面，每天去菜市场及时拉来新鲜蔬菜，这一方面说明了村民对商品蔬菜的消费能力提高了，也预示着自家种菜的规模慢慢变小。从食物构成可以看出，这一时期的农村人生活，已经开始突破温饱，向营养型迈进，生活质量有了一定改善。

有人说，交通工具制约了一个人的活动范围，也制约了一群人的交际范围，这话还是有一定道理的。如果步行，你的活动范围就是方圆 10 里，如果有一辆自行车，就能有方圆 50 里了。如果开上汽车，那就方圆一两百里，活动范围也就明显不一样了。就跟以前嫁女一样，为什么都不超过方圆 10 里，其中一个原因就是，步行走亲戚，当天要能打一个来回。

对改革开放初期的农村人来说，谁家有一辆自行车，那是非常有面子的事情，不光说明家境殷实，出行也方便了不少。那时候的农民，赶年集、走亲戚，基本上靠步行。甚至去几十里外的县城，没有自行车，也不得不步行。每年春节以及庙会时节，邻村之间互相走亲戚串朋友，好多人就是步行，庙会期间乡村主道上几乎都是大人小孩，三三两两，边走边聊。那时候，村与村之间还是土路，如果赶庙会遇到了下雨天，就不得不穿“泥鞋”（雨鞋），也就是橡胶所做的防雨鞋。当时，邻里之间相互借“泥鞋”也是常有的事情。

那时去市区，是很重大的事情，如果在市上逛一逛，也算见世面的事。大人哄小孩好好学习的手段之一，就是带他去市区转转，让他看看火车。去市区就意味着要早早起床。如果村子离通班车的柏油路太远，去趟市区就非常困难，甚至有的人一辈子都没去过市区。有的离省道站点远的，凌晨两三点就得起来吃饱饭，步行赶到省道的站点去等班车。有的人去晚了，班车过去了，就得返回去，第二天再去等车。

村民之间，没自行车的要出门，互相借用自行车的现象很普遍，借自行车，不仅体现了当时生产队解散后那种互助的精神，更能体现彼此之间的关系。自行车以飞鸽、永久牌子最为著名。接着出现了“轻骑”，就是一种结构简单，以汽油为燃料的助力车。后来则有了小摩托。有一家老人在外工作，买了辆金城牌迷你型小摩托，竟然可以驮动两个大人爬上大坡，每次把其他走亲戚的人远远甩到后面，足以让其他人羡慕。

到2000年左右，在外工作的人买摩托的就比较普遍了，摩托不仅可以节省人力，也很有面子，当然最主要的是带来迅捷与便利。后来摩托越来越多，小摩托慢慢变成了大摩托，可谓红极一时。随着国家实施乡村之间道路混凝土硬化，镇与镇之间道路柏油化工程，部分看到商机的人，采取入股挂靠等形式，开始跑乡村班车，先是那种将带厢农用车改造成载客用车，人们称其为“蹦蹦车”，后来是小型面包车，再后来，几乎每个村子都有通向县城的乡村班车了。大一点的乡镇，也大多开通了通向市区的班车；走省城的县际班车，几乎也普遍开通。现在农村摩托车也基本淘汰了，上了年纪的人，大多喜欢骑电动车，方便出行，主要是充电方便，免得一次又一次跑十几里去加油。年轻人在外打工的，每逢节假日，开着汽车回来的也越来越多。开着汽车回来，给父母挣了面子，也获得其他村民羡慕的目光。

7. 传统生产生活内容逐渐消失

生活是一个过程，有内容才有意义，乡村生活也不例外。如果生活内容消失，乡村就成了一个仅仅由时间元素构成的“寂静而无聊”的空壳。当下乡村的一个显性问题是随着青壮年劳动力进城务工和生存区域迁移而出现众多的“空心村”，但一个更为严重的问题是：乡村还在，乡村里的人还在，但有意义的生活内容消失了，出现了“生活内容空心村”。笔者在关中西部地区乡村民众生活调查中发现，农村经济转型背景下乡村民众的日常生活，出现了内容的真空化和精神生活空虚化，在“寂静”的乡村，出现了令人担忧的“无聊”。

农耕生产活动不仅仅是乡村经济研究的内容，更是整个乡村民众的存在方式，即种地不仅是为了吃饱饭，种地行为本身就是农民的生活内容，土地是一个纽带，贯穿了农民生活的绝大多数内容。从上面的田野调查我们可以看出，传统农业耕作方式虽然很辛苦，效率也很低，但这些行为占据农民一年中的大部分时间，是非常重要的日常生活内容。而当下的机械化生产和劳动力的市场化交易，使得种地收获成为一个简单劳动，在将农民从土地上解放出来的同时，也使得与土地相关的一切行为不复存在，农民传统日常生活中的大部分内容消失殆尽。

机械化生产取代了传统人工作业，农民不需要购买和维护农具，不需要整理耕作场地，播种机将耕、耙、播、平所有工作一次性完成，收割机更是一次性将颗粒收仓，割、捆、运、摊、碾、扬、晒等传统收获方式无用武之地，以前需要一两个月时间的农忙工作，现在只需要三两天就能完成，农业工作时间被大大压缩。有的农户在地头就将收获的麦子卖掉了，省事不少，但算计下来，真正赚不了几个“大子儿”，从犁地、种麦、上化肥到收获，付给机器租赁和化肥经销商的钱，差不多占到卖粮食收入的60%。很多农民也不是很伤感，他们考虑最多的事情是不要将粮食烂在地里，遭旁人笑话。因而有的人仅仅是需要一点口粮而种地，对土地收入基本上没有过多期望。

同时，机械化使畜力无须存在，马、牛、驴、骡子这些大牲口都被送进屠宰场，农民以前每天要占用大量时间喂养牲口，如今割草、铡草、喂养、垫圈、起圈等工作都不用做了。以上列举的活动大体为农村年轻男性所为，而家庭女性的工作也同样变化很大。首先，不用学习针线活，不用缝制被褥和修补衣服，不用纳鞋底、织毛衣，不用手工洗衣服等；其次，副食产品都是通过超市购买，鱼肉蛋奶等购买非常方便，不用饲养鸡鸭鹅猪等，也省却了日常喂养与管理的诸多工作，不用制醋、不用蒸馍，甚至可以不用开灶，这些家务的消解使女性尤其是年轻女性被完全解放出来。

从以上分析可以看出，年轻群体的经济活动和日常生活方式与早先相比发生了重大变化，必要的工作时间被大大压缩。与此同时，被解放出来的年轻群体没有一个有效益而稳定的工作出路，除了到城市打工以外，在农村几乎没有相对稳定的工作，随着乡镇企业的退出，大多数留守年轻群体只能就近打些零工，贴补家用，男性在农村建房中充当小工，女性则在红白喜事中充当服务员，仅此而已。

同时，以前的传统手工业者基本上都处于失业的边缘。不用“打镢头”“接铧尖”“敲门钉”，农村的铁匠基本上已经退出了历史舞台；不做家具、农具和门窗的农村木匠面临失业；不做碾场工具和家用石器的石匠只有一项工作可做，那就是做祭奠祖先的石碑。放眼望去，依靠传统乡村生活谋生的手艺人和匠人，编席的、钉碗的、磨剪子的等在农村已经失业，无一例外地成为建筑工地的“小工”。传统农村劳作方式荡然无存了，农民在除去田间耕作的辛劳的同时，也失去了乡村生活中的大部分内容。在没有鸟叫声的同时，也没有了家禽与家畜的叫喊声，农村一片寂静，可怕的寂静。

第二节　关中西部村落布局与民居的嬗变[①]

农业社会形成的基础是肥沃的土地和适宜定居的环境，关中平原交错纵横的水系和坚实的黄土地成为人类祖先生存与发展的首选之地。关中地区早在史前文化时期就已经成为人类居住地，西安半坡遗址半穴居形式、临潼姜寨遗址的原始聚落形式均是新石器中期仰韶文化的代表。3100 年前西周时期的扶风县凤雏村遗址，是中国迄今最

① 本节部分内容参见拙文《试论新时期以来关中民居文化的嬗变》，《宝鸡文理学院学报》（社会科学版）2014 年第 3 期。

早、最完整的四合院民居。关中地区处于渭河两岸和黄土高原的南缘地带，往北进入浑厚苍凉的黄土高原，南面则是巍峨高大的秦岭山脉，是河谷文化与黄土文化交汇融合之地。独特的地形地貌形成独特的民居理念与文化心理。关中人以黄土作为主要建筑原材料，就地取材。民居样式古拙粗犷，以实用为主，形状规整而封闭。狭窄、封闭，地形复杂，交通不便，信息闭塞的地缘特点形成了关中西部地区民众性格倔强，保守封闭，安于现状，喜欢按部就班的文化心理，这些元素在关中民居中都有体现。

一 村庄规划与院落结构的变化

从仰韶文化到漫长的封建社会，关中地区由于其平坦的地势和发达的农业，人口逐渐增多，自然村落在关中平原上星罗棋布，整体分散但村落内布局紧凑而集中。相对于陕南山地分散、独居而开放的民居特点，关中民居是以宗族和姓氏聚集的。村落巷道较为笔直、宽阔，主次街巷形成的路网通往每家宅院，户户毗邻、密密匝匝、夹道布置、成片而居，形成居住群落，有利于相互协作和劳动关照。

1. 村落布局与规划

传统社会中的乡绅阶层是村落中的意见领袖，承担了村落布局的责任。中国的乡绅有一个共同经历，就是饱读诗书，受以儒家经典为代表的传统文化熏陶。对传统习俗有骨子里的认同，自身也是传统习俗的倡导者和践行者，对民众生活秩序、和谐共处产生了一些积极作用[①]。乡绅在村落布局和构建中有一定的话语权和号召力量，因而一直以来，关中地区的村落民居都是规整、科学而美观的。

我们在对关中西部一个自然村落作家庄进行考察时发现，这个村庄面南背北，整体呈“斗”形，“斗”口朝南，有聚财聚气之意。村庄的东西两侧都有排水沟，村庄内也是沟渠交错，在村子西口有一个池塘，用以蓄水和民众洗衣饮牛之用。村庄周围有围墙，在南面开有大稍门和小稍门，用以保护村庄的安全。村庄被高大浓密的树木包围，安静而祥和。传统村落布局都是有讲究的，既要符合传统风水理

---

① 费孝通：《中国绅士》，中国社会科学出版社 2006 年版，第 52 页。

念、审美标准和风俗习惯，又有采光、排水、村落保护等方面的科学考虑。

中华人民共和国成立以后的很长一段时间，村落布局基本上还能保持原貌，一家一户基本还同居于一个院子，新中国成立前遗留下来的土地丈量工作并不到位。也就是说，在农村宅基地这个问题上，历史遗留的问题很多。社会主义改造完成后，我国进入了社会主义初级阶段，按照我国宪法规定，土地属于国家与集体所有，理论上农民只有使用权，没有所有权。中共十三届三中全会以后，尤其中国土地管理法颁布后，申请宅基地的面积，每个地方基本有了统一标准。开始是由乡政府审批，随着土地政策进一步紧缩与加强管理，申请宅基地的审批权限收归到了县上土地部门，这就从源头上基本遏制了村上干部肆意私自划分宅基地的现象。

虽然国家宅基地政策已经很明确，但 20 世纪关于村民建房产生的矛盾远远没有现在的问题多，一个重要原因是经济不发达，农民没有经济实力进行房屋院落的改造。家庭联产承包责任制实行以后，农民物质上逐渐富足起来，同时随着宗族与家族观念的淡漠，传统村庄这种安静与祥和被打破。

基层行政领导缺乏传统乡绅的号召力和人格魅力，加之村落观念的淡漠，致使民众的民居盖得凌乱分散、七长八短。为了使自家房屋高过别人，就盲目加高，在攀比和竞争中，一家赛过一家，全然不顾别家的利益和感受。整体性布局毫无美感，公共意识淡漠，排水系统完全崩溃，一旦遇到大雨，有的住户就会被淹。出现以上情况的原因在于两个方面：一是基层领导的管理与协调不够。基层领导具有个体发展与群体代言双重身份，作为领导要考虑村落规划与长远发展，但由于行政任命的“非公务员”身份与自身难以承担民间权威角色的尴尬很难有影响民众行为的话语效力，同时缺乏传统士绅那种“以天下为己任”的胸怀和抱负，将自己小日子过好的狭隘意识和“多一事不如少一事”的心理预期使得基层干部懒于干涉村民民居建造。二是乡村民众规约缺失与攀比心理增强。一些老宅基地户主，依仗自己年龄大、资格老，一副天不怕地不怕的样子，结果村干部对规划村上宅基地一度施展不开。没办法，硬的不行，就采取以其人之道还其人之身办法，不愿意腾出多占面积的户主，村上就采取顶替耕地的办法，多占一分就少划分一分耕地，没想到，这个办法非常奏效。这样一来，重新规划在一家一户分家过程中实现了。原来乱七八糟的村落，都按照村子规划，整整齐齐在一条宽敞的街道两边排开，不仅实现了群居村落的美观，也有利于街道绿化和通电通水，更主要的是节省了土地，实现了土地的集约化和利用率。

很长一段时间，关中西部乡村不仅宅基地院落错落无序，而且村子里道路以及连接村子之间的乡村道路也都是土路，农民有一句形象形容："晴天扬灰路，雨天水泥路"，农民将水泥俗称"洋灰"，取一个谐音进行调侃。意思是道路不好，晴天尘土飞扬，下雨天泥泞难走。

在笔者调查的Q村，对于读初中的学生来说，每当下雨，上学的路就变得异常困难。冒风顶雨，家里条件好的，有雨伞、雨衣或者长筒胶鞋，俗话也叫泥鞋，条件不好的只能穿着母亲做的布底鞋，有的甚至绑了用木头做的"泥梯"，也就是跟小板凳一样，有四条腿，用绳子绑在脚上，可以在泥泞的道路上行走而不打滑。这种东西，今天许多年轻人别说见过，估计听都没听过。

Q村连接另外两个村子的主干道，20世纪90年代的整修只是拓宽了一些，但还是土路，一到下雨天，大卡车常常在水窝里打滑，半天出不来。村里人认识到这个问题不解决不行，就采取各种办法筹集资金，先铺设了石头路，上面覆盖了沙子，这样一来，一下子方便了许多，再也不怕下大雨导致路面泥泞不堪。后来，通向市区与县城的一条道路，被政府拉入规划，最初也是铺了石头，再覆盖上沙子，即使不是标准的柏油路或者混凝土路，出行也明显方便了许多。在摩托车不普及的当时，作为主要交通工具的自行车，最起码不怕雨天了。

2000年左右，政府规划的一条由县城通往市区的柏油路从Q村经过，只要有政策和财政支持，修路效率还是很高的，很快，一条既宽阔又标准的柏油马路就开通了。班车也得以开通，为民众出行带来很大方便。由于这条道路从县城通向市区，要节省至少七八公里的路程，慢慢地汽车都从另外一条省道上转移到了这条路上。由于私家车越来越多，可以说，这条不是省道的乡村公路，比省道都繁忙了。

随着乡村干部施政方式与行政作风的转变，乡村民众也真真切切感受到村落环境改变带来的好处，这样一来，村庄日益表现出秩序井然的局面。前面所讲的村庄规划已经解决了村落道路拓宽和整修问题，这几年国家硬化乡村道路这项工作基本就无阻碍，很快有序展开。加上这几年农业收入虽下降了，但工业化与城市化给农村青壮劳力外出打工提供了更高的收入，因此在硬化自家院子门前道路时，即使要他们承担一些费用，也基本无阻碍，能很快收缴上来。另外由于农业已经机械化，也不需要碾场了，因此硬化自家门前街道，除了下雨天出行方便，不需要穿雨鞋外，另一大好处就是在田间联合收割机收割打成麦粒后，直接可以通过农用蹦蹦车拉到自家门口晾晒，确实方便了不少。

村与村之间的道路，距离不长的，都采用混凝土硬化。距离长一些，属于主干道的，则由国家出面采取铺设柏油和石子的方式硬化。因此可以说，农村的交通已经有了很大的改善。通往田间地头的乡村小道，虽然没硬化，但大多是铺了沙石的，路况改善非常大。条件好一点的村子，在此基础上，还给每家每户家门口规划了小花园，鼓励种植花草以美化自己家园门路。

2. 传统关中民居的院落布局

用“胡基”[①] 盖成的土坯房是传统关中民居的典型代表，也是中下层民众最常选择的房屋结构，“关中八大怪”之一就是“房子半边盖”。从外观造型上看，关中民居的最大特点是单坡屋顶，院落构成有三合院、四合院等，院墙高大、封闭、厚重。黄土和青砖、青瓦让院落甚至整个村落外观齐整，浑然一体。虽然外观以实体墙面为主，

① 胡基，是土坯房的建筑材料，是用一个模子填上土，再用石头夯实，做成一尺见方、厚5厘米左右的土块，放在户外阴干，盖房时一块块垒起来，是关中地区最常用也最廉价的建筑材料，现在已经基本绝迹了。

但不同房屋组合成高低错落的轮廓线，简练而韵味十足[1]。

关中民居一般分为前院、内院和后院。前院一般指二门以外，包括照壁和大门及其以外区域，一般种植花草，作为与内院的缓冲区域。两层门，里面还有照壁，表现出与外界隔离的心理，另外还有低调和爱面子的趋向，照壁可以聚气，可以使财不外露，还有家丑不可外扬的意味。内院形态呈“亚”字形，暗含居中、择中的文化意蕴，主要建筑是“厦房”。“中间起脊，两边下滍者”称为房，“一边下滍者”称厦。房就是南向正房，厦就是厢房、厦房，属于东西向配房。《辞海》中“厦”的一种解释为：门庑；披屋。单坡屋顶的厦房属于从属空间。汉画像砖，民居其主屋两侧设配廊，院落中用廊串联房屋[2]。房为尊，一般由家中长辈居住，东厦次之，西厦又次之，这是孝文化在民居中的重要显现。同时，房子围成一圈，不仅可以避风遮阳，又有和谐与力量凝聚之意。另外一个有意思的现象是房屋设计使得屋顶的雨水都流到自己家中，厦房的房檐都朝向天井，大房虽然是两面有檐，但后檐的雨水也是流到自家后院。有的家中没有大门，而是直接盖一个“倒座”厦房，也是屋檐朝内。这里面的缘由是有说道的，水象征财运，水若外流意味着财外泄，是大忌，同时，厦房外是邻居，房檐朝外使雨水流进邻家，有可能将邻居家的物件淋坏，造成邻里纠纷，这里也体现出民众保守和不愿惹事的心理。后院是民居的第三部分，主要是牛舍、猪圈及厕所，地方宽敞一点的家庭还栽树或种菜，是家庭中的后勤保障系统。这样的一个独门独院，基本上可以满足一个家庭的日常运行而成为一个独立空间。关中民众的勤劳朴素、保守封闭及注重和谐的文化心理在传统关中民居中得以充分体现。

关于民房还有一种说法，主要与经济有关，由于经济发展缓慢，人口增长又快，这种半边盖的房子，结构简单，成本低廉，又比窑洞

---

① 虞志淳、刘加平：《关中民居解析》，《西北大学学报》（自然科学版）2009年第5期。

② 侯幼彬：《中国建筑美学》，黑龙江科学技术出版社1997年版，第79页。

舒服。房子基本都是土木结构，房背的基础是用胡基垒砌的一堵墙，然后用木头搭起房子结构，结构搭建起来后，再就地取材，用胡基来填补夯实木质结构。房子外面的一层附着物，也不是砂浆，而是把细土与铡碎的麦秆混合成稀泥，直接涂抹糊上去。屋顶也是麦草和的稀泥抹平然后铺设上烧制的土瓦。这样的房子结构比较简单，用料不多，三面土墙，朝院子一面留门窗，房顶只需少量的大木头做檩、梁，对做椽子的小木头要求也低，三面土墙中还有一面利用了围墙，这样就节省了院落的空间，解决了用房不足的问题。这种房子光线充足，就是通风不畅。

在关中农村大量存在半边盖的房子，布局基本雷同，都是对面厦房六间或者八间，中间是过道，又称为“天井”，主要用于采光和通风。一般在前面有一个“头门”。砖混结构，建成门楼，有时可以做些砖雕花纹，头门的宽窄不等，但基本上能通过架子车就可以，一般不要很大，民俗讲究是“门小聚财”。进了头门，一般是小小的土地神庙，基本家家户户都会为土地神搭建一个供奉小楼，一般也就是几块砖的事情，非常简单。有的条件好一点的家庭，则比较讲究，土地神庙可能会建得高大一些，再盖上牌面，前面种点花草点缀一下。然后依次排序的就是主厦房、厨房、牛圈、柴房、猪圈、厕所等。基本上来说，居住区、生活区还有生产区包括提高家庭收入的副业区等是条理分明的，这说明了关中人爱干净，生活上注重秩序。

院子里的主要建筑是厦房，要是房屋多、条件好的，可以让老人、子女、夫妻分别有独立卧室。在农村，夫妻卧室基本和客厅没啥区别，来客人了一般就炕边上坐，客人多了就端个小凳子坐着。在三间主厦房旁边，则会盖一间半作为厨房，区别就是木料、规模上没主厦房高档，面积相对会小一些，一般要足以摆设下擀面、揉面的案板，同时还要放置灶台、水瓮以及相当数量的柴火。有的家庭还会另外盖一间所谓柴房，主要是放置一些杂物，比如夏收时各种劳动工具、养猪饲料、糠面等。家里有畜力的，比如牛，还专门要盖一间牛圈。家里养猪的，还有猪圈，养鸡的，也有鸡圈……但有的家庭，把猪圈和鸡圈就合在一起了，上面给鸡搭几个架子，架子的材料多来自竹子，用铁丝固定，下面则是猪的休憩卧室。最后面一般是厕所，关中人将厕所称作“后院”。

对于家庭经济条件好一点的农户，他们一般尽量不盖厦子房，更喜欢“人”字形大瓦房，不仅宽敞，而且也结实，但也还是属于土木结构，而不是砖混结构。客厅、主卧、副卧基本都能安排得井井有条。

3. 院落结构呈现出新变化

关中民居以新石器时代的仰韶文化为源头，在西周时期形成和建立了合院式庭院体系与关中建筑基本型制。在以后的发展过程中，随着关中地理环境、气候条件、地域文化等因素的不断变化，院落发展成今天由正厅、厢房（即厦房）、门楼、庭院、后院等主要的建筑围合而成的“窄院子”。随着社会的急剧转型，传统民居已经无法满足当下民众的生活需求。家庭联产承包责任制以后，村落内经济上相互依赖的程度降低，市场理念加剧了民众之间竞争与攀比的心理，经济富足的炫耀意识凸显，关中民居文化呈现出另一番景象。

关中西部现在流行的民居结构大致表现出以下特点：三分左右的宅基地面积，分前、中、后三部分来布局建筑结构。前面是高大但结构简单的板式门楼，两边纵向板式立柱，上面一层盖板。主要以不同颜色的瓷砖装饰，在门框上面镶嵌有文字的瓷砖，多以“天道酬勤”“宁静致远”“耕读传家”“惠风和畅”“家和万事兴”等吉祥话语为主。有的是大门独立建造，与房屋不连接，有的是大门镶嵌在三间平房中间，左右各为住房和厨房。庭院的中间部分称之为“主房”，多是“一层平房”“二层洋房”“一层半”等建筑形式。所谓“一层半”，即下面一层，上面只有1.5—1.8米高度的“半层”，一般不住人，主要用来储放各种工具以及杂物，这样主房与院子就可以保证干净、有序。1.5米以下的半层在建筑时工匠不收工费，算是赠送，所以近年很多人愿意多盖半层。部分盖二层的，楼梯也不像80年代在外面裸露着，大多把楼梯包含在楼房里面，这样除了便利起居外，主要是体现了对隐私的保护。庭院后面部分称之为“倒厦”，即有坡度的厦房，房檐朝里，主要堆放农具、柴草，并修改厕所。与南方很多地方将厕所修在门外不同，关中地区民众都将厕所修在庭院里面，位置偏后，因而关中方言中将厕所称为“后院”。这样关中庭院的前中后就形成一个封闭区域，一家一院，这也和关中地区民众保守、封闭的文化心理是相统一的。

洗澡对缺水的关中渭北旱塬来说，一直是比较奢侈的事情，尤其冬季，只能自己烧水，顶着寒气在屋里擦洗，提前要把土炕烧热，洗完澡立马钻进热被窝里。夏季可以去池塘游泳洗澡，回来用井水冲洗下。手头有余钱的，可以去县城澡堂里洗个澡，那绝对是一件很享受的事。随着经济社会的发展，开始有人在乡镇上开设澡堂，好多家庭其实一年也去洗不了几次，主要还是经济因素制约，并不是人不愿意。逢年过节，洗澡人就比较多一些。最近几年，用水与居住条件大大改善，自来水普遍进入家庭，许多家庭在房屋设计时，亦把洗澡间设计了进去，热水的来源则几乎都是清一色的太阳能。厕所一般还是在主屋后面，有的离城镇近的，则设计进了主屋里面，这样即使半夜上厕所，也不需要跑去后院，避免了伤风感冒等情形发生。

居住结构与布局的变化，不仅仅是生活质量提高与社会大发展的体现，更主要的是体现了两代人之间的关系，也体现了年青一代对个人私生活的进一步强化，是个人意识觉醒的表现，对个人隐私的强调，也反映了父母一辈对下一代生活方式的尊重。

房屋的结构也是体现社会经济发展的，最初没力量彻底放弃厦房期间，条件稍微好一点的，虽然也是半边盖的厦房，但整个前墙一砖到顶。门窗也换成新式的，至少是玻璃窗子了。改革开放后，一批最先富裕起来的“万元户”，开始盖起了小二层。尤其本地一个村子，通过发展村办企业，经济走到了前头，率领风气之先，全村统一规划，家家户户小二层，村办企业提供资金支持。后来被认定为陕西致富示范村，这种榜样的力量是很大的。关中人特别注重改善居住条件，叫作“有钱先盖房”，从来把修造住房当作家庭头等大事，因此改革开放最早富起来的一部分人就都盖了小二层，这个示范效应极大改变了关中人盖房的理念，突破了厦房与大房的结构模式。当然了，也不是家家都有能力去盖小二层，在这个追赶过程中，随着经济社会的发展，部分家庭就首先用人字形大瓦房替代半边结构厦子房，条件好的，就直接盖一砖到底的大瓦房，采用松木等上等木料，经济条件有限的，就土木砖混结构，但比起原先的厦房来，还是宽敞许多，也结实了许多。

2005 年左右开始到今天，城镇化建设以及房地产开发大规模展开为农民提供了更多就业机会。建筑行业薪资的步步高升使农民收入增长也较快，农村房屋改造返修也因此迎来了一个高潮。关中农村许多人，吸取了以前的富裕户盖了二层但闲置浪费的教训，就开始盖一种典型的关中四合院，布局基本是“三间半”模式结构，前面临街面，有的家庭盖小三间平房，中间是大头门与过道，两边两间房子，一间做厨房，一间要么做粮仓，要么做老人住房，这是为了方便来个客人或熟人及时开门。然后隔几米则是主房，一般都是三间或三间半，半间如果包含在主房内，就是作为通向后院的通道。三间主屋布局采取的模式也不固定，有的采取两间内隔出两间卧室，中间留作客厅，侧间独立做一个卧室。有的是主房里，套进几间卧室，隔离剩下的做客厅，到底如何规划，都是根据自家孩子多寡来确定，但要求就一个，保证每个子女都能有独立的一间卧室，彻底改变了以前兄弟几个，甚至与父母拥挤一个炕上的住宿环境。新的砖瓦结构小平房，一般屋顶采用混凝土预制板，条件好的，全混凝土现浇，更加结实。处理好上面后，一般还会铺盖大脊瓦以防屋顶处理不到位导致漏水。

民居式样打破传统，追求现代和时髦，大量使用钢筋水泥与现代建筑材料。门窗材料也逐渐使用铝合金和塑钢，户门多为金属防盗门，大门不像传统民居那样的低调和内敛，而是高大而张扬。抬梁式木屋架不再普遍使用，预制空心楼板是目前关中农村大量使用的屋顶材料，导致屋顶形式发生了根本性改变，也改变了建筑空间本身。后院的空间也被大大压缩，因为高成本低产出的传统耕作模式已经基本废弃，也就不需要牛马家畜和零碎农具，不用牛耕地就不需要牛棚和草料场，不用农家肥料就没有牛圈，不用植物秸秆烧火就不需要高大的柴垛，整个民众生活模式都发生了重大变化，也就有了前庭宽阔而后院窄小的院落结构了。

当然，在传统民居消失的同时，也出现了一些新的变化，出现了使用更坚固耐用的新型建筑材料并将乡村旧有建筑文化元素融入其中的“新式古建筑”，我们姑且可以将其称为“新关中民居”。一些经济条件好的在外人士，最近几年盖房子，也有回归传统的趋势，开始再次喜欢上了民国时代大户人家那种大木门、石狮子，砖瓦也是各种纹饰，甚至有的家庭在门前会置放拴马桩作为装饰，古朴、典雅、庄重、大气，非常有地域特色与民族特色。最可贵的是，这样带有古风的建筑，让建筑活了起来，不再死板、沉闷、无趣。在陕西关中民俗博物院里，有识之士将清代与民国时期的传统关中民居整体搬迁，建了十几个完整的院落，很有味道。当然，这种保护方式只能在博物院参观，而失却了民居的现实意义。所谓的“新关中民居”则是由关中乡村民众自己出资，自行设计和建造的具有关中民居地域特色和艺术技巧，并且自己居住的住宅，是真正意义上的民居。我们在关中西部调研中发现，这种“新关中民居”越来越多，出资建造者大多是一些多年在外工作打拼，见惯了那种千篇一律的高楼大厦，崇尚传统乡村文化，喜欢乡村宁静生活的社会精英群体，他们大多阅历丰富，眼界开阔，经济宽裕，有回归田园乡里的愿望和建造新民居的能力。

二　新农村建设与民居观念的转变

“新农村建设”应该是使农村变得更美好，而不是将农村消灭。“农村城镇化建设”不是将农村建造成高楼林立、商铺遍地的城市，也不是让农民放弃农村，住进城市。很多人对“新农村建设”的理解和“农村城镇化”的理解都很狭隘，比如认为低矮的房屋、苦涩的井水是乡村的图景，而高楼大厦、车水马龙是城市的写照。那么，将农村的房屋推掉，集中区域建居民小区和小洋房，让农民集中居住，并在居住区域内建立商铺、医疗中心、学校等辅助设施，使农民的日常生活像市民一样，这就是农村的城镇化建设。事实上，这样的认识是偏颇的。乡村的存在是由经济、文化等多种元素共同维系的，不仅仅是一些人在耕种一些土地的同时一代一代繁衍并生存下去这么简单，乡村是诸多元素以一定秩序存在的综合体。这些承载生存与记忆的诸多元素，在相当长的时期内逐步重组、融合并稳定下来，形成一定的存在秩序，调节着乡村的存在方式与民众的生活秩序，这样长期积淀就形成了独特的乡村文化。如果说乡村文化是乡村的“根系”，是乡村稳定的前提和基础，那么，民众居住环境则是乡村文化“根系”生存的土壤，民众有了坚固稳定的住所存在，才会有“家”的意识和心理的安定，人际交往与日常生活的外围元素才会丰富并且长期存在，只有这样，乡村才会存在，整个社会的基础才会稳定。因而，民众居住环境发生重大变化，会导致一系列连锁反应，随之而来的是整个乡村生态发生变化，不能不引起重视。

1. 移民搬迁与新农村建设

凤翔县长青镇马道口村受旁边某大型金属生产企业的影响，全村2000多户村民不得不全部搬迁。大部分迁至离原住址十几里路的陈村镇紫荆村，政府专门规划出一片区域，建成样式、规格、户型、颜色完全一致的排列式一层小洋房，取名叫紫荆新村。小部分搬迁至凤翔县城西关，新建了六层、七层不等的多幢单元楼，取名长青园小区。经过访谈了解到，上级部门以村民身体健康的问题为由，要求全部按时搬迁，村民不得以任何理由拒绝搬迁。对于原有住房，按照砖瓦房和土坯房建造成本的不同区别核算，并予以赔付和补贴，再由村民自筹一部分资金，选择迁往紫荆新村或长青园小区。进城住进小区的自筹多一点，搬进新村的自筹少一点。村民原先耕种的承包地不能继续耕种，由政府统一协调处理，按照每亩地每年800元的标准给原耕种村民予以补贴。这样一来，就完成了村民的移民搬迁，村民既离开了原居住建筑和原生活区域，也离开了原先耕种的土地。

三年多时间过去了，原马道口搬迁村民的生活呈现出几种不同的状态。第一种是最理想的情况，即原村民已经适应了新的环境和生活，尤其是进入县城居民小区的部分住户，已经完全融入了城镇化生活。这一群体的特点是：经济收入来源已经完全脱离土地，且收入较为充裕，一般表现为主要经济收入者为青壮年劳力，要么为有稳定工作的工薪阶层，要么为有一技之长的技术人员或商铺经营者，要么为父母在家留守，年轻夫妻出外打工且收入较丰者。这一群体由于在经济上已经脱离了土地，不指望土地收入，且向往城镇的繁华和生活上的便利，所以对搬迁以后的生活很满意。第二种是差强人意的情况。即土地收入不是家庭主要经济收入，主要靠打零工和短途运输以及摆小摊等为业，住在哪里都一样，加之自行改造房屋或搬迁费用大，自己无力承担。政府出面补贴搬迁，减轻了自己的负担，因而也较为支持移民搬迁政策。第三种是不太理想的一种状态。其中一部分居民的状态非常糟糕。其特点主要表现为对土地收入依赖性强，主要靠农业收入，并以家庭养殖性收入为补贴，无其他生存技能或手艺，无投资性产业，一旦离开原先住地，失去土地，将失去其基本经济来源，住宅小区环境不允许存在家庭养殖业。加之居民一般年龄较大，出外打工也不太受欢迎，收入来源较少。在调研过程中，居民普遍反映出的问题是，在原先居住区域内，虽然农业收入不高，但可以满足自己的基本需求，起码吃的“不要钱”，虽然收入少，但支出也少，有时不用花钱就可以维持基本生存。但搬迁后不行了，各种费用包括物业管理费、煤气水电费、通信交通费等层出不穷，一动身就要钱，而他们又没有机会挣到钱，这样就使得很多居民难以维持。

2. 盖房与买房观念的转变

乡村居住环境的变化除了移民搬迁以外，表现最为突出的是旧房翻新和新房建造，一种形式是在原有宅基地上拆除旧的土坯房或砖瓦房，建成新的砖瓦房或钢筋水泥结构建筑，原因不一，有的因为道路升高，房基太低，不利排水，有的因为年代久远，不宜居住，有的是原有房屋样式老旧，跟不上形势；另一种形式则是选择和规划新的宅基地，完全按照现代式样，建造新式住房，形成新的村落布局。这样会使原有旧村落废弃，使旧村落成为空心村，完全丧失村落存在的价值和意义。近年来，由于乡村中出现了大量被废弃的空心村和旧村落，国土资源部门着手进行整理和改造，将完全丧失原有村落价值的空心村按照耕地标准进行改造，达到可以耕种的程度，使得原来居住区域补充到耕地区域，尽可能减少土地废弃和荒芜，达到土地的有效利用。

结婚与盖房是关中乡村民众一生中的大事，经济投入与精力投入也最大。尤其是盖房，在现代婚姻理念下，有住房成为婚姻能成功的首要前提。对于大多数民众而言，改善住房要积累数年甚至十几年的收入，一方面是改善自身的居住状况；另一方面是展现自身能力和价值，防止被人看不起，是赢得尊重的面子工程，很多时候象征意义超过实用意义。尤其是新时期以来，消费意识导向下形成的经济价值判断标准，更增强了住房的象征意义。经济上的独立导致乡村日常协作和交往的淡漠，对乡村日益萧条的文化空间的厌恶和对都市时尚文化的追逐，致使不少民众住房观念发生改变，由自己建房变为在城镇购置商品房。一方面房子作为资产可以增值，另一方面可以自由买卖。

建造新房有主动与被动之分，家庭殷实主动建房者，多选用现代流行的、带有都市特色的小洋房款式，选材与用料向城市靠拢，展现出其经济优越和现代的感觉。而被动建房者的情形则不同，要么由于原住房破旧不能居住，原住址拆迁或排水不畅，要么由于儿子成家需要装点门面，能够为儿子说上一门亲事，要么由于儿子众多，需要独立门户，另觅宅基地新建。总之，不论何种原因，建造新房都是被动的事情。同时，从消费心理学来说，经济收入水平不同，阅历不同，消费的自信程度不同。例如，收入较高的都市白领群体，消费心理具有个性化特点，希望与众不同、标新立异，一旦“撞衫”“撞包”就会感觉被模仿而不舒服，而相对贫困的乡村消费群体，消费自信心不足，碍于面子，表现出一种不能被别人瞧不起的心理，别人家能盖成什么样，自己也一定要盖成什么样，可能建筑材料质量差一点，但至少在房屋样式上要和别人一样。大多数村民在乡村民居的建造上表现出随大流和不自信的心理。另外，近年来由于用工成本的上升，传统民居中繁文缛节的各种工艺耗时费力，工价不菲，许多房主心有余而力不足，不得不放弃关中传统民居建造这种奢侈的想法和工艺。

从盖房到买房的转变，折射出民众生活中诸多方面的变化。首先，家的观念和家乡的观念发生变化。故土难离已经不是根深蒂固的桎梏，在哪儿都是生活，树挪死，人挪活，愚公可以移山也可以搬家，精神固守变为物质体验。其次，民居特点不同而体现出的民众个性在消失。都市商品房是钢筋水泥的森林，是工业化的产物，鸽子笼一样的千篇一律。传统乡村“榆柳荫后檐，桃李罗堂前。暧暧远人村，依依墟里烟。狗吠深巷中，鸡鸣桑树颠”① 的乡土气息荡然无存。最后，传统民居的审美发生变化。质朴的、安静的黄土建筑成为落后、贫穷的象征，不少村民多年在城市的打工生活一定程度上已经改变了对乡村生活的认同，表现为对城市生活方式的向往和对乡村宁静与刻板生活的厌倦，高楼大厦的洋气与低矮土坯房的土气形成对比。同时年青一代的婚姻大事也成为选择买房而放弃盖房的重要原因，女方由对彩礼的重视变为对在城镇有无房屋的重视，一定程度上使得男方为买房去努力。

买房也有不同的原因和表现。第一，一部分民众以考学、参军转业、创业并成功的形式留在城市，成为市民，买房是作为市民身份与稳定居住的定位与选择，很多人会放弃农业户口和农村宅基地。第二，有一技之长或者打零工的年轻群体，他们在有了一定的积蓄后，也往往会选择在县城买房居住，而不是花同样成本在乡村建房。他们一方面向往市民那种现代时尚而且有面子的生活方式；另一方面认识到子女教育的重要性，要尽量接近更加优质的教育资源，同时使自己有更广阔的生存空间和工作机会。第三，婚姻观念的转变使很多年轻乡村男子被迫在城市买房。就关中西部而言，很多地方乡村年轻男子成家立业成为大问题。一方面是因为重男轻女思想使男女比例失调，另一方面是因为很多年轻女性外出打工后，留在城市生活或者远嫁他乡。总之，很多民众的婚姻大事已经成为一个家庭的大事，一般要花费很高的彩礼才能将媳妇娶进门，少则几万元，多则十几万元，使很多家庭为此承担了沉重的债务，有的夫妻婚后多年都无法还清。当然，有的女方家庭在谈婚论嫁时不要求很高的彩礼，要求只有一条：在城里买房。这也导致很多民众不在乡村建房。第四，除了以上提及的几类人，真正留在乡村并在乡村建房的人要么缺乏竞争优势，无力走出乡村，要么属于年龄偏大的留守老人，他们的经济能力和审美观念都不可能允许他们建造有艺术特色的现代民居，他们会尽自己力量，会随大流，不被旁人笑话就行，因而也就谈不上民居的艺术性和

① 朱东润：《中国历代文学作品选》，上海古籍出版社 1979 年版，第 327 页。

独特性了。

三　关中民居嬗变的文化思考

当下关中西部民众房屋建造出现了传统民居元素逐渐消失、模式单一和结构简单化趋势，究其原因，主要表现在乡村民众传统居住观念转变、乡村留守人员结构变化以及民众经济状况与居住审美心理变化等。

1. 民俗观念与用工形式发生变化

民俗事象在传统关中民居中大量运用，包括民俗信仰和民俗禁忌。家庭和睦平安、多子多福、财源广进等心意寄托都要在家宅风水、民居结构中体现。通过禁忌调节主观世界的波动，以自我解除精神重负，使自己恢复到心安理得、轻松自如的平静状态，还是有功利性的[①]。

陕西有八大怪，其中一大怪，体现的就是关中人早期的居住结构与风格，这句话就是“家家房子半边盖。房子半边盖，屋檐滴水不流外”，关中人把这一结构的房子叫厦房，房子的结构是“人”字的一半，就是半边盖的房子。至于为何要如此盖房子，一种说法是与地理自然环境有关系，这也是先人智慧的体现，那就是陕西属于温带大陆半干旱气候，降雨较少，半边盖的房子能让珍贵的雨水全部流到自家的田地里，正所谓“肥水不流外人田”。

建造民居从选址开始，就包含了一系列民俗活动。在划定的宅基地范围内，请风水先生看方位，确定建造的时日和民居的布局。“立木”是一个隆重的日子，亲戚朋友都来祝贺，要“搭红”和燃放鞭炮。中午主人要备下丰盛的酒席来答谢来客。亲戚朋友不但要“上礼”以表祝贺，同时要作为帮手帮助建造房屋，传统乡村社会中，建造房屋时一般不有偿雇用建造人员，而主要靠“帮忙”。因为盖房不仅是一个劳动过程，更是体现主人人际关系和民众威望的重要时刻。房梁上的“搭红”数量多，鞭炮燃放时间长，“帮忙”的人数多，是非常有面子的事情，而出钱雇用别人来盖房是没面子的。在盖房过程

---

① 李绪鉴：《民间禁忌与惰性心理》，科学出版社 1989 年版，第 24 页。

中，要及时烧香拜神，作为家中一件大事向神灵和祖先“汇报”，祈求神灵庇佑房屋建造安全、使用持久并带来福瑞。房屋建造完成后要择吉日搬家，这又是一个重要时刻，主人家希望有人来祝贺，人越多越热闹，越热闹越好，俗称“攘院”。因为刚搬到一个新地方，人气还不旺，需要人多来提高人气，驱赶邪气，有的人家还邀请戏班以增加喜气。民俗不同于封建迷信，是民众的心意信仰和情感寄托，应该予以尊重。

当下的民居建造在民俗信仰与用工方式上都发生了变化，繁复的民俗意象被搁置，一切从简。当然一个重要原因是用工条件发生变化，由以前的“帮忙”变为有偿雇用。主人只需找一个包工头，将建造意图讲明，然后谈妥价钱，剩下的事情主家就不用操心了。少了一份忙碌与庄重，同时也少了一份喜悦与精神寄托。用工方式发生改变的原因很多，首先，房子样式不断翻新，对工人技术要求提高，传统民居对“匠人”及房屋设计者和建造把式要求高，但对一般用工的技术要求不高，只要按照一般规范施工，就不会有太大问题，而现在钢筋水泥结构房屋的建造比土坯房屋结构复杂，要考虑排水、各种电器与线路、建筑工艺等因素，在施工的每一个环节都要考虑很多问题，不是一般“帮忙人”所能达到的；其次，家庭经济发展的独立完成与市场经济理念深入到乡村的每一个角落，乡村民众出现专业化分工，经济元素成为协调日常生产生活的重要杠杆，民众打破以前家庭事务的综合化完成的方式，而变为只做一部分工作来赚钱，其他事务花钱雇人来完成，不仅在房屋建造，就连婚丧嫁娶的红白喜事也打破以前的情感维系而变为金钱维系。最后，以民俗禁忌和民俗交往为主要内容的日常精神活动被日益强化的赚钱事务所挤占，与提高经济收入水平相比较，传统民俗事象活动就变得无足轻重了。

家庭联产承包责任制实施后，经济上的独立一定意义上影响到民众生活的自我判断和对集体干涉的排斥，乡村民众的文化心理发生改变。村民认为建造房子完全是个人的事情，用不着别人来指手画脚，同时物质生活丰裕至上的价值判断增强了狭隘的攀比心理，表面看比邻居房子高一点是为了排水无忧，实际上房子盖高是为了显示自己经济方面的高人一头。另外就是为了自身排水方便也忽略了别人的利益，这也是公共意识淡漠的表现。

钢筋水泥的坚固耐用当然无可厚非，但在建筑材料的变化中也能看到民众心理的变化。首先是传统民居理念的缺失和随大流时尚心理的滋生。传统民居体现的民众心理认为房子是身外之物，是为人服务的，低调、内敛和不张扬是传统文化心理，不论房子内部如何装饰和摆设，从外观上要和绝大多数人一样，同时认为人要接地气，人的道德修养和人格魅力不能被房子的奢华排挤，人气不能超越房子的阔气。当下随大流的钢筋水泥结构其实是人格魅力不自信的表现，别人的价值判断压力超越了自身的传统价值认可。其次是民众间的人际隔膜增强了自我防护意识和心理封闭，“推格窗子三坎门”的木质门窗被防盗门和不锈钢防护窗所取代。人人哀叹“路不拾遗”传统风气不复存在的同时，都在时不时提防别人对自己财产的“觊觎”，实质上这是自我封闭和不安全感的一种表现。

2. 都市文化对乡村传统观念的冲击

新时期以来，乡村文化受到都市文化的强力冲击，民居文化也不例外。乡村民众的文化价值观越来越倾向于接受由都市“文化高地”流下的文化信息，久而久之在农民心理上造成了一种累积性压力，使他们对自身的文化失去信心，认为自身所属的地域性文化是一种弱势和落后的文化。因此，乡村民居特色消失。

不能一味追求复古，认为一切旧的东西都是好的，同时也不能一味排斥传统，认为他们都是落后的和过时的。陈旧的、古老的建筑固然有历史感，但从实用角度来看都是不坚固的，也是不舒适的，一味复古的人也是“叶公好龙”，你自己为什么不去住？对破旧简陋的农村建筑的拆毁并不是对中国传统农村民居文化的颠覆，恰恰相反，这种“新”与“旧”的更替，应该是一种有文化理智的破旧立新，一种立足于宏大的中华文脉基础之上的继承性创新。所以陈旧的东西也需要退出历史舞台，但同时，古老建筑中的工艺元素所承载的文化意蕴和象征意义却不腐朽，它们是建筑物的灵魂，不应该废弃，包括设计的精巧，做工的细致，祈福的意蕴和价值观的传承等等，因而要辩证地看待旧民居和新民居，达到一种理性的判断。

关中传统民居内敛而厚重，保守而谦和，体现了“尊天地、重人本、讲亲和”的唯物主义哲学思想和理念。王大有曾说：“中国人的最高生存理想是‘天人合一’。为达此目标，有三大追求：其一，自我生命最佳状态；其二，生存时空最佳状态；其三，群体生存最佳状态。‘天人合一’的理想生存境界，就是‘天人全息养生境界’。也就是遵循宇宙太极螺旋气场效应模式，达到天、地、人三个气场的和合统一。”[①] 传统的哲学观念和适用思想始终贯穿于建筑环境之中，关中民居在选址、营造以及防御体系设计等方面均体现出了“天人合一”原则。我们也应该认识到，既然是民居文化，就不仅仅是一个栖身的所在，而包含了丰富的生活内容和心理体验。材料可以变，样式可以变，但包含的家的含义、故乡的意义却需要留存和传承。民居是人们所创造的物质文化与精神文化中具有传承性的生产行为、生活习惯、思想意识、工艺美术的综合体，是人类繁衍生息和历史发展的“记录本”。因此，要重视传统乡村民居文化特色。

乡村民居特色消失的另一原因是民众原有村落观念的消失。在传统社会，由于交通工具的限制、信息的闭塞以及传统伦理观念的制约，大多数民众的日常活动范围很有限，有的人一辈子也没有走出所在的县域甚至乡镇范围，因而大多数人认为自己生存与生长的地方是自己一辈子不能离开的地方，是最重要的地方，尤其在关中地区，这种观念更加根深蒂固，这个地方地势平坦、土地肥沃、气候宜人，民众土地所产就能满足自己需求，因此主观上也不愿离开家乡外出谋生。农业优势使关中人形成了难舍难弃、世代相守的家园意识，演化为守土的性格特征，也昭示出人与自然和谐相处的文化力量，孕育出厚重的黄土文明。同时，固守家园的村民认为周围民众才是自己最重要的相关群体，自己的价值与身份只有在这个群体中获得承认和肯定，才是有价值有意义的。因而，经济富裕以后就会修葺庭院，就连衣锦还乡的成功人士，也愿意在家乡大修宅院，使自己的成功得以保

---

① 王大有：《人类理想家园》，中国时代经济出版社2005年版，第86页。

存和展示，很多游子不论在外如何辉煌，都有“根”的意识，认为故乡和家才是最后的归宿和自己心灵慰藉的地方，这样就产生了很多极具艺术特色和建筑技艺的庭院，才会有让人骄傲自豪的传统关中民居。而在当下，这种封闭的观念和传统的价值观被打破，加之一些迫不得已的现实原因，乡村民众对住房出现了新的判断趋势。人的流动使传统村落观念解体，很多民众不愿在农村住房上投资过大，“根”的意识越来越淡漠。

3. 新农村建设应重视民居规划与确权

农村并不仅仅是依靠土地收入和打工收入群居生存的一些人这么简单，而是一个庞大复杂的有机整体。城镇化首先是人的城镇化，新农村建设也应该以人为本，要契合农村的现实和农民的需求。民居文化与人类相随而存，什么样的物质存在环境会催生出什么样的民居表现，也会形成相应的民居审美。新时期以来，随着民众经济水平的提升与现代审美理念的形成，传统民居式样与材料的逐渐退出也是时代发展的必然趋势。近年来关中地区农村出现的“新关中民居”值得关注，所谓新关中民居，就是在建造理念、款式风格、艺术特色等方面传承传统，而在材料、工艺、实用性等方面大胆创新，建造出既有传统韵味，又不失现代审美特色的新式民居。

同时，新农村建设应该加强对村落布局的规划、指导和管理。国家花大力气进行乡村建设，基层管理者和乡村文化研究者一定要承担起应有的现实和历史的责任，不能放任自流。当下的情况是很多新建民居由于缺乏有效的指导和管理，出现了无序与混乱的局面。制定村落规划，提供新民居建筑及布局模式，探索现代条件下关中民居个性特色与传统文化，注重节能节地、促进民居的生态化进程，是我们应该反思的问题。

关中西部乡村民众新房建造一般有两种形式，一种形式是在原有宅基地上拆除旧的土坯房或砖瓦房，建成新的砖瓦房或钢筋水泥结构建筑；另一种形式则是选择和规划新的宅基地，完全按照现代式样，建造新式住房，形成新的村落布局。这样会使原有旧村落废弃，使旧村落成为空心村，完全丧失村落存在的价值和意义。但在新村落建造过程中，有的决策者往往由于缺乏宏观意识，致使新建成的居住区域在很短时间内又被证明不理想，不适宜居住，再次搬迁，进而产生新的空心村。我们在调查中发现，这种改造旧的空心村，产生新的空心村的现象确实存在，这种劳民伤财、浪费人力物力财力的行为应该引起重视。近年来，由于乡村中出现了大量被废弃的空心村和旧村落，国土资源部门着手进行整理和改造，将完全丧失原有村落价值的空心村按照耕地标准进行改造，达到可以耕种的程度，使得原来居住区域补充到耕地区域，尽可能减少土地废弃和荒芜，达到土地的有效利用。当然，如果能在新居住区域的规划设计环节考虑得长远和周密一点，就能减少很多完全不必要的浪费和损失。

合理进行土地流转，实现宅基地市场化交易是一条非常重要的思路和方向。参照城市房地产的某些成功经验，对乡村宅基地的产权进行确立认定，办理产权证，承认其土地流转的合法性和土地使用权问题，并且可以作为资产进行抵押，盘活资本，创造更多经济发展机会，这样一来，可以减轻大中城市的房地产价格上行压力，减轻城市承载和运行压力，吸引城市资本注入乡村，完成乡村的城镇化建设，实现乡村人口与城市人口的双向流动，增强乡村繁荣，填补因城市发展吸走的青壮年劳力的空缺，避免出现空心村。

总而言之，关中民居几千年来一直保持其鲜明的地域特色和文化秉性，其间内蕴和持存了多少辈的喜怒哀乐和生命记忆。时代的脚步向前迈进，有创新就有遗弃，这一点毋庸置疑。但也应该认识到民族是需要传统的。人毕竟不是物质的依附，人追求的是有意义、有尊严的生活，而不仅是富裕的、奢侈的生活。我们应该给予传统事物以理性的认识和宽容的取舍。

第三章　乡村家庭生活与人际交往

家庭是组成社会关系的单元，每个人都会隶属于不同的家庭，且在生命的不同阶段，会有不同的隶属关系。社会和谐不和谐，与每个家庭的幸福程度也密切相关。俗话说，幸福的家庭是一样的，不幸的家庭各有各的不幸。对于幸福，基本判断是一样的。比如说，家庭中的老人都能够健康长寿、开心快乐，中年人都能够事业兴旺发达、家庭和睦，青年人能够学业有成、成家立业，少年儿童能够身心健康、快乐成长。一家人其乐融融、无病无灾，这就是幸福。但事实上，这样的美好状态不是每个家庭都能拥有的，尤其像家庭孝道问题，适龄青年结不了婚的问题，家庭难以维系的问题，等等，都成为当下的普遍社会问题。

第一节　乡村家庭关系与青年婚姻状态

传统中国是一个家族本位的国家，“家”的概念有其特殊意义，不仅是生命体的寄宿，更是精神依托的载体。从西周初期开始的“宗法制”观念贯穿了几千年传统中国社会，成为维系乡村社会稳定的基本价值规范。但是随着乡村经济的转型，年青一代的生存方式和家庭观念发生转变，导致了传统道德约束力的丧失和父权式微。因为农村子女赡养父母的状况越来越糟，在代际关系中，“养儿防老”越来越靠不住，父母不得不更加现实和理性地考虑自己的养老问题。父子分家，常常是父母在子女刚结婚时主动提出，为的是在未丧失劳动力之前积攒养老费用[①]。有的年轻留守群体之所以未去城市打工是由于老人年龄太大或者孩子太小无人照管，不得不留在农村。但是，由于土地收入微薄，乡村就业机会少而导致经济状况不佳，看到自己生活与别人生活的巨大落差，会产生心理不平衡，进而影响到家庭的稳定与和谐。遗弃、虐待老人的事情常有发生，传统伦理价值观受到强烈冲击，夫妻之间互相埋怨，信任与尊重消失，产生了很多不和谐问题。

一　农民家庭的幸福是“过好日子”

关中地区农村人不爱出远门基本是一个共识，不像四川、两湖等劳务输出大省。因而，关中地区的农村，虽然一定程度上也表现出“空心化”趋势，但相比较而言，人气依然相对旺盛，空心化程度不太高，村落生活在一定程度上依然充满活力。如何“过好日子”可能是近十年来关中农民经常挂在嘴边的词汇，“过好日子”也几乎成了农民之间谈论的主要闲话。农民在“过好日子”上比城市人显得更具有世俗的理性，说明“过日子”是理解关中农民生活逻辑的关键词。

中国是一个宗法社会，自西周以来，国家的礼制就是建立在地方宗族基础上的，宗族是社会的基本单位，因此可以说家族本位是中国社会基本的结构与特点。常言道“家和万事兴”，更进一步说明，在中国，一切活动都是以家为基础和支撑的，没有整个家族或宗族的支持，很难取得期望的成就，家可以说是中国人实现生命中最重要的生活目的的基本单位群体。对一个人来说，“家”不仅是繁衍后代的重要场所，也是一个人在身份上获得强烈一体感的场所。在这里，一家之主吸收了其他人的人格体，凡事都是一家之主做主。与家族本位对应的就是祖先崇拜，认为去世的祖先可以荫护自己与子嗣。

中国人的精神世界里奉行的是多神崇拜，在多神崇拜的文化谱系里，祖先崇拜和家族组织在一个人的生活中扮演着重要角色，这个角色的重要性就体现在，在超自然世界里，祖先可以给予后代最真切的

---

① 丁卫：《复杂社会的简约治理——关中毛王村调查》，山东人民出版社2009年版，第3页。

安慰和精神支持，家族则从世俗生活方面给予直接的物质与人力等方面的支持，由此我们可以看到，正是在“家族本位”和“祖荫庇护”双重影响下，中国人生活的时空特性得以建构。从空间来看它是一个以家庭为中心的时空结构，在这个结构里，我们可以看到，一个人的幸福，完全以他所在的家的和谐安康来体现。

传统乡村社会的日常生活和谐与乡村秩序的维系，不是靠社会性公德，而是靠宗教性私德。社会性公德是为了维系该社会生活的最低必要条件，个体成员应有遵循公共行为准则的道德自觉，属于国家层面道德。而宗教性私德则注重个体修为，以“小我”的道德溪流积累而成社会大道德的江洋湖海。这也是中国传统社会的儒家教导主线。孔子和儒学一直强调以“亲子之情”（孝）作为最后实在的伦常关系，以建立“人”—“仁”的根本，并由亲子、君臣、兄弟、夫妇、朋友“五伦关系”，辐射交织而组成和构建各种社会性——宗教性感情，作为“本体”所在①。村风村貌的展现是所有乡村村民素质的综合呈现，是社会性公德的表现，但事实上，只有每一个民众都在日常生活中注重自己的私德训练与提高，才有整体展现的可能性。而乡村里的所有文化生活内容与形式都对民众文化素养提高以至于乡村文化繁荣与和谐贡献力量。

梁漱溟曾在《乡村建设理论》中提到：“广义的文化，就是一个社会过日子的方法。”作为一个儒者，梁漱溟对中国儒家如何影响乡村农民日常生活有个清晰的认识。从梁漱溟的话我们可以看出，在我国乡村农民的一切文化概念或定义，都是围绕着生活这个逻辑展开的，调整人们日常生活的“伦理”作为一种道德规范，虽并不是生活本身，只是调整日常生活里乡村农民处理各种关系的一种准则而已，但这个“伦理”更关注的是人的现实生活方式，而不是心灵，由此导致我们中国人一向把世俗生活看得很重。那么如何过好日子，就直接对应和体现在饮食男女、衣食住行和社会交往等方面，一个家庭不仅仅作为消费单位存在，尤其是广大乡村家庭，由于属于小自耕农，还

---

① 李泽厚：《论语今读》，中华书局2015年版，第16页。

有着家庭生产的意义，在一个宗族和熟人社会里，更体现为伦理本位下的与其他人之间的关系处理。从这个意义上讲，过日子是一种生活方式，是一套生存伦理，内蕴着中国人特有的一套生活逻辑。

过好日子，从福祸来说，就是希望一家大小老少平安健康，无灾无难，不求大富大贵，只求日常小康，其本质就是家庭生活在实现既定目标和生产时，能过得比较舒坦。对农民平时常说的“你看人家某某这日子过得多红火”这句话做一个逻辑分析，包含两层结构：一个是有“日子”可过，这个话首先包含着家庭的完满。日子首先不是一个人能过的，因为一个人是很难过日子的，必须建立在家庭完满的基础上。过日子的主体是家，一个人如果单身或者打了光棍，在重视子嗣传承的儒家看来，既然没有成立家庭，那么就不能叫过日子，只有长大成家后，才有过日子的可能，因为这时家庭就是这个人的事业。另一个是日子能“过”得下去，意思是作为家里的顶梁柱，通过自己独立的谋生能力，让一家吃穿住行都能看过眼，体现出一定程度的结余，而不是欠缺。过日子本身就隐含着主体是家，而不是一个人。

过好日子，从字面意思来看，就是家里的顶梁柱男人，其所有的营生都是围绕着家庭成员的吃穿住行来进行和展开的，必须有对家庭成员负责的态度，为他们日常起居着想，这些人的日常所需，是他奋斗的中心。用农民的话说，就叫“顾家”，置家庭利益于不顾而谋求自身的发展，会被指责为“不顾家”。因为顾家，所以恋家。关中人之所以懒得出远门，也很少做大企业，与关中人的性格与生活态度有直接关系。俗话说“三十亩地一头牛，老婆娃娃热炕头”，是关中农民眼里的所谓小康幸福生活。从这谚语可以看出，陕西关中的男人一方面是恋家，另一方面是小农意识严重。祖辈生活在八百里秦川的老人，也不想让自己的子女走得太远，哪怕生活清苦一点，只要在一起，比挣钱多更值得珍视。正是因为对家的依恋，关中农民不像四川、重庆、两湖农民那样乐意离开故土，去外面的世界闯荡一番，干出一番事业，而更愿意守着家，守着祖辈的生活方式，哪怕收入少一些、消费水平低一些。他们容易知足，在他们眼里，日子算过得去了，就算一定意义上的好日子。

传统家庭不仅是一个消费单位，也是一个相对完整的生产单位。夫妻必须合理分工并通力合作，才能最大化经营好家庭生活，男人能挣钱，女人会安顿，可谓最佳组合。家庭内部丈夫、妻子扮演着不同的角色，拥有着一个共同的目的，就是想法把自己家的日子过好。从民间对男女的称呼，就可以看出约定俗成的民间习惯对一个家庭里男女自然分工的界定。女人一般被称作“屋里的”，其角色定位就是做好家务事。人们常说：“女人再有本事也是围着锅台转，而男人再差也走三个县。”这就说明在一个男权社会里，一个再能干的女人，也是不允许替代自己家里男人的角色的，除非例外情况，比如守寡或者其他原因，才可以替代男人出头露面。在社会人际交往中，出头露面的往往是男人。从生理角度来讲，男人的体格一般还是强于女人，因此从生产力方面来说，社会共识认为只有男人才能撑起一个家。这里并不是说女人不重要，而是在儒家，尤其程朱理学确立起来后，才强调了女人在家庭的地位，限制女人在社交场合的抛头露面。这就是基于男耕女织这一家庭分工，认为挣钱还是要靠男人，照顾家里和孩子，只能托付给女人，如果女人不善于理财管钱，对一个脆弱的小耕农家庭来说，日子肯定过不好，“勤俭持家”这一古训，是有它的社会原因的。“男的是搂钱的耙子，女人是装钱的匣子。不怕耙子没齿儿，就怕匣子没底儿。”农民用他们通俗易懂的语言生动又形象地说明了夫妻在过日子过程中，不同的角色分工的重要性，也道出了女人在过日子过程中持家的特殊作用。

黄宗智提出过“生存伦理”这一看法和观点，从汉代开始就确立起来的精工细作的小农经济模式，由于生产力低下，尤其是清朝后期人口激增至四万万人，而生产力并没有提高多少，在人多地少的情况下，生存显得尤为残酷。以至于在陕西关中农村，邻里乡亲见面后打招呼的习语就是“你吃了吗”，不管什么时间，几乎都是这个问候语，这淋漓尽致地体现出了维持生存是基本的诉求，因此对一个家庭来说，除了勤劳以外，还得会节俭过日子。男的在外面负责挣钱，要想挣得多，就要勤快；女的持家，学会精打细算，该花的花，不该花的最好不要花，一个小家庭夫妻只有如此搭配，明确分工、互相监督，才可能把日子过好，如果一个家里的男人贪玩、懒惰、嘴馋，尤其是沾染了赌博等恶习，一个女人再会持家，也是无法把日子过好的。在一个家庭中，男人如果属于懒汉，游手好闲的败家子，媳妇如果不会持家，都可能会使人丧失过日子的信心，变为“混日子”。

过日子的前提是有日子可过，既然过日子的主体是家，那么对一个人来说，成人后成家是人生第一件头等重要的事，也是父母最劳心的责任和大事，只有给一个人成家并且独立分出去，才有谈让他们过好日子的可能。男子在父母操持下，一旦成家，并建立了正常的家庭生活，自然是要和父母分开的，这就涉及分家，分家本质上是对独立出来的一个家庭在物质上帮助其实现再生产的行为。关中地区农民实行分家可以多次进行，这个做父母的都有总体的筹划，毕竟家里的财产是有限的、固定的，给儿子们操持娶了媳妇后，就要一个个给分出，让他们开始独立单过，等所有孩子成家后，一家之主也就年事已高、体衰人老了，不能干重体力活了，老人就会选择一个儿子跟着过。这些年，社会变迁和观念变化打破了以往只跟小儿子共同生活的民间习俗。

关中地区由于自耕农居多，分家过程也比较简单，按照民间习俗，分家无非是儿子媳妇另起炉灶，与父母分开来过，成为一个独立的家庭，也就是生产生活单位，以实现自食其力，儿子过儿子的日子，与父母不在一口锅里吃饭了。因此，好多家庭分家后，给儿子另外一间房，另外搭建个厨房。土地这一重要的基本生产生活资料，也是要分一份给儿子儿媳的。基本逻辑就是成家后，必须从父母家庭中分裂出来，变成新的生活和生产单位，除非父母跟他们生活，由他们养老送终，才不存在分家这事。

俗话说“不孝有三，无后为大”。在儒家文化里，从祖先崇拜就可以看出对传宗接代、生育子嗣的极度重视，因此生育向来是中国人生活里的头等大事，在农民的精神世界里也是重中之重，如果一个家庭没有子嗣，这是一件无法抬起头的耻辱之事，因此理解农民对生育子嗣的态度和观念，对认识“过好日子”有重要的意义。对于一个家庭来说，精神危机是比经济危机更大的打击，主要体现在婚外情、子女夭折或疾病，都可能使家庭生活蒙上阴影，过日子就会没有了斗志，认为活下去就没有啥意义和奔头了，这也就是俗话说的“都是为娃过日子”。一句通俗易懂的话，直接道出了中国人对生命意义和价值的界定，因此生育不仅仅关系传宗接代，传承自己血脉，也是为了家庭生活得以延续。有了孩子，尤其男孩子后，做父母的，不管日子过得多么辛苦，在他们的精神世界里，都是值得的。因为有娃，父母再苦再累都无所谓，只要能把娃养大，给他成个家，让其自食其力，那么作为父母，责任就算彻底完成了。对于大多数农民来说，把家能养起来是最起码的责任，也可以叫事业，而把孩子养大成人，健健康康、人品正派，没有好吃懒做、横行耍奸等不良品行，就算做人成功。如果孩子争气，混得有头有脸，或者在国家机关干事，更是自感光荣，被认为教子有方，会获得其他村民的尊重。

过好日子的理想境界就是与他人不发生什么瓜葛，遇到困难或者事情了，尽量做到不求人，也不要轻易地去管别人家里的闲事，把自己的日子过好就行。虽然说是各过各的日子，但是人在社会中生活，况且中国的宗法制不仅以自然村落为基础，其本身更是一个带有互助功能的制度，在具体的日常生活实践中，人与人之间的交集是必然的，离不开亲戚、朋友、邻居的帮忙或者帮助。当走出小我的家庭生活之后，面对的是一个开放的社会关系网，在这个社会关系里，有本族、亲戚和乡党这些熟悉的交往对象，对日常生活其实有着不可忽视的重要影响。因此为了把自己的日子过好，必须要有好人缘，要有好人缘，就要走出自我，走向社会交往，努力建构自己的熟人圈，要想建立和维持自己的熟人圈子，在关键时候能得到帮助，那么在日常生活中，必须通过人情往来和日常互助来维系这个圈子和关系。这个圈子的建立，也不是只依靠在外读书或跟着去做生意并结识新朋友来建立，首先还是婚姻圈，这是农民唯一可靠的交往世界；其次就是以本家或者本族为依托的自己人圈子。此外，同学关系与战友关系也构成了农民新的交往世界。

在农民的日常生活中，活着的意义和价值，就是把自己日子过好，只有过好日子了，生活本身的延续才具有意义。一般情况下，农民去各种庙宇祭祀朝拜，不是求子，就是求平安或钱财等，朝拜或祭祀时，并不需要任何虚幻的宗教感，更不需要西方基督教意义上的灵魂的救赎。人生的意义贯穿于生活的始终，并不能脱离生活而存在。什么样的日子才算过得好呢？从访谈中可以得知，在农民眼里，除了一日三餐外，在家在外、遇到事了，能有闲钱打理或处理，以避免遇到事后求人；家庭内部没有太大冲突和矛盾，一切处理得井井有条就很好。因为在农民眼里，很容易知足常乐，认为一个人一辈子就吃那么多、喝那么多，挣得再多也是吃饭，死了又带不走。另外，只要能把孩子教育好，不学坏，能成才就算很成功了。孩子如果念书好，当然可以给父母脸上增光，不行就学个手艺，不至于没有谋生能力，只要走正道，不偷不抢，身体好，打工也能养活人。事实上，这几年随着城市化的快速推进，许多没上学的在外打工的，日子过得一点也不比上过学的差，只是在他们眼里，上过学的依然是文化人，有知识，国家会刮目相看。由此看出，中国农民眼里的过好日子，具有世俗和精神意义的双重含义。

二　农村传统孝道的衰微①

改革开放以来，随着社会的急剧转型，农村的经济生活、文化伦理与民众日常交往均发生重大变化。一方面是生产力水平蓬勃发展，民众思想得到解放，民众经济收入与生活水平大大改善，同时国家也在大力倡导并弘扬尊老爱老的传统美德；另一方面却是农村孝道的日益衰微，不尊不敬不养甚至虐待老人已经成为一个普遍现象。

1. 从“私”法到“公”法：孝道的制度演变

“孝”最早是作为家庭伦理规范而出现的，它的功能是调节父母与子女之间的关系，当初并无社会规范的意义。西周时代，“孝”作为一种道德观念，已经出现在文字著述之中。《尚书·酒诰》说：“肇牵牛车，远服贾，用孝养厥父母。”《尔雅·释训》有“善父母为

① 参见拙文《从“公”法到“私”法：农村孝道衰微的原因》，《青海社会科学》2012年第4期。

孝”，意思都是敬爱、奉养父母。[1] 在周初，“孝”还是属于宗族内部的一种家庭伦理规范，周公制礼后，本属于周室自家的家庭伦理规范，随着礼作为根本大法，对其他诸侯与周天子以及诸侯之间的关系起着规范作用，其精神开始通过“亲亲、尊尊”原则贯彻于整个国家，从西周开始“孝”初步具有了全民性与社会性特点。

当然，“孝”作为一种行为和现象开始进入“礼”这个国家根本大法的时候，其具体含义与范围还是不明确的。但作为礼的基础的“亲亲与尊尊的最大特质是‘依时互动’，也就是‘礼，时为大’的礼意所在”[2]，这意味着不论国家大事的讨论还是日常生活中琐事的解决，都是将具体问题放在具体的时间和空间去审时度势地分析与解决，并没有统一适用的定制，即议事以制。到春秋战国时代，随着周天子地位式微，礼崩乐坏，孔子与孟子在礼制的结构内，对“孝”的具体含义和范畴进一步深化与具体化，使得“孝”的践行更加有了具体的衡量标准和行为规范。孔、孟对“孝”的阐释主要散见于《论语》与《孟子》等典籍中，在此不加赘述。

从孔子和孟子对“孝”的阐释可以看出，“孝”的范畴主要包括尊亲敬亲养亲侍亲事亲。但其看法仅仅属于一家之私学，还没有上升到一种普遍的社会伦理准则的程度，“以孝治天下”，形成系统的“道”则开始于汉武帝尊儒。在武帝时代，儒家享受到“罢黜百家，独尊儒术”的至尊地位，但在国家的治理上，汉承秦制后面临着“汉儒从教化之国的政治理念来推行政制安排与制度改革，故与以法制立国的法家之士和秦制帝国的文吏发生了冲突”[3]。照儒家的观点来看，法家的立法即属“非礼之法”或“非法之法”，因为它不合儒家的自然法——礼（来源于“天”）。为了扭转这一局面，汉代大儒董仲舒首先发难，采取“春秋决狱”（即根据儒家经典《春秋》所载案例及其中体现的道德原则定罪量刑）的方式把儒家的道德原则（三纲五

① 魏英敏：《“孝”与家庭文明》，《北京大学学报》（哲学社会科学版）1993 年第 1 期。

② 张寿安：《十八世纪礼学考证的思想活力》，北京大学出版社 2005 年版，第 88 页。

③ 刘小枫：《儒教与民族国家》，华夏出版社 2007 年版，第 44 页。

常）引入司法审判领域，继之又通过“春秋决事比”（判例法）的方式把儒家道德原则引入立法领域，从而开启了一场影响深远的儒家道德的法律化运动。这一运动过程经历了两汉、魏晋、南北朝直到唐代，可分成如下三个阶段：第一阶段为西汉时期的“引经决狱”，第二阶段为东汉时期的“据经注律”（即用儒家经义注释律文），第三阶段为魏晋南北朝时期的“纳礼入律”（即把儒家道德原则直接化为法律条文），随着“一准乎礼”的《唐律》的出现，儒家道德的法律化过程宣告完成[①]。这场运动“意味着由儒家的‘礼’所确认的社会准则被吸收进法典之中”[②]，儒家的学说和尊崇的道德原则成为裁断纠纷的最高依据与指导精神原则。法律的儒家化其实就是“孝”作为一个家庭道德规范——“私”向“道”作为一种全民的、普遍适用的道德伦理——“公”转化的过程。程朱理学对儒家改造，提出的“存天理，灭人欲”进一步强化了“孝”的道统地位，到明清，“孝”最初的范畴和内涵以及意义扭曲了，即最初父子之间权利义务的对等性，甚至还有某种程度的平等性，也开始被工具化。

因此从制度史来看，“孝”最初并不是一种具有基本原理性的、被普遍适用的“道”意义上的制度，而是一种宗族内部“私”的伦理规范与行为，但随着历史的发展，其最终与国家政治制度结合，演变为一种固定的、普遍适用的制度。不“孝”被确定为国家法律上极大的罪，属于十大重罪之一，“孝”受到国家政治权力的特别保护，对违反孝道的人给予严厉的惩罚[③]。“孝”作为一种家庭规范向系统的“道”的演绎转化，最后成为中国的本体价值和社会价值的国体基础的过程，体现了“孝”作为“自营”的“私”领域的范畴向受到国法严厉保护的“共通”的“公”范畴转化的历史过程，其在制度

① 崔永东：《论中国古代的法律自然主义》，《中外法学》2002 年第 1 期。

② ［美］德克·卜德、克拉伦斯·莫里斯：《中华帝国的法律》，朱勇译，江苏人民出版社 2003 年版，第 28 页。

③ 瞿同祖：《中国法律与中国社会》，中华书局 2007 年版，第 30 页。

史上体现了中国“公私”概念的发展[①]，用制度史上的话说，原本属于宗族内部具有私法性质的规定，被转化为了受到国家公法保护的规范，任何违反“孝”的行为，不仅受到私法的制裁，更是受到国家法律的严厉惩处。

2. 从“公”法向“私”法：当下农村孝道衰微的原因

在中国封建社会“孝”之所以能演化为一项最基础的伦理原则和被国法调整的行为，当然有其经济基础，那就是农耕的地主土地所有制。汉承秦制后，继续延续秦之立国原则，即将农和士作为国家之根[②]，因此导致了国家对商业的抑制与对农业的轻税薄赋，共同推动了资本向安全且获利丰厚的土地转移[③]，土地成为最受器重的投资对象，这种财富观一直影响到民国末年。这种地主土地所有制是与父权紧密结合在一起的，因此在中国封建社会里，家作为私法意义上的存在的同时，还是公法意义上的存在，即亦通过国家权力掌握人民的单位[④]。在宗法制与地主土地所有制下，地方宗族不管是在社会层面还是国家层面，都享有高度自治权，并分享了部分国家的政治权力，家长制从国法上被肯定和保护，因此才有俗话所说的“家有千口，一人做主”。

中华人民共和国成立以后，在党的纲领上，早已将依附于地主土地所有制，并与帝国主义勾结的一切军阀、官僚、买办阶级、大地主阶级以及附属于他们的一部分反动知识界都划定为无产阶级和农民的敌人[⑤]。“伴随着土地革命完成的是乡村精英评价标准和精英群体的整体重建，传统的评价标准被颠覆的同时，一套新的政治意识形态的标

---

① ［日］沟口雄三：《中国公私概念的发展》，汪婉译，《国外社会科学》1998 年第 1 期。

② 许倬云：《汉代农业》，广西师范大学出版社 2005 年版，第 36 页。

③ ［日］滋贺秀三：《中国家族法原理》，张建国、李力译，法律出版社 2003 年版，第 131 页。

④ 参见《毛泽东选集》第 1 卷，人民出版社 1991 年版。

⑤ 董磊明：《宋村的调解——巨变时代的权威与秩序》，法律出版社 2008 年版，第 13 页。

准被确立，并且在国家权威的支撑下重塑乡村社会中的关联和分层。"[①]"政社合一的大队建制最终形成的一个关键，是中共党支部在大队一级的普遍建立，成为乡村社会的正式权威和真正核心"[②]，国家通过在自然村落上建立党的支部达到了对底层社会的全面"覆盖"，无论是农民的经济生产，还是村政的运作，都通过党的领导开始按照国家的统一规划和安排进行，传统意义上的村落自治几乎消亡。

社会主义改造完成以后，土地的集体所有制代替了封建社会的地主土地所有制；党的领导代替了地方长老士绅的统治；传统的儒家礼仪包括孝道遭到无情的批判。在这种情况下，集体所有制使村庄失去了自治的经济基础；党支部代替士绅阶层成为乡村社会真正的权威和核心，其服从于党和国家的意志和领导；在国家意识形态领域，忠孝作为一种压制民主、民权的糟粕被无情地加以批判，人人平等的理念被大力倡导。

在土地归集体所有以后，人们是通过挣工分来获得报酬的，这种养育之恩来自于抽象的集体而不再是私人家庭的亲人，这样必然瓦解了老小之间互惠的依赖关系，也潜意识地淡化了家的温馨感和凝聚力。对人人平等的倡导以及通过国家根本大法和基本法的确认，从法律上保证了子女对父母的话语权。虽然在集体化时代孝的经济制度基础和政治制度基础就被摧毁了，但在集体化时代并没出现尊老敬老养老的道德危机，原因何在？我们会发现在村落社会中传统伦理道德仍然以其强大的生命力影响着人们的生产生活，很大程度上影响了国家政权的下渗深度[③]。一是村庄仍然是每个农民安身立命的场所，其"共同体"的性质没有改变。二是农民还是被束缚在土地之上，乡土

① 董磊明：《宋村的调解——巨变时代的权威与秩序》，法律出版社 2008 年版，第 173 页。

② 董磊明：《宋村的调解——巨变时代的权威与秩序》，法律出版社 2008 年版，第 171 页。

③ 董磊明：《宋村的调解——巨变时代的权威与秩序》，法律出版社 2008 年版，第 175 页。

逻辑和地方性的价值观念仍影响着人们的日常生活[①]。因此“村落固有的那些秩序、礼仪、风俗、习惯等在日常生活的细枝末节中精巧地调节着村内的人际关系，缓解着村内的家际冲突，维系着村落的秩序，实现着村落的整合”[②]，这也就是在集体化时代农村的孝道并没有衰落的原因。

中国的改革首先是从农村开始的，那就是把集体的土地重新分配到了农民私人手里经营。按照当时的政策，每个人都有权利分到承包地，与其是否成人无关。当一个人成人并婚嫁后，男方也可以廉价地申请到自己的宅地基，这样就为小家庭的兴起提供了经济上的基础，基本生产生活资料再也不是从父母那里继承过来的了，作为集体的一员是理所当然就得到的。加上集体化时代奉行国家全能主义、技术立国，导致人文主义教育的缺位。在市场经济理念与消费主义观念影响下，年青一代享乐思想严重，只看到法律规定父母对子女的养育义务等，这些因素加速了改革开放后农村孝道的衰落。

在市场经济的影响下，乡村治理日益屈服于金钱主义和功利主义，地方干部也更加功利化和自私自利，村干部变得越来越像上级政府拨款发工资的职工，他们对维护公德不仅没兴趣，也随着农业税以及各种费用的取消，缺乏从事公共事务的财力，更重要的是，许多村干部自身就在践踏孝道。

《中华人民共和国宪法》作为根本大法规定了子女对父母的赡养义务。然后作为民法的《中华人民共和国婚姻法》和公法的《中华人民共和国刑法》分别具体化了对父母的赡养义务，并把虐待父母的行为定性为虐待罪，但婚姻法上的赡养义务是私法上的，刑法上的虐待罪则属于刑事自诉，不属于国家积极干预的公诉罪行，使得法律的制裁显得无力。在维稳压力下，村委会干部也罢，国家司法机关也罢，政府部门也罢，在不出事原则的主导下，宁可少一事也不愿多一

① 董磊明：《宋村的调解——巨变时代的权威与秩序》，法律出版社 2008 年版，第 175 页。

② 黄仁宇：《关系千万重》，生活·读书·新知三联书店 2001 年版，第 174 页。

事，免得承担政治责任。

西方法律只防止个人为恶时侵犯公众或旁人，不逼人为善。因为道德上之事，没有绝对的标准，更无法强制执行，尤其自宗教革命以来，良心上之事只有个人自身做主[①]。按理来说，这种意识与中国国情与传统大相径庭，但实际情况是中国农村孝道衰落的原因就在于孝已经成为一种公民家庭内部个人的私事，不再是国家大法的根本原则，更不是刑法所保护的重罪，导致了国家政治权力对其制裁的弱化。公共舆论之所以难以发挥谴责舆论，就在于村干部分享的国家权力不仅太弱小，还在于维护与否不仅没任何利益，同时谴责者和被谴责者几乎都存在违背孝道原则的行为，自身就不正。被虐待的老人，之所以不愿意通过诉讼等手段解决，一也许是不忍心，二是在熟人的社会里，通过司法手段不仅伤了子女面子，而且会进一步激化与子女的矛盾和关系，因为在农民看来，打官司依然是丢人的事情，可以说是人丢大了才去打官司。

总而言之，传统中国是一个家族本位的国家，“家”的概念有其特殊意义，不仅是生命体的寄宿，更是精神依托的载体。但是随着土地依附关系的变革，农业收入在家庭收入中的比重下降，年青一代生存方式和家庭观念转变，导致传统道德约束力的丧失和父权式微。传统“家”的经济基础的缺失，造成农村社会的孝道衰微和养老危机。在农村推进社会化养老是解决孝道衰微所造成的危机的最好办法，但鉴于目前国家财力的现状，我国还无力实现平等的全民化的社会养老，家庭联产承包责任制下的经济模式依然替代国家承担着社会保障的功能，因此，在推动社会养老的同时，应该继续尊重这种农业模式。在未来中国农村，社会化养老与家庭养老相结合必然还是一个长期的政策选择。

要克服乡村一级组织的空壳化与公共服务体系的衰微，必须重新培养乡村精英，他们在道德上要能获得村民的信服与尊崇，使其成为公共道德强有力的维护主体。要实现这一点，应该通过允许城市人在

① 费孝通：《费孝通译文集》，群言出版社2002年版，第12页。

农村置业，让资源、财力与人才不再单向地从农村向城市源源不断地流动，而是要双向流动。总之，通过探究找寻一种适合于农村现状的尊老敬老养老的途径是必须的，也是可能的，这样对构建文明农村与和谐乡村大有裨益。

三 农村青年娶妻难与“重返光棍”

农村“养儿防老”的早期观念与计划生育政策的无形结合，使得农村人口性别比例失调，女性绝对数量降低，可以说是农村光棍大军形成的根本原因。同时，年轻女性外出打工并留在城市或远嫁他乡也是造成关陇地区农村男女比例失衡，产生大量光棍的重要原因。在关陇等农村地区，青年男性结婚难的问题越来越突出。

1.“自始光棍”婚配难度大

关于当下农村出现的光棍现象及离婚率上升的问题，绝大多数人认为这是个人和家庭问题，是一个无能为力的事情，尚未上升到社会稳定与国家发展的高度。男女比例失衡、经济发展不平衡、人口流动以及个人条件等原因，使得广大农村尤其是西部偏远地区的光棍问题和婚姻不稳定问题普遍化了。

这一状况成因复杂，解决难度大，甚至短期内不可能解决。也就是说，这种光棍群体的大量存在和婚姻关系不稳定状况可能会在一定区域和时间内长期存在。真正认识问题，正确面对，找出相应恰当的解决措施，才有可能未雨绸缪，进而维系乡村社会的稳定，基层社会治理与社保扶持才会有针对性和可行性。

所谓“光棍”，就是指到了婚龄甚至大龄后仍未婚配的男子，随着社会的快速发展，当下社会基本上把30岁以上没有婚配过的男性界定为光棍[①]。光棍大致分为两类：一类是进入婚龄后自始至终因各种原因没有娶妻成家，可以称为自始光棍；另一类是结过婚但很快离婚且没有孩子，称为重返光棍。不论哪种类型，总之找到配偶的难度很大，而且队伍不断庞大，问题日益严重，甚至引发了许多社会

---

① 余练：《婚姻连带：理解农村光棍现象的一个新视角》，《人口与经济》2017年第1期。

问题。

选择关陇地区作为考察范围，是由于这个区域的问题突出又典型。此处所说的“关陇”，更多体现为经济、社会与文化概念，而不是政治与行政区划概念。本书所考察的“关陇”范围，大致包括陕西关中西部地区和陇东地区，以宝鸡、天水、平凉、庆阳等地区为代表，兼及宁夏南部。这个区域的共同特点是：地处西部、闭塞落后，经济不发达、婚姻观念陈旧，外出打工人多、农村男女比例严重失调，光棍成窝，家庭婚姻维系难度大等。从本地人的一句调侃话就可以看出婚姻难度之大：“我们这里，能娶上媳妇就是成功人士！”

关陇地区经济欠发达，生活不便，是适龄婚嫁男子找不到对象的重要原因。巨额“彩礼”和在城镇买房成为农村家庭重负，女方不仅会要高额的彩礼，还要求在城镇有房子。闫云翔提到，20 世纪 80 年代以来，在东北下岬村，系列分家模式的流行导致未婚适龄男女会更加主动地争取高额彩礼和嫁妆为自己小家庭的建立做财富铺垫[①]。这样一个男子结婚需要十几万元甚至几十万元的成本。这对本身经济条件不好的家庭而言是难以承受的。民间虽有“婚不以财论”之说，事实上有些地方的娘家却非常看重彩礼，往往男方家越穷，女方家要的彩礼越多，从开始议婚就在讨价还价，是名副其实的买卖婚姻[②]。农村社会中，房产成为结婚的基本条件，并且彩礼在 2010 年之后呈现急剧增长的态势。几年前电视上曾经播过节目，对陇东地区和宁夏南部的在外打工的乡村男青年，在年底返乡排队相亲的状况进行追踪报道，一定程度上反映了关陇地区农村青年婚配的严峻形势。在这种大的背景之下，婚姻市场上男性青年所占婚姻资源多寡，往往对婚姻选择的主动性大小至关重要。婚姻资源少，就会被婚姻市场边缘化。在乡村社会，男性的婚姻资源由以下几方面构成：自身工作（收入、编制、地域）、学历、房子、相貌、家庭背景等。女性的婚姻资源则包

---

① 闫云翔：《家庭政治中的金钱和道义：北方农村家庭模式的人类学分析》，《社会学研究》1998 年第 6 期。

② 陕西省地方志编纂委员会：《陕西省志·民俗志》，陕西人民出版社 2007 年版，第 177 页。

括学历、相貌、持家能力、收入、家庭背景等。因为随着男女比例失调，在男性数量远远高于女性的情况下，女性在婚姻选择市场上就有了更多筹码。富人婚姻带来的示范效应，瓦解了传统意义上的“娶媳求淑女勿计妆奁，嫁女择佳婿勿羡富贵”的判断，致使很多农村男青年成了光棍。

农村女青年出门打工，求偶观念转变。随着越来越多受过教育的农村女青年出门打工而在外见了世面，感情成为婚姻的重要因素。打工所产生的距离使得“父母之命，媒妁之言”的观念日益受到冲击，自由恋爱模式兴起，打工所引发的空间差距与文化差距对于传统婚约稳定性产生影响。同时，剧烈的城乡文化差异使在外女青年认为，应该先谈情再说爱，不能再像父辈那样，为了成家而成家。这样，以情投意合为核心的爱情观成了婚姻的追求，在合适与不合适之间寻求缘分。有的女青年宁愿被耽搁成大龄青年，也不放低求偶标准。

农村适龄男青年自身不够努力、情商不高，自然难以获得女性青睐。学者陈锋认为：“男性的情感交流能力较差成为新时期农村光棍现象产生的主导性因素。”① 有的农村小伙子自己也不争气，受教育程度不高，家庭引导不够，不出门见世面和打拼，本人好吃懒做，游手好闲，家庭观念不强，沾染各种恶习，导致村里人对其评价不高。对农村青年来说，好多婚姻都是通过媒人作为中间人牵线的，如果村里人对他个人的人品评价不高，一般是没人给介绍对象的。

2. “重返光棍”的农村青年再婚难度更大

在农村社会，“重返光棍”是指有过短暂婚姻经历却又重新成为光棍的男人。调查发现，近年来，影响婚姻稳定的因素不断凸显，女性在婚姻市场上越来越强的竞争力导致的强势，以及年轻女性可以自己出门独立谋生不再依附男人，都让“被离婚男子”变得普遍。同时，再婚的高成本让“重返光棍”的群体再婚变得渺茫。

年轻女性离婚的“退出壁垒”低，再婚很容易，只要对现存婚姻

① 陈锋：《依附性支配：农村妇女家庭地位变迁的一种解释框架》，《西北人口》2011年第1期。

不满意，就会坚决离婚。光棍现象早已有之，离婚也不算稀奇，与以往不同的是，以往的光棍可能只是婚姻市场的溢出者和失意者，而今的光棍也可能是婚姻关系维系的失败者。男性不敢轻易退出婚姻，而女性的“退出壁垒”明显要低得多。一方面是女性的不将就导致离婚概率明显增加；另一方面是再婚成本急剧上升，使男性在婚姻中的话语权丧失。这两个原因都增加了女性在婚姻市场上的选择能力和谈判筹码。哪怕是被传统社会所诟病的离异妇女，她们依然在婚姻市场上有非常高的选择能力。离婚对于男人——特别是家庭经济条件很一般的男性来说，可谓人财尽失，并且往往也意味着其在婚姻市场上的位置已经被边缘化。而离婚对于女性来说却越来越成为一件“好事”，甚至有人认为是有百利而无一害之事。女性离婚带走孩子的情况极少，她们可以不受抚养孩子的牵绊，反而能够再次获得高额彩礼，再找一个条件更好的男人。

青年男性一旦“重返光棍”，再婚难度很大，有的会终生无法再婚。调查显示，女方离婚后很快就有中间人给介绍，即使有孩子也可与未婚男青年婚配，离婚女性容易成功再婚。但男性离异者将很难再婚。

首先，再婚难与婚姻支付成本的急剧上升有关。因为婚姻市场的形势已经发生变化，按照正常的婚姻支付价格，现在他们已经无法支付成婚需要的成本了，这些离异者很难再婚。因而，对于家庭经济条件差的男青年来说，婚姻是一种“奢侈品”，而离婚则是“失去奢侈品的烦恼”。2010 年左右，关中地区的农村婚姻支付成本（彩礼、房子、“三金”等）急剧上升。据当地农民介绍，2009 年及之前，结婚彩礼一般支付 1 万元左右，最多超不过 2 万元；2010 年涨至 2 万—3 万元，以后年年上升，2017 年 7 月笔者调研期间，彩礼行情为 8 万—12 万元，多则超过 15 万元。这相当于一个农村一般家庭（两个劳动力人口外出打工）省吃俭用 5—10 年的收入。男子离异再娶的障碍在于，一方面劳动力价格的增速远远赶不上彩礼的增长速度，另一方面，前次婚姻已经几乎耗尽了家庭的全部财富。这意味着中等经济条件的农村家庭都已经支付不起再婚的成本，更遑论贫困之家。

其次，男性在初婚市场上尚无谈判筹码，在再婚市场更失去谈判筹码。婚姻市场上男女比例的失衡提高了女性在婚姻市场上的谈判筹码和要价筹码，降低了男性在婚姻市场上的谈判筹码，并且加剧了男性之间的婚姻资源竞争。再加上婚姻关系的伦理感衰落，道德感降低，规范婚姻关系的文化因素日渐式微，使得婚姻市场以及婚姻关系成为赤裸裸的市场竞争。这种情况之下，婚姻资源竞争失利的男性便成为农村婚姻市场的最大受害群体，他们面临极大的失婚风险，甚至结婚后依然面临婚姻资源的竞争和婚姻市场的选择。近几年来初婚男人娶二婚女人的情况并不稀奇，我们甚至还遇到初婚男子排队相亲二婚女子的案例。

关陇地区农村光棍群体的生存状态不佳。关陇地区农村有一句俗语“光棍年轻的时候好耍”，意思是说一个光棍在还年轻的时候，精力充沛，能挣来钱，同时又不用养活老婆孩子，家庭支付成本较低，因而过得滋润一些。同时还有另一层意思是，等老了以后，光棍的日子就不好过了。事实上，当下的情况是，不用等到年老，光棍的日子就已经不好过了。

首先是村里光棍成群，家里光棍成窝。关陇地区有些偏僻而贫困的村落，光棍占到村里适婚男性的60%—70%，在我们调查的一个村子，全村22—50岁的男性总共46人，而没有讨到媳妇的就有27人，很多家庭中有兄弟两个，连一个娶到媳妇的都没有，这让整个家庭备受压力和煎熬，家庭的不稳定有时会导致村落的不稳定。调查中，一个老人告诉我们：“这八九年了，村子里很少碰到给儿子娶媳妇的婚宴，经常参加老人去世的丧宴，也参加一些女子出嫁的出阁宴，因为娶不到媳妇，连满月宴都很少参加了。”笔者曾调研的一个山区村落，全村只有两个小组，人口合计158人，除了平时打工在外的，常住人口大概100多一点，而老年光棍和年轻光棍就有十几个，平时生活都成问题，村委会出面将废弃的学校改造了一下，将这些光棍集中起来，统一管吃住。虽然吃喝不成问题，但平时大门都锁着，不让出来，到了晚上，自己抱着玉米秆烧炕，生活极为单调贫乏。

其次，光棍群体在村子里和家庭中都没有地位。光棍作为一个被非议的对象，其个人的最大悲剧是在村子里难以抬起头，导致其社会地位被一再降低。因为在一个村子里，一个男人有正常家庭生活才被认为是健康的，而作为一个单身会遭到非议。一般而言，光棍并不一定独居，绝大部分的光棍都有兄弟姐妹，上至父母，下至侄儿侄女都是家庭的成员。他们不少人往往和三代以内的直系亲属同住同吃。光棍久而久之成为“多余人”，随着年龄的增长，家庭内部的成员会与光棍提出分家，“多余人”成为光棍在家庭内部的一种尴尬遭遇的真实写照。

四　婚姻与家庭关系的不稳定

从在关陇地区的调查来看，尤其是较为偏远且家庭经济条件不好的年轻男女，近年来离婚率有上升的趋势。婚姻关系呈现出不稳定性、脆弱性与空心化特点。在结婚自愿、离婚自由的法律背景下，一方可以随意提出离婚诉讼。从调查来看，由于农村的男性与女性在婚姻话语权上的不平等，提出离婚的大多是女性，男性提出离婚的微乎其微。偏远地区且经济不发达的农村已婚男性，可以说根本不敢离婚，这一点也成了女方在与男方权力博弈时最有效的一个策略，从而可以使自己在家庭生活中处于主导地位。

1. 传统“好媳妇”已经很难觅见

婚姻是人类社会中的最为古老和普遍的人际交往与伦理结构形式，男女结合而延续后代，人伦确立而社会稳定，社会组织得以形成[①]。费孝通先生提出，在代际关系上中国不同于西方，相比于西方的接力模式，中国在赡养关系方面体现为“反馈模式”。子女对老人有赡养的义务，但是老人也有把子女养大成人的责任，这就包括了养育和婚姻两个方面[②]。但事实上，由于媳妇不好娶，关陇地区的一个普遍特点是：妻子或者儿媳被“宠物化”。年轻媳妇在家庭中享乐在前，吃苦在后，公公婆婆反而要伺候和供养儿媳。

由于计划生育政策的长久推行，现在的农村，生育孩子也已经很

---

① 参见童恩正《人类与文化》，重庆出版社 2004 年版，第 101 页。

② 费孝通：《家庭结构变动中的老年赡养问题：再论中国家庭结构的变动》，《北京大学学报》（哲学社会科学版）1983 年第 3 期。

少了。一方面农民自身认识到生养一个孩子的成本很大，基于理性也会主动选择少要孩子。计划生育在农村的实施，加上农村根深蒂固的“重男轻女”思想，导致很多村民生一个男孩后不再生育，无形加剧了男女比例失调。

同时随着农村孩子越来越少，许多农村孩子在父母眼里也成了宝，这进一步加剧了农村男子寻找媳妇的竞争压力和成本。加之现在给孩子找个媳妇不仅直接付出的金钱成本很大，而且离婚又很容易，因此在家里，古训所谓的“先做媳妇后做婆婆”彻底颠倒过来了，现在父母都要看儿媳脸色行事。

在离城市比较近的市郊，由于城镇化的推行，耕地基本被征用，各种补偿可以让很多农户坐享其成。由于没有耕地，勤快的儿子儿媳还愿意找个事做，有的懒惰一些，什么也不愿意做，成为“啃老”一族。即使远离城市的乡下，交通设施不断完善，农村路面基本上都混凝土硬化了，村村有通向城镇的公路，乡村班车也已经普及。由于农业机械化，从播种到收割，几乎用嘴指挥就可以，条件好一点的家庭，儿媳妇可以说不干农活与家务，过着衣来伸手、饭来张口的日子，像一个宠物一样被丈夫或者公婆伺候着。

现在农村的女孩子，由于受电视剧、周围同学、熟人婚姻等的影响，无形中也慢慢积累了世俗和功利心理，择偶时不仅希望对方是独子，还要打听其父母年龄、身体状况。这样一来，她自己嫁过去后，就可以通过生育孩子组建一个新的三代家庭，公婆不仅可以外出务工挣钱给自己花销，还可以帮助自己带孩子，即使有农活，也不用自己操心，父母在家就种了。这样可以最大限度地从家庭内部深度动员父母这一无私劳动力，可以实现他们小家庭收入的最大化，因为她深刻地看到，公婆努力所得的一切，最后会反馈到自己与自己孩子身上，而不会外流。这种功利的现实理性与传统伦理的丧失，主要还是由于男女比例差距过大导致的婚姻成本巨大，对任何一个殷实家庭来说，扔几十万都是很心疼的事，关键是女方离婚后很容易再婚，男方要再婚却很困难。

这样一来，公婆不得不装聋作哑地宠着儿媳妇，在日常生活中，这种无形的压力，肯定让为父母者内心很苦。但是大多数父母都会选择忍受和沉默，在父母眼里，儿子家庭稳定，孙儿孙女健康开心，即使宠着她们，自己辛苦一点，也就不觉得苦了。因为家庭结构的稳定使他们走出家门，在村里可以很有面子，也是他们自身生活的希望。因此做父母的不怕苦不怕累，时常鼓足干劲，燃烧自己来点亮子孙后代。当今世界，这一隔代抚养的家庭结构模式，也许只有中国才存在。这恰恰是中国自古以来“家”的意义在现代社会以另一种方式延续的表现。

2. 婚姻关系变化的历史与环境原因

人类社会的存在是以人的存在与繁衍为基础的，而人与人之间的亲疏程度与血缘关系密不可分，也就是说，传宗接代是婚姻关系的必然。其实在女性主导的母系社会体系下，孩子与母亲的血缘关系不容置疑，血统归属不需要制度来保证。等人类文明发展到男性主导的社会体系时，这个问题的重要性就凸显出来了。为了解决这个问题，人类社会便创造了一套制度，规定了男性对某个或某几个女性的特定所有权，这套制度就是婚姻制度，所以说婚姻制度是典型的男权制度。只要严格执行这项制度，后代的血统问题便会迎刃而解。这个说法应该至少是传统婚姻制度形成的原因之一。

在古代社会和近代以来的很长一段时间，前人一直维护着这种婚姻制度，除了血统关系的维护以外，生产协作、利益分配等也是传统婚姻制度存在的原因。在漫长的农耕时代，男性是社会生产力的主要来源，女性无法创造财富，没有经济地位，屈从于婚姻制度成为男性的附属，是女性生存的唯一途径。传统婚姻强调“三从四德”，妇女没有财产权，离婚妇女更不能带走任何财产①。中华人民共和国成立以前，中国是一个宗法社会，家是以宗族形式表现出来的，宗族在地方事务中发挥着重要的作用，全家共居一宅，家不仅是消费单位，更是生产单位。当时来说，结婚不仅仅是两个年轻人的事，也是宗族的大事。

① 张志永、李月玺：《1950年婚姻法与华北农村婚姻制度的鼎革》，《当代中国史研究》2015年第3期。

工业革命以后，这种婚姻关系的前提条件不存在了。女性的社会地位在近一百年里获得了爆发性的提升。工业革命和科技发展，使大量工作摆脱了力量的限制，女性完全可以参与进来，这样，女性经济独立成为可能。女性既然获得经济独立，自然就不必继续屈从于一个从属关系了。婚姻双方的关系开始由从属变成合作。合作关系最大的问题是不稳定，女性经济地位越高，婚姻里的合作属性越强，婚姻本身就越不稳定。新婚姻法对离婚后的财产分割做了这样的规定：离婚时女方婚前财产应归女方所有，其他家庭财产由双方协议处理，不能达成协议时，人民法院根据其家庭具体情况，照顾女方及子女利益，坚持以有益于发展生产为原则。这是对妇女离婚后的财产权的极大保护①。在婚姻自由的理念下，离婚率的高升，恰恰是现代男女对婚姻关系判断发生变化的结果。传统社会的婚姻关系更加讲究责任与义务，不会轻易地提出解除婚姻的要求或诉讼。而在女性经济独立的当下，对婚姻的判断更偏重于生活质量和幸福指数，而不是责任和义务，所以在现代社会，离婚率呈上升趋势就很好解释了。

农村人往往将婚姻关系的确立通俗地称为个人问题的解决。所以结婚被认为是个人事情。但事实上，我们通过调查发现，关陇地区乡村青年群体的婚姻问题已经远远超出个人事情的范畴，已经成为一个家庭中的头等大事，也成为乡村发展与稳定的重要前提。新的婚姻关系产生了新的家庭生态与乡村生态。

从经济生活层面来看，随着农村经济体制改革的深入和城镇化建设的不断推进，以农耕为主的经济模式发生改变，土地收入难以维持一个家庭的开支，许多人不得不通过去城市打工提高收入，改善家庭生活。在这个过程中，婚姻呈现出了功利化取向。婚姻市场上男女博弈的力量发生了颠覆性变化，男人越来越处于弱势群体地位。在婚姻市场上，条件不好的男人，越来越没有发言权，越来越高的彩礼日益成了沉重负担，有的家庭到处举债，甚至还不得不借高利贷，让整个家庭陷入困境之中。随着打工经济的发展，女人不仅可以在经济上自

① 张希坡：《中国婚姻立法史》，人民出版社2004年版，第207页。

我独立，摆脱对男人的依靠，更主要的是，女人的经济独立也提高了她们在婚姻中的博弈力量以及在家庭中的地位，甚至男人不得不让女人当家。女人社会地位提高，必然会影响其在“家”中的夫妻关系。从一般经验来看，女人能挣钱的，男人几乎都无指责妻子的理由，大多显得比较㞞。这是因为夫妻双方的经济实力是影响夫妻关系的重要力量。

从精神生活层面来看，农村女性在对传统家庭责任和角色认识方面发生偏转，带来家庭生态与乡村生态的变化。现在农村年轻女性，基本都受过良好的教育，至少都是初高中以上学历，大都有过外出打工经历，有了一定的阅历和见识。这些都使得年轻女性获得了自主意识，让其身体与精神获得了自由，“男耕女织”的田园模式消失了，传统的家庭结构也解体了。

随着宗族的解体，村组织涣散，一个家庭面临危机的时候，不再出现以前那种互助，除非是很知己的亲戚朋友；当家庭遇到巨大困难时，夫妻双方并没团结起来共同克服危机，有时会选择把有问题的家庭成员从家庭中分离开来，当一个累赘予以摆脱；当一方遭遇不幸时，另一方有时会毫无怜悯地提出解除婚姻的意见，即使被社会谴责，也义无反顾。我们看到，现代一男一女的小家庭对于危机的耐心是极其有限的，一方面反映了为结婚已经倾家荡产的家庭的物质基础非常脆弱，另一方面反映了夫妻感情基础的脆弱。

相对血缘、地缘不能脱离的传统情感圈，社缘的出现，可谓对这种伴侣型现代家庭缺陷的控诉，那就是彼此依恋的夫妻对人对事都难以齐心聚力，为了逃避沟通障碍，只好逃避到社会上，彼此加入一个小圈子，寻得生活的乐趣。在这个后工业时代的信息社会里，“血缘·地缘”不再像过去那样发挥作用了，也许男性和女性都只有在选择社缘“才能找到未来的时代已经来到的感觉”。加上福利国家建设，社会保障体系的健全，还有年青一代的娇生惯养，祖孙三代同居一院，家庭倒金字塔结构模式的出现，农村孝道的衰落，男人在婚姻市场上明显的劣势，当家庭遇到重大危机时，就会出现“弃老·弃子·弃夫”这一悲剧的现象。

3. 婚姻关系变化的应对建议

“结不了的婚”“离不起的婚”，这是当前关陇地区农村年轻群体面临的一个重大困境，适婚男女性别比例的偏差过大及人口流动带来的分配变化，导致偏远落后地区产生大量光棍，这些地方的光棍问题是无法解决的，一个数量庞大的光棍群体将孤老终生。既然光棍不仅是个人问题，也是社会问题，从乡村治理层面来看，我们就得冷静、客观地面对现实。如果婚姻问题不能解决，建议在提高光棍的生活质量上下功夫。

首先，从观念上引导，使乡村民众进一步淡化传承几千年“养儿防老”的理念，让民众慢慢放弃“父忧子妻，子忧父亡”的古老观念，减轻父母没有给儿子娶上媳妇而会死不瞑目的精神压力，也减弱儿子没有娶妻成家以至于无法传宗接代，进而愧对列祖列宗的传统观念压力。总之，只有先从观念上进行疏导，才能让活着的人不背负过重的精神压力。

其次，从社会保障政策和物质补贴方面予以支持。要想使乡村民众淡化“养儿防老”观念，社会保障与养老政策要为他们解除后顾之忧。我国老年人的经济收入来源主要有两部分：一是老年人自己劳动所得，二是子女供给。另外参加新农保的老年人可以领取一部分养老金。因此，加大新型农村社会养老保险的普及程度，结合家庭养老、土地保障、社会救助等配套措施，保障生产、医疗活动，使老年人都能享受国家补贴①。这样一来，不仅老年人生活有保障了，儿子养老的物质压力与精神压力也会大大减弱。同时，可以探索当下光棍群体以后的养老模式。有研究提出家庭养老资助计划，通过各种渠道资助或实物保障来促进家庭养老的发展与完善，提高家庭养老的水平和质量②，这对于保障当前光棍群体的未来生活是有益的。

最后，光棍群体的日常生活，尤其是精神生活应该引起重视。日

---

① 郭占锋：《关中农村研究》，中国社会科学出版社 2016 年版，第 26 页。

② 林添福：《农村家庭养老保障任重道远——以福建省长泰县岩溪镇的实证调查为例》，《小城镇建设》2005 年第 9 期。

常生活内容“空心化”，乡村身份认同被边缘化，会大大挫伤光棍群体的生活积极性，会让他们感觉活着没有意义。基层管理者不能为光棍娶一个媳妇，但完全可以努力充实光棍的日常生活，让他们活得有意义、有尊严。应该发展多样农村文化生活，发挥基层管理机构在村镇文化建设上的作用，丰富光棍群体的精神生活，使光棍群体能感受到一种参与、体验的愉悦，提升农村光棍群体的精神文化生活水平，进而达到家庭和睦幸福和村落的安定祥和。

总而言之，光棍现象不能回避，尤其像关陇地区这样的西部偏远和落后区域，这个问题已经相当严重。当然，如同以上分析，问题的产生原因很复杂，是各种元素的聚集和杂糅，而且有些问题在现有背景下没有解决的可能，只能慢慢推进和局部化解。本研究并不是将伤疤揭开给大家看以博得同情，而是想引起有关部门的关注和重视，立足现实，不回避问题，在政策制定和乡村治理策略上有所考量，加强对这一弱势群体的关照。

第二节　乡村人际交往的嬗变

人是群居性动物，人与人之间需要交流和沟通，交流不仅是生存需要，更是心灵上相互慰藉的需要。著名人际关系学者曾仕强曾说过：人与人之间的关系不是越来越近，就会越来越远，而不会静止不动。按照费孝通先生提出的乡土中国社会组织系差序格局来看，在这一格局中，每个人都以自己为中心，通过血缘和地缘关系建构出一个属于自己的圈子。这个圈子的中心是自己，从自己往外一波一波地推出，被圈子的波纹所推及的就发生了联系。两者的观点都有道理，人是需要有人际交往关系的，这也是生命体存在的基础。在不同的历史时期，乡村人际关系的表现是不一样的。

一　乡村社会传统的“差序格局”被打破

中华人民共和国成立以后，国家政权建设对传统的宗族势力进行了摧枯拉朽式的冲击，以村集体观念替代地方宗族长老传统。尤其是在改革开放和实行市场经济体制以后，农村日益被卷入现代市场经济之中，这几十年，随着国家对乡村建设的支持和城市化的展开，中国农村社会发生了史无前例的巨大变化。传统社会结构进一步解体，传统伦理规范也支离破碎，农民本体性价值发生了彻底变化，出现了一场“伦理性危机”。

1. 人际交往“差序格局”模式发生变化

从人际关联的角度，也就是农民的对外交往来看，现在的乡村社会结构已经形成了内核—外围模式，即内核以情感为原则，而外围则以利益为原则。农村社会呈现出“实利化倾向”。实用主义价值观念上升，意味着费孝通的差序格局这一分析模式需要修正。这种价值观，意味着在社会关系建构的过程中“个人主体性”的凸显，个人根据自己的经济社会地位和性格偏好来建构自己的交往圈子，从而使得人际关系“建构”的成分凸显出来。

农民把本门子之内的人称为“自家人”，自家人不仅是血缘上的联系，也在人情关系中成为社会性的界限。在改革开放以前，自家人的关系是非常紧密的，当时如果一个人打架，他的兄弟和堂兄弟一定会无条件地帮忙，不论道理在哪一方。而20世纪80年代之后，兄弟关系开始松散，自家人的观念也弱化了。如今，如果有人打架，自家兄弟都很少有人出面劝阻，更不用说帮忙了。自家人之间的关系呈现出松散的状态，按照农民的话说就是“平时看不出来是兄弟和堂兄弟，只有在红白喜事的时候才可以看出来”。

自家人的亲密关系使得过去的农民具有明显的“自家人认同感”，这主要表现在红白事上，置办酒席，自家人过来帮忙，不需要随礼。但最近几年，农民在自家人的红白喜事上，也都是要随礼的。最近十几年来，农村婚宴和丧宴操办上，好多家庭更愿意花钱请服务队，一是可以避免一些平时不和睦、借此机会来捣乱而引起不快的事情发生；二是全部承包出去，可以省心不少，自己不用操心了。这也反映了自家人交往发生的显著变化。

计划生育政策的实施，对农村人口出生率产生了很大的影响，那种传统家族结构也就自然而然不存在了。同时，农民生育观念的转变，也使得以血缘关系为基础的自家人规模停滞不前，这个关系也日益松懈了。这导致自家人的社会关联程度逐步降低。

在关中农民的观念中，男方的兄弟姐妹和女方的兄弟姐妹是一个农民家庭最核心的亲戚关系，并且这些亲戚的亲疏关系有一定的序列，如舅舅重于姑姑，姑姑重于姨妈。这是农民家庭的核心亲属关系，在农民的人情往来中扮演着重要的角色。其他的亲属关系可分为两类，一类是夫妻双方父母的核心亲戚，也就是被农民称为舅公、姑婆、姨婆等隔代的亲属，以及其他夫妻双方的远亲，如表叔、表姑、兄弟的亲家等；另一类是与年轻夫妻同辈的远房亲属，比如表兄、堂姐夫等。这些亲属关系是农民的“远亲”，他们偶尔也参加农民的人情往来。一般情况下，隔了两辈或者两层亲属关系的人之间便不再往来，这些亲戚随着老人的离世，也逐渐退出了农民的人情来往圈。农民的核心亲属关系依然存在，但其亲疏远近关系却在淡化；远亲关系则具有了更多的选择性。

受人际结合规则改变的影响，人际结合的对象、范围也都呈现出不同的层次。在差序格局的模式之下，血缘关系是一个人基本的人际关系范围，血缘的亲疏远近就是关系的亲疏远近。传统时代的农民主要有宗亲和姻亲两种关系网，并且宗亲重于姻亲，以业缘、地缘、趣缘为基础的朋友关系只有极少数的农民才有。传统时代农民的人际关系网都是相对固定的，一个人一出生，他以后的人生中会有哪些重要的社会关系就基本上确立了；个人社会关系范围的大小与血缘关系的范围相关，而与个人的经济实力和能力无关。道德伦理是规约农民人际关系网络的重要力量，也是形成村庄社会秩序的根本。于是在差序格局的模式之下，人的社会关系是社会文化给定的，个人要做的只是按照社会文化惯例来相互交往。个人的财力、能力、性格、爱好等因素在社会关系的规定中是无用的。

这几年，随着各种同学会的兴起，村民加强了对同学关系的重视，还有就是农民也乐意通过打工外出认识新朋友。朋友关系的重要性上升，它是农民参与市场经济深入化的体现，也是经济地位出现差异的社会性表达，并且成了农民人际圈子中变化最突出的部分。这些现象和分析表明，“差序格局”不断被打破，血缘上的亲疏远近已经不是农民进行人情往来的主要依据了。相反，个人作为人情主体的重要性急剧上升，个人的人情网络不再是“差序格局”的社会性规定，而是个人根据自身的经济地位和性格偏好主动选择和建构的。

2. 经济分化带来人际交往新模式

人情中的个人主体性呈现了出来，经济因素成为理解农民人情关系网络的关键。人情不仅是农民以血缘关系为基础的社会关系的表达，也是农民经济社会地位的体现，以及农民性格特征和个人偏好的反映。由此，“差序格局”的公共性规则被打破，农民以个人主体性为基础来选择和建构人际圈子。村庄中的人际关联模式从公共性的规则逐渐转变为个体性的规则。

农民以自我为中心建构人际交往圈子，在“差序格局”模式之下也是如此。所不同的是，以往农民建构人际关系的主要依据是血缘，其建构规则受“差序格局”及其所代表的道德伦理的规约；而今，农民建构关系的时候却在自觉依据自身的经济社会地位和性格偏好等。朋友关系的建构一方面显示了个人主体性在关系建构中的巨大作用，另一方面表明农民的关系建构日益受制于一种更加强大的结构性因素：村庄经济分化。

自家人、亲戚和朋友是农民村庄人际关联中的三个组成部分。其中，朋友群体在农民社会关系中的变化最明显，这表明农民社会关系的建构规则发生了根本的改变，这是农民的经济能力的分化导致的必然结果，也必然会影响到人情的规模与社会效应。简要地说，村庄中的经济分化开始转化为社会分化，并且对村庄社会结构产生重要影响。

在农民的人际圈子中，自家人的作用式微，亲戚关系的选择性增加，而朋友关系的变化最明显。在村庄生活中，农民之间的人际圈子能够产生差距，并成为不同的社会资本，其中朋友关系起到了决定性的作用。生产上的分工体系、经济收入分化对于农民的社会交往产生了根本的影响。朋友关系的不同彰显了农民之间的经济差距。农民的朋友群体基本上是在层次内部建立的，家庭经济条件的差异成为他们彼此之间建立朋友关系的鸿沟。因为经济条件的差异而产生的社会交往上的差异，明显地反映在了农民的人情往来之上。农民在人际关联上的分化通过村庄社区特有的作用机制，如人情、面子、舆论等，转化为村庄内部的社会分化，并且最终成为新型社会结构的基础性力量。

红白喜事上的人情交往是农民人际关联的仪式性展演。在同一个村庄中，因为“低头不见抬头见”，农民不免要对别人进行社会评价，人情对于农民的社会心理影响巨大。虽然多数农民都在按照既有的人情规则办事，但是村庄社会中也有少数人例外，他们试图运用自身的经济实力和广泛的社会关系使人情产生更大的社会效应。

在红白喜事上，除了经济条件较好的人或富人通过酒席的规格与规模获得一定的社会效应之外，绝大多数的农民都是尽量按照既有的人情规则办事。富人与穷人，能力不同、性格爱好也不同，被邀请与否，完全依赖于宾主双方对彼此之间人情关系远近的考量，人情的进入与退出都是自由的，这是当地的人情规则。很少有人会在人情上有面子竞争的压力，“多则大办，少则小办”，人情规模和人情上的面子是社会分化的自然产物，他们都共同遵循同一套人情规则。

经济上的分层产生了人情和社会关系上的分化，而人情和社会关系上的分化又很自然地影响到了村庄中的面子和社会评价，而面子和社会评价的效应是一个农民村庄社会地位的主要表征，村庄社会地位会逐渐成为一种新的社会结构。通过人情和社会关系的运作，经济分层转化为社会分层。当分层的社会结构成为一种常态的时候，个人便成为结构中的个人，而规则也成为结构中的规则。

而今农村社会关系的模式不是“差”，而是“圈”。人际圈子的形成同样是以自我为中心的，但是在对象和范围上都有极大不同。人际圈子形成的标志是个人社会关系的对象发生了变化，朋友关系在农民社会交往中的重要性急剧上升，而自家人和亲戚关系开始松动，选择性增加。个人的经济实力、能力、性格、爱好等因素都被凸显出来，并且成为建构人际圈子的影响因素。而这些个体因素在市场经济条件下又可以被迅速区分出来，人际关系就明显呈现出大小不同的范围。于是我们看到，有的人在办红白喜事的时候规模巨大，而有的人家则规模较小。

如果说差序格局中的“序”在本质上是道德上的等级结构，而今圈层结构中的等级序列却非常实在，即经济分层。经济上的分层不仅可以拉开贫富之间在住房和消费上的差距，也可以拉开农民在社会交往上的差序结构，甚至经济分层还可以生产面子与权威结构。从现今的人际关联模式来看农村的社会结构变动，人际关联中的个人主体性凸显与经济分层就成为关键词，两者共同决定着圈层结构是一个立体的结构。在这个结构的上层，少数富有的农民以个体为中心形成了一个较大的社会关系网络，他们的社会关系延伸到了村庄之外，也挣脱了普通农民的关系网络，在村庄中他们也形成了一个特殊的人际圈子。而在这个结构的下层，大多数的农民都处于劳动分工的低端，他们缺乏建构社会关系的成本，同等层次并且性格合得来的农民是他们主要的交往对象，他们的人际圈子较小，并且集中在村庄之内。

立体的圈层结构不仅仅是一个人际关联方式的模型，更是一个影响村庄生活各方面的结构性因素。农民的生产劳动、社会交往、政治参与、公共生活等各方面都要在圈层结构的框架中进行，正是在这个意义上，圈层结构才能与差序格局形成对应。

圈层结构发生的基本条件有两个，一个是人际关联规则的转变，从公共性的规则转变为个体性的规则，另一个是村庄经济分层的成型并不断加剧。人际关联规则与村庄社会性质相关，而村庄经济分层所引起的贫富分化则与村庄本身的经济基础、产业结构以及村庄的地域位置和社会市场化的大环境有较大关系。这两个条件在村庄中的发展程度直接决定了圈层结构的解释范畴和解释力。

在传统中国乡村社会中，农民通过情感、业缘、趣缘等建构起来的圈层也是存在的。但是，这些圈层并没有在村庄社会结构中占据主流地位，而仅仅只是差序格局主导下的社会结合方式的一个补充。在核心家庭本位的当代中国农村社会，差序格局已经不再构成人与人之间的基本结合方式，取而代之的是基于业缘、趣缘和个人情感偏好等而建构起来的一个个圈层。在传统乡村社会，农民自身建构的社会关系圈层受到一整套公共道德伦理规范的约束，个人的主体性无法独立和凸显出来；而在当代乡村社会，农民基于自身的情感、职业和兴趣等建构各类圈层时，其受村庄公共规则的约束则大为削弱，个体的主体性、能动性得以凸显。

3. “乡情维系”给人际交往带来些许慰藉

从“差”到“圈”，农民未变，是规则变化了。人际圈子的形成意味着个体因素（经济实力、能力、性格、爱好等）在农民社会关系的建构中发挥了积极的作用，由此带来农民社会关系的对象和范围也都发生了相应的变化，而农民社会关系的功能也随之发生改变。人际关系不再是维护社会秩序的手段，而在较大程度上成为了实现个体目标和个体价值的方法。除了这些理性而功利的判断以外，有一种现象依然存在，那就是在村落中成长起来的乡村精英，通过自己努力成为公家人的在外游子，当自己有了一定的话语权和资源调动能力后，也会情系乡村，尽可能地进行反哺。这也是在乡村人际关系式微背景下，让人感觉温暖的一抹亮色。

在笔者进行调查的关中西部 Q 村，就有几个这样的例子。这个村子从民国开始就有初小，加上村里的大户多，自然读书人的基础也就大一些。1951 年，在国家发动的“识字运动”过程中，此村率先建立了完全小学，并且接纳附近三个村子的孩子入学。50 后、60 后进入壮年以后会发现，读书与不读书是大不一样的，其中一个重要体现就是吃公家饭的人数明显比其他村子多，尤其是在政府部门工作的，也就是“当官的”不少。有在县市级局委做局长的，有当市长的，有当省委干部的，还有做国企一把手的等。这些在外当了官的乡党，对村上村民来说，是一种很重要的资源，有办不了的事，常常就去找他们，求人家帮忙。而且这个村的在外干部都还表现得有情有义，在自己力所能及范围内，在不违背政策的前提下，都基本愿意给自己村里办一些实事。

笔者了解到，Q 村在完成九年义务教育，改造小学、初中校舍过程中，开始也像邻近几个村子一样，采取给村民摊派的方式筹集资金，但相当一部分村民无法完成这笔分摊下来的集资款，工程进展很慢。后来村里干部出面，去找一个在市里当了教育局长的本村人。局长就尽量帮助，争取到了国家教育资金，不仅减轻了村民负担，而且一举把小学与初中建成了市里的标准化学校。

在省委工作的一位本村出去的官员，在90年代初期就给村里争取到了国家资金，率先通上了自来水。对村民来说，不仅极大地解决了吃水问题，而且也大大减轻了经济负担，在那个一个大工匠出门揽工一天才1.5元报酬的年代，如果靠集资通自来水，每家每户负担上百元，绝对是不小的开支，许多家庭根本拿不出来，因而，这是一个巨大的帮助。

从在外工作人员对村子反哺来看，一个离开自己故乡的人，如果有能力并且热心村里的公益事业，其实在公共事务上可以发挥很大的作用。只是这几年来，国家政策的透明化，许多公共事务越来越公开化。在外村干部对生于斯、长于斯的村子，反哺能力也越来越弱，村民们也是可以理解的。这里举这个例子，不是想表达官员的以权谋私，而主要想说乡村情感的维系韧性，在外游子的故乡情结，更多体现了乡村人际交往的温暖。

二 乡村人际交往的“空心化”趋势明显①

几十年来，大量乡村精英流出乡村，进入城市。一方面，乡村子弟通过参军、升学离开农村，即使复员、毕业，也会选择留在城市，不愿返回农村；另一方面，外出务工的农民，一旦在城市站稳脚跟，也会买房居住。这样的人口流动导致农村人口结构发生重大变化，在数量减少的同时，充满活力的年轻群体大量逃离乡村，也使得乡村日常生活内容与人际交往形态发生改变。曾经喧嚣而热闹的乡村，变得单调而且无聊。

1. 人际日常交往活动出现“空心化”

传统乡村社会的人际关系主要依靠节庆拜访、红白喜事聚会和日常走动来联结和维系。乡民很看重节庆拜访活动，节庆拜访活动很密

---

① 部分内容参见拙文《乡村民众日常生活内容“空心化”问题探究——基于关中西部地区的调查》，《咸阳师范学院学报》2016年第5期。

集。比如春节晚辈给长辈拜年，长辈给晚辈送灯笼；端午节舅家给外甥送“五毒”裹肚；中秋节送月饼等，除了这些庄重的大型节庆以外，农民还会自己创造性地设计一些“节庆”，比如“走忙罢”。即夏收结束后，秋粮刚种上，有一段农闲期，农民们会自己制作“油饼”“新麦馒头”等，到亲戚家去“走忙罢”，其实也就是创造一个和亲戚交往的机会。另外，农村的红白喜事也是农民人际交往的重要平台。这个时候，亲戚们都会参加，而且主办方的宗族人员也会参加，大家济济一堂，除了帮忙或者庆贺以外，还有交流情感或者相聚娱乐的成分在里面。这些形式构成了乡村社会的人际交往关系，也使乡村社会的日常生活变得丰富多彩。

由于乡村人口结构和现代生活方式的的变化，原有的日常交往活动也发生变化了。节庆拜访不密集了，除了过年这样不得不进行的亲戚走动活动外，其他节庆活动，也是能省就省，能减就减了。就连过年走亲戚，以前是一家走一天，天天在走亲戚，拜年和送灯笼这一圈下来，从正月初二到正月十四，基本上都有亲戚走。而现在是，晚辈开上车，一天时间拜年活动就结束了。第二天，长辈开上车，提上一串灯笼，一天时间送灯笼的活动也就结束了。以前需要半个月才能完成的走亲戚活动，现在两三天就结束了。过年的热闹劲减了不少，人们交流的机会也大大减少了。

节庆活动越来越寡淡，平时的日常交往活动也大大减少。以前想着法子创造机会去见面，现在即使有机会见面，也会以各种忙碌为借口不愿走动。农村以前非常流行的“串门”现在也大大弱化了。在以前，到了吃饭时间，大家都会端上碗，蹲在大门口，一边吃饭一边聊天，而现在，到了吃饭时间，大家都会关上大门，待在自己家中吃饭。就连以前非常热闹的大槐树下、商店门口等公共场合，也都人员稀少，很多休闲广场上的健身器材，利用率也不高。乡村民众大多待在家里看电视、玩手机，而不愿出门去社交了。

2. 村落内生产帮扶活动“空心化”

村落是一个相对封闭的群体，它虽然与外界有着一定程度的沟通和交往，但更多的还是相对封闭。村落成员的流动性不大，相互十分熟悉，有着共同的利益而又时常会发生一些冲突，村落成员遵循着共同的行为规范和信仰[①]。一是村庄仍然是每个农民安身立命的场所，其“共同体”的性质不仅没有改变，甚至随着集体对村民生产、生活的影响的加大而使得村民的社区观念更加强化。二是农民还是被束缚在土地之上，乡土逻辑和地方性的价值观念仍影响着人们的日常生活[②]。因此“村落固有的那些秩序、礼仪、风俗、习惯等在日常生活的细枝末节中精巧地调节着村内的人际关系，缓解着村内的家际冲突，维系着村落的秩序，实现着村落的整合”[③]。但随着乡村经济结构的变化，原有的乡村秩序也随之发生变化。在农业生产是家庭主要收入来源的年代，宗族内和邻里间的相互协作是必须的。农业耕作需要紧跟农时，不论是耕种还是收获，就那么关键的几天时间，而且还要把握住好天气，靠单个家庭独立完成难度很大，因而协作劳动是必须的。浇地、割柴等工作也是一样，需要相互帮忙和协作。但随着种植业收入在家庭收入中的比重不断降低，以土地为纽带的人际交往关系的密切程度大大降低。家庭联产承包责任制实施以后，虽然大家不是共同进行生产活动，但在农忙时间，民众之间相互帮助、协作生产还是必要的。这种协作关系不是以经济为交换，而是以人情为纽带。随着市场经济理念的不断深入和农业机械化生产模式的普及，以金钱为衡量标准的交往关系逐渐上升。一方面，农业生产活动只需要保证家庭口粮，不需要大面积种植粮食，劳动量大大降低，加之农用机械的辅助，不需要宗族和邻里人员的协作和帮助，就可以轻松完成耕种与收获，经济依赖性的降低，使基于生产帮扶的人际交往机会大大减少。同时，基于农耕生活的其他帮扶活动也逐渐消失了，比如修路、浇地、砍柴等。另外，即使有需要协作的工作，也被劳务关系所取代，民众认为能用钱解决的问题，尽量不去欠别人人情。农村近年来

---

① 顾希佳：《社会民俗学》，黑龙江人民出版社2003年版，第85页。

② 董磊明：《宋村的调解——巨变时代的权威与秩序》，法律出版社2008年版，第175页。

③ 董磊明：《宋村的调解——巨变时代的权威与秩序》，法律出版社2008年版，第174页。

兴起的自发性组织，有其专门化、商业化特点，比如红白喜事上有专业的设备和服务队，从物和人两方面解决了民众的难题，而不需要去找人帮忙。这样一来，主家既省去了烦琐的工作内容，也不需要欠人情，但传统乡村社会中那种互帮互助带来的快乐和人际交往的机会也消失了。

总之，由于乡村精英和年轻务工群体的流出，乡村原有人口结构和日常生活内容发生改变，经济协作性的减弱也使得民众的相互依赖性降低，这样就导致了乡村人际交往的“空心化”越来越严重，村落人际交往平台从根本上发生了变化，乡村民众的日常生活内容和人际交往形式也就不得不发生改变。

三　“闲话”与村庄公共空间的嬗变

在中国的农村，有个独特的现象，就是闲暇无处可去时，人们在一起就会说闲话，看上去好像只是打发无聊时间，其实这样的闲话具有社会制裁功能，因为村民关于某一事件或现象的议论和意见，包含了对于此事件或现象的是非曲直的评价，具有舆论监督的功能，其反映的是村庄大多数人对某一事件的看法。

1. “闲话”的重要乡村规约作用

东家长西家短这样的闲话，看上去好像是闲话，其实这是村庄日常生活的一个重要体现，闲话不仅是村庄里发生事情的传播方式与途径，更是为认识和理解村庄日常生活在道德舆论上的评价提供有效途径。

闲话对村庄生活具有的重大意义，就体现在闲话的道德规范作用中。闲话将村民日常生活的事实和材料道德化，从中分离出道德规范，在闲话中，人们对各种道德规范加以重申强调，并对不符合道德规范的行为加以谴责。正是通过闲话对道德规范的解释，人们才能够真正清晰地感受到村庄在提倡什么和反对什么，闲话给了他们鲜活的教材，就从身边，人们就能看到可以模仿的正面典型人物，同时也能找到那些值得批判的反面典型。在传统乡土社会中，村庄闲话不仅包含地方性知识，还包含熟人社会所奉行的价值观、道德规范和村落交往规则。通过重复讲闲话产生舆论导向和舆论风暴，那些符合村庄价值规范的事情得以张扬，不符合村庄道德规范的村民则感受到舆论压力。它是熟人社会中的一种非正式的控制方式，使得村民行为有底线，村庄有自主价值的生产能力。

中华人民共和国成立以前，在中国乡村宗族基本上还有极大的权力，当地大户人家或族长有着处理自家宗族内部事务的权威，也就是话语权掌握在地方士绅手里，他们代表着道德规范，追求村庄之善。中华人民共和国成立以后，土地归国家与集体所有，地主阶级成为国家的敌人，集体或者人民公社替代了地方社会大宗族，在国家权力支持下，成了新的权威机构，一直持续到改革开放。

改革开放后，国家实行家庭联产承包责任制，在打工经济还不发达，城市化还未大规模开展的情况下，农业依然是农民主要的经济收入来源。村委会是协调乡村事务的基层机构，又具有国家授权收取各种费用的权力，农村未出现新的阶层分化，也还未空心化，这几个因素决定了以村委会为主体的公共舆论依然强劲有力，在维持村民言行以及村规民约上发挥着巨大的作用。随着市场经济理念对乡村的冲击，村委会主导的事务大大减少，对公共舆论的引导力慢慢下降。但是，基于共同生产与共同生活的村民，乡村依然有自己规范乡村道德秩序的方法，那就是公共空间内的“闲话”。

不断重复的闲话能够加强村庄内部的规范性，毕竟传统乡村是农民生于斯长于斯的地方，村民间天然具有深厚的地缘血缘关系，这种熟人关系，使得一种道德上的互助义务成了约定俗成的伦理规范，既然是熟人，抬头不见低头见的，那么聚一起讲闲话，必然会起到积极作用，经常可以对村庄中不合伦常、不合村规民约、违背大多数村民利益的行为形成一种舆论压力，从而达到抑制村民不合情、不合理行为的作用。如果一个人的所作所为被闲话评价得很低，这意味着无形中自身就会被孤立起来，这在一个村子里，是一种看不到的制裁，主要体现在红事与白事上，许多人就不愿意帮忙，甚至故意给冷场，这不仅是面子问题。

从村庄中孝道的衰落来看，在传统社会中，当村庄中大多数村民都比较孝顺时，大家显然都是认同孝顺的。这种认同、赞同孝顺行为的闲话形成之后，会在一定范围内占主导地位，会对人们的行为发生潜移默化的引导作用，大家对孝的行为达成共识，同时对不孝的行为会形成一股舆论风暴。在传统中国社会中，由于有儒家伦理和地方性规范的支撑，村民甚至可以当面指责做出不孝行为的当事人。这种当面指责也有村庄的集体支撑作为后盾和保护，大家一致认同的儒家伦理及地方性共识、伦理规范会对少数人的、与众不同的不孝言行产生心理压力。为了缓解这种压力，不为众人唾弃，不孝者就会改变自己的不孝言行以与众人保持一定程度的一致，不孝行为由此得到控制。通过闲话，群体的道德价值观念不断地被加强和维持。因此，闲话总是有一个道德边界的，正是这个道德边界让闲话显得有吸引力和有意思。

2. “闲话”逐渐退出公共空间

现在，人们越来越不敢说公道话，越来越不敢说人家的事，这是当前农村正在上演的最大的变化之一，即社会生活公共性的丧失。对维护村庄乡规民约起着重要作用的闲话发生了重大的变化，村民不愿意讲闲话和讲无关紧要的闲话，必然使得村庄闲话的有形空间和无形空间都大为缩小，这进一步消解了村庄凝聚力。

闲话空间缩小，不仅与农村空心化有关系，也与村委会自身权威衰落有关系。在集体具有强大凝聚力的时候，村子中的池塘边、大树下等，都是村庄的公共空间，是闲话的阵地。由于信息渠道狭窄，可以交流的外界新鲜信息不多，人们闲暇之余聚在一起，只能不厌其烦地讲闲话。在一个封闭的村落里，大家相互都是熟人，讲某家甚至某人闲话，是区别对内、对外群体边界的重要标志，大量闲话和流言成为联结、维持、团结村落内部成员感情的强力纽带。但随着村庄公共性的丧失，人们更愿意退缩在自己私人的狭隘的空间里，关注自身日子的好坏，导致闲话空间大为缩小。

在一个村子里，闲话有多种主题，从国家方针、政策大事、历史故事，到人品评价、家庭内部关系、男女关系、生产生活等各个方面。在电视机未普及以前，好多人农闲时间就会聚一起，说说闲话。这个闲话如果对了，对肇事人来说有个压力，形成了村庄独特的舆论监督。现在很多人认为，讲闲话具有道德上的非正义性，是吃着自家饭操着别人家的心。如果闲话传到当事人耳朵里，说不定还会引起矛盾，这个矛盾有时会涉及好几个人，村里人抬头不见低头见，闲话导致的是非会破坏乡村的和睦秩序。即使有的闲话内容是事实评判，如果闹出是非，也很少会赢得大家的同情。由此看来，闲话的内容是次要的，主要还是讲不讲的问题。

农民不愿意讲闲话，是因为闲话具有对某一件事情进行道德裁判的作用。在大家看来，自古以来，是否爱讲闲话就是衡量一个人声望权威的标准之一，如果老讲别人家闲话，就意味着自身道德有问题。不少农民不愿意讲闲话，是担心招来口舌是非，惹祸上身，让自己陷入里外不是人的窘境之中。从经验来看，农村女性不愿意讲闲话，尤其是在公共场合，男主人会横加干涉，是因为女性的闲话会被认为拨弄是非。农村男性如果在公共场合讲闲话，也会受到妻子的指责，因为讲闲话意味着多管闲事，往往会给自己带来直接的麻烦或看不见的消极评价。

随着经济的快速发展，农民现在都忙着挣钱，加上电视走入千家万户，即使农闲时间他们也更愿意待在家里看电视，而不愿意三五成群地聚在一起闲聊、讲闲话。逢年过节的时候，要好的个别朋友关起门来讲讲闲话，可以看作是聊天，这种闲话已经失去了其公共效能，属于私人空间范畴。在公共空间内，现在大多数人已经很少聚在一起说闲话了，因为说闲话会被嘲笑。有这个时间，还不如想想办法多挣钱，提高自己家庭的生活水平。因此，即使讲闲话，要么是聊聊不着边际的国家大事，要么就聊聊与身边的人与事无关的话题，已经很少讲村里邻舍的家长里短类事情了。即使有人去讲这类闲话，也会被别人打断。

同时，民众可接收的外界新鲜信息量越来越大，这慢慢侵蚀了闲话空间。信息不发达时代，闲话是传播一个新事物、新信息的有效途径，今天，信息大爆炸为交流、交往提供了新的途径。随着电视的普及，尤其是有线电视的推广，农民对电视节目的选择余地越来越大。电脑进入千家万户，尤其是移动互联网即智能手机的普及，乡村民众接触信息的渠道越来越广，信息类型也越来越丰富，聚集在一起的

“闲话”空间越来越小。新一代比起父辈来，更关心个人小家庭的生活能否得到改善。这样必然挤占了说闲话的公共空间与时间。

3. “闲话”淡化的原因

说闲话这一舆论现象的淡化，大致有这么几个原因：一是村委会的权威再也难以发挥力量。二是随着社会发展，农民必须进入城市打工谋生，方可承受越来越高的生活成本。三是被市场冲击后的农村农民，花费越来越大，谋取金钱的能力慢慢成为衡量一个人是否有本事的主要甚至唯一标准，实用主义哲学慢慢占据了主导地位，淡化了自古以来的贤人道德。还有一点就是科技的发展，电视、电脑以及智能手机普及化，使得信息大爆炸替代了说闲话的空间和时间。这几点决定了农民渐渐不愿意讲闲话，不管对内对外都不愿意再多讲闲话，认为讲这些闲话不仅无用，更可能带来口舌是非，惹祸上身，这无疑是村庄公共生活的一个重大变化。

从关中地区来看，像全国大多地方一样，通过说闲话来控制不道德现象的发生正由积极走向消极，这个走向难以用一个具体时间作为明确的分界点，只能说是社会整体变迁导致社会结构变化衍生出来的变化。这一方面体现出农民的理性化，另一方面也体现出以内外为标准划分社会关系正在被以个人与个人之间的利害关系所替代，最典型的就是即使一个村子里发生了不孝敬父母之事，也懒得有人去说闲话，去谴责，大家都认为是别人的家事，外人无权干涉。当村民都不愿意讲闲话的时候，或者只讲无关痛痒的闲话的时候，闲话已经失去了原有的控制作用，村庄闲话的功能也就消失了。

人们讲什么闲话，闲话里包含什么，将会透露该社会群体如何建构他们周围世界的意义，如何理解他们的行为实践过程，正如皮埃尔·布尔迪厄（Pierre Bourdieu，1930—2002）所提出的“惯习”，它建构了个人和世界策略性打交道的方式。随着传统制度、观念和伦理的逐步解体和分化，村庄原有的集体救济机制逐步瓦解，社会趋于扁平化，人们的平等和自我意识凸显，强调权利而忽视责任义务，人们在社会中只讲究经济利益的算计，精心计算风险和成本，可以说，整个农村社会的人文环境作为一种舆论基础正在悄然地发生变异。这时，大家“一心一意”搞经济，村民在乎的、津津乐道的不是某某是否孝顺，而是某某又发了财。现在很多村民基本奉行“各管各的”，不在乎他人的看法和评价。“谁有钱谁铁，谁家有钱有势谁家就有威望”是村民对村庄价值评价的生动描述。而这种价值评价背后，是村民不再看重自己日常生活的行为表现，对于不合情理的行为，大家最多背后议论或者作为茶余饭后的谈资。大家都认为，别人管不着我，我也不会去管别人。

孝道衰落就是个明显的例子，中国自古有“百善孝为先”，甚至儒家伦理的核心就是孝道，但在以经济效益为中心的今天，老年人显然不会具有很高的权力和地位，“孝顺”逐步退出了人们的评价话语体系。人人“谈孝色变”，年轻人早已不屑谈孝了；中年人有自知之明，避讳谈孝；老年人虽有强烈的倾诉欲，谈及孝就禁不住会情绪激动、怨声载道，可他们的呐喊是无声的。于是，“孝”也就顺理成章地逐渐退出村庄，不孝悄然滋生，逐渐泛滥。不孝顺早已成为一种普遍的现象，孝顺倒成了罕见的特例。孝与不孝开始被视作自家的私事。在村落社会及村庄闲话的变迁过程中，闲话的道德化机制已经不复存在，反而呈现出去道德化的趋向。

可见，闲话的控制及惩罚作用是以村庄健全的价值观为前提的。当然，这些价值观不一定是传统社会中的“克己复礼”、纲常有差，但有尊有爱、有礼有节、长幼有序却是必不可少的。闲话的变迁及功能异化深刻反映了当下村庄价值观念的异化。随着现代性因素向农村社会的全方位渗透，现代的个人主义观念进村，以个人权利为基础的法律进村，相对封闭的村庄“共同体”开始瓦解，传统文化和地方信仰被严重挤压而难有生存空间，农民、农村在社会和文化上越来越被边缘化。构成农民生命意义和价值关怀的传宗接代观念逐渐被取消，农民变得理性而狭隘，农民传统的安身立命的基础正在瓦解。农民终极价值世界的缺位致使当前农村出现了各种前所未有、不可理喻的事情。村庄正呈现出一番巨变的图景，这种巨变是人际关系的巨变，是生存意义的巨变，是传统道德的巨变，是生活预期的巨变，是关于生命价值定义的巨变。

第四章　乡村人生礼俗与民间信仰

礼俗是维系乡村生活与家庭结构稳定的重要规范，几千年的传统社会都很重视对礼俗的传承和运用。中国人讲究礼数，自古就有着“礼多人不怪”的说法，因为这里一方面蕴含着中华优秀传统文化，记录着中国人的传统美德和优秀品质；另一方面，作为乡村民众内心的普遍认可和共识，礼俗也起着规范乡土社会秩序的重要作用。因此，合情合理、合规合约的传统礼俗、乡规民约，即使是在当今社会，我们也必须予以保护、传承和发扬。

关中西部地区是炎帝故里，是周秦文化发祥地，史前遗迹星罗棋布，古圣先贤故事传说非常丰富。乡村民众祈福敬神观念浓厚，庙宇众多，庙会活动也很兴盛。不仅有对人文始祖、古圣先贤的尊崇与敬仰，也有对村落神、家宅神的信仰传统，关中西部农村地区的民间信仰活动较为普遍和兴盛。

第一节　人生礼俗的执守与变迁

人生有四大仪礼：出生礼、成人礼、婚礼、葬礼，在这四大仪礼中，当事人都是主角。成人礼现在已经淡化，基本上不正式进行了。出生礼主要是祝愿新生命，更多是庆祝家族添丁的意义，与当事人的关系也不大。而婚礼与葬礼则是非常正式而大型的。婚礼是一个家庭的美好开端，象征着未来的兴旺发达，一切都是围绕喜庆与美好祝愿展开。葬礼则是一个人的总结，是一个人一生最后的哀荣呈现，仪式性很强，处处透露着对逝者的尊重。

一 关中西部乡村婚姻礼俗

男大当婚，女大当嫁，在中国不管在父母眼里，还是社会评价和国家价值之取向上，婚姻绝对不是一件小事，可以说是礼制中国之本。婚姻也不是一件个人之间的小事、私事，而是承担着重要的社会功能，所谓“将合二姓之好，上以事宗庙，而下以继后世也”。由于中国传统上是宗法制社会，在地方社会的治理上，宗族发挥着不可估量的作用，因此人口多寡对一个宗族来说，都意味着在地方社会中家族“势”的大小，有势意味着就可以左右地方事务，可以维护宗族最大利益。因此婚姻在以前，基本从家族兴旺和血脉延续来着眼，至于两个人之间的感情，向来属于次要因素。这也就是为何说婚姻乃是“终身大事”之故。“祖先崇拜”是中国人的精神生活中极为重要的一项仪式，也是儒家文化的重要核心之一，这意味着“婚姻”在中国人的内心世界具有宗教般神圣性，这就意味着必须把婚姻当一件极为严肃的事来认真对待，不允许当儿戏。

改革开放以来社会转型带来的人口流动和乡村结构的转变，加上重男轻女思想的根深蒂固以及计划生育政策实施等诸多原因，乡村男女比例失调，彩礼不断攀升，传统家庭伦理衰微，婚姻关系与婚俗等都发生了重大改变。

1. 关中西部乡村的传统婚俗流程

订婚与结婚是关中西部地区婚俗中最重要的两个环节，与之相关的活动还包括扯衣服、送礼、结婚待客等。关中地区民众对订婚是很重视的。一般都要举行仪式，家境富裕一点的还会到酒店承包宴席，招待宾朋。因为在关中民间，订婚意味着正式缔订婚约，证明男女双方已经互为亲家了。官方颁布结婚证书虽然具有法律层面的保护，但订婚所形成的民间舆论在一定意义上对婚姻关系更具约束力，一旦退婚，承受的面子压力也不比离婚的压力小。

订婚又被称为“送礼”。除了双方的礼金外，还有衣服、首饰及其他民俗礼品，除了礼金丰富外，场面也较为隆重和正式。因而需要进行大量前期准备工作。

（1）扯衣服

关中地区将订婚前的工作统称为“扯衣服”。但事实上是包括准备礼金、购买衣服、首饰及其他物品的准备工作。关中西府方言说“娶媳妇盖房，花钱没王”，意思是娶媳妇与盖房子是花钱很多，没有边际的意思。

首先是准备礼盒。当前关中地区的订婚礼金已经成倍增长。先得有房子，没有盖新房子或者在城镇买房，连上门提亲的机会都没有。房子准备好了，很多家庭已经付出了多年积蓄，再谈礼金，男方家庭承受的经济压力可想而知。在城市里，人们认为结婚是两家人的事情，礼金只是一种意思，不会很多，而且买房子也是两家共同凑个首付，然后青年男女婚后共同还房贷，这样压力共同承担。而在农村就不一样了，人们普遍认为，结婚是男方的事情，是为男方传宗接代，盖房子送礼男方应该全部承担。这样，一个农民家庭的压力就会非常大，家中兄弟两个人以上的，压力挤到一块，一个媳妇都娶不到。

订婚送礼金，古来有之，无可厚非。但当下有的地方高得离谱。20 世纪 80 年代，正常送礼，一般是七八百元，90 年代后，大多是三四千元，进入新世纪后，一般就都上万元了。比如很多地方是一万零一块钱，意思是“万里挑一”，还是有些礼仪的意思在其中。但有的就不太正常了。20 世纪 90 年代，有的礼金就五六万元了，一般往往是“一把清”，礼金付清，人领走，是否举行结婚仪式全看男方自愿，让人感觉不像是“婚礼”，而是“卖女”了。而近几年礼金据说是十万元起步了。想想一般家庭如何承受得了，因孩子的婚事而返贫就不难理解了。

其次，礼金问题解决后，就是购买衣服、首饰及其他物品了。事实上，这些事情相对礼金而言都是小钱。就买衣服而言，以前经济困难，平时买衣服的机会本身就不多，因而礼金虽不多，但在买衣服上却很讲究。最早是扯布料，回家找裁缝制作，后来就全是购买成衣了。有的买两套，夏装一套冬装一套，有的四套，春夏秋冬各一套，但基本上都是双数，而不是单数。鞋、袜也一样，都是双数。说到首饰，主要就是所谓的“三金”，即金项链、金戒指、金耳环，这些主要是黄金制品，条件好的会买镶钻石、镶宝石的首饰。除“三金”外，还会买一到两套高档化妆品。

“扯衣服”主要是男方为女方置办，也有女方为男方买一些衣服之类的，比如一套西服、一块手表等。这些物品置办齐以后，统一由男方带回家中，在“送礼”当天很体面地送到女方家中，亲戚朋友也会参观评鉴。总之，订婚是一个仪式，而订婚前的准备工作才是具体的、琐碎的，甚至使很多家庭煎熬的。

（2）送礼

送礼一般是男方去女方家，男方父母、媒人以及亲戚中见过世面、能说会道的长辈会一同前往，所带物品除礼金、衣服首饰外，还有各色礼品，一般都是双数。常见的有礼馍、猪肉礼条、烟酒、点心糖果、鸡鸭鱼肉等。尤其要指出的是还要带一束红线和一卷棉花。红线的含义，各地说法不同，如“千里姻缘一线牵”“受了男家钱，婚姻不能变”等。说法虽多，意义却比较一致。一卷棉花的意思是，婚后生活虽然千头万绪，琐碎颇烦，但一定要粘连在一起，永不变心，白头偕老，总之都是祝福的意思。

一般来说，男方送来聘礼，女方也应精心准备，热情招待。女方也一般会邀请娘舅、姑、姨等重要亲戚和左邻右舍关系亲近者参加和帮忙，并将男方带来的礼馍、点心糖果等分赠给亲朋和邻里，以分享其快乐，大家都沾沾喜气。女方家长在收取礼金后也会象征性地退还给男方一些，数百元或上千元不等，以示钱财乃身外之物，关系亲密才是最重要的。

当然，最热闹的环节就是吃“订婚宴”了，视家庭情况而定其丰盛程度，一般菜肴有凉菜、热菜，都是双数，烟、酒、糖一应俱全。吃完“订婚宴”，亲家关系就算正式确立，而后面的节庆时间就要相互来往和走动了。

（3）送节礼

关中地区民众很看重四季八节的亲戚走动。订婚仪式建立了男女双方的姻亲关系，即使尚未举行婚礼，联姻双方也会在节日时进行一些日常的姻亲往来，以增加亲戚之间的感情和沟通。男方一般是在端午、中秋、春节三大节给女方家送礼。

当然，婚前的“送节礼”还是有些讲究的，有些礼物必不可少：比如端午节就必须要送“油糕”“绿豆糕”，再辅之以烟酒、水果和蔬菜等。根据关中西部民间俗语，当生一男孩，旁人会说生了“顶门杠子”，意思是男孩要顶门立户；生一女子，旁人会说生了“提油糕的”或“提点心的”，意思是女儿将来要出嫁，成为亲戚，中秋节、春节当然就要送月饼和点心了。但不论在哪个节日送礼，礼物均需贴上红纸或染成红色，表示吉祥如意、红红火火。

除了三大节日送礼以外，女方家中若逢大事，男方也要送礼或者前去帮忙。比如女方家（包括家族、亲戚）有红白喜事时，男方都要送去礼物；如果遇到夏收秋播这样的农忙时节，男方就要前去帮忙收种。

（4）结婚待客

男方接待宾客又称“吃宴席”，是婚礼过程中一件重要活动，其准备工作相当繁杂。关中西部结婚待客很是讲究：要待客两次，早上和中午各一次，早上主要吃面，而中午才是正席。

早晨待客从8点开始，只要有宾客来贺喜，八个人凑够一席，即可开席，以凉菜和臊子面为主。凉菜为先，臊子面随后，客人不饮酒。臊子面是陕西关中西部一带颇具特色、知名度很高的面食，历史悠久，以薄、筋、光、煎、稀、汪、酸、辣、香而著名。关中西部人在红白喜事中，都会以臊子面招待宾朋。

正席在中午进行。当婚礼的一系列仪式结束以后，主家就要在天棚内“安席”，以丰盛吃喝招待宾客。安排座席的讲究很多，安排一旦出现失误，很容易招致宾客不满，严重的会导致宾客中途愤然离席。座次的安排反映了宾客在家族甚至在亲朋好友中的地位或者身份，所以执事在做这件事时会格外小心，一旦出现失误，便会向宾客赔礼道歉。因此，在安排娘家人时，会有娘家过来的知情人介绍辈分、关系，帮助男方执事来“安席”。

男方为迎娶媳妇而设宴，自然以女方家人为贵客，要首先安排。女方家又以舅家为首。这与老人丧葬、孩子满月待客一样，都是以舅家为尊。娘家人安排妥当后，再安排男方亲戚宾客，当然还要以舅家为尊。此处要提及的是媒人，媒人一般被安排在首席，与娘亲的老舅家并列，以示对媒人辛苦跑路的尊重和感谢。亲戚安排完后，才轮到朋友和村里人。有的家庭亲朋众多，需要吃几拨才能招待完。

至于酒菜的品类当然是视男方家庭情况而不同了。但基本上每桌酒菜皆有凉有热，有素有荤，有烟酒饮料。菜品数量基本上是双数，有的地方是八凉八热，有的是八道凉菜，十道热菜，总之一定要让前来贺喜的宾客吃饱吃好。在这期间，主家要敬酒：先是男方父母共同敬酒，紧接着是主要角色新郎新娘出场敬酒，而后还会有新郎兄嫂、长姐与姐夫等前来敬酒，以答谢宾客。酒足饭饱后，宴席结束，整个婚礼也就接近尾声了。

（5）谢媒与送宾客

婚宴结束，男方主家会把早已准备好的鞋、绣花枕头、烟酒、肉馒等物连同数额不等的酬金用木盘托出。媒人坐定后，先是新郎新娘共同向媒人敬酒，而后是新郎父母、新娘父母分别向媒人敬酒，以示感谢。而后主家将礼品呈上，媒人象征性推辞一下后，会将礼品酬金收下，还会给新郎新娘退还一点酬金，表示感情比金钱更重。最后媒人会向新郎新娘说一些祝福的话，至此其工作就彻底结束了。

谢媒后，新郎新娘要送娘家人返回，这时又不免感慨一番：新娘已经进了夫家门，而不能同娘家人一起回了，难免伤感。新郎家人要将娘家人一一招呼周到，送上返程车辆，看着车辆走远，这才回来招呼其他人。

（6）闹洞房

结婚当天的夜晚，各地都有闹洞房的习俗，俗称“闹洞房”“闹新房”，关中地区也不例外。这一习俗的具体内容是在洞房内嬉戏、戏谑新婚夫妇。由于闹洞房正如民间俗语所言：习惯以新娘为主要逗趣对象，故这个活动又称“耍媳妇”“耍新人”，“新婚三日无大小，老汉娃娃往里跑”。婚后三天，宾客、亲迎、邻里，不分辈分高低、男女老幼，都可来到新房闹上一通。现在由于大家工作忙碌，一般只会在结婚当晚闹一闹，热闹一下。关中西部人对闹新房非常重视。如果没人闹新房或者闹新房的人很少，常被看作男方人缘不好的体现，这是让男方非常失颜面的事情。因此，很多人在婚礼举行前或当日会专门邀请好友参与闹洞房活动。

2. 适婚男女通婚范围与个人要求发生变化

传统社会的信息交流与人际交往范围有限，加之农业生产方面需要相互照应，因而通婚范围不大，基本上在方圆十公里以内。同时，农耕时代择偶标准也相对保守，以勤劳、诚实、本分为基本标准，能踏踏实实过日子、家庭殷实而稳定就是好婚姻。但随着社会发展和人口流动，通婚范围和择偶标准发生了重大改变。

（1）通婚范围不断扩大

从全国范围看，东中部社会风气开放，西部保守。与相邻的山西、河南、四川相比较，陕西人不愿出门，难离故土。俗语道："三十亩地一头牛，老婆孩子热炕头"，关中地区尤其如此，当地土地比较肥沃，关中人只需在家务农或者就近务工，就能保证家庭的正常运转，所以他们大多不愿出远门。这样一来，他们的交流空间就很有限，表现在通婚范围方面也是相对保守的。随着形势变化，传统的通婚范围已经被打破，包括对民族间通婚的约束也没有以前那么严格了：青年男女只要情投意合，相互尊重民族习惯，也会过得很幸福。城市的婚俗更加宽容和自由，改革开放带来的物质水平提升与观念变化惠及各民族，不同民族男女都能接受新的生活方式。

随着乡村精英的进城和外流，以及男女比例的失衡，留守在乡村的年轻小伙子想要找到满意的配偶已经非常不容易，婚姻成了真正的"终身大事"。因此很多父母送儿子出门去打工，认为挣钱、成就事业好像都在其次，最满意的结果是领一个媳妇回来。在市场大潮冲击下，人口流动大大加剧，本村的姑娘出去打工，大多与外县外省的小伙子结婚；而有本事的本村小伙子外出打工几年，就会领回来外县外省的姑娘结婚并生儿育女。

（2）适婚男女择偶标准发生改变

在传统乡村社会，男女所选配偶家庭的家风正派，是一个非常重要的标准。人们在相亲的时候，着意看的也是对方父母的为人处世之道，看亲邻关系是否和睦。有的父母在村子里霸道欺邻，名声很差，子女在出嫁与娶媳方面就会大大受影响。

近年来，随着商品经济观念日益深入人心，门第观念逐渐被打破，农村青年择偶往往更看重对方的生存技能和潜在能量：懂技术、善经营的"能人"最受欢迎。如今农民进城打工越来越普遍，他们中的许多人已经不太看重对方的家庭经济情况，而是更加看重对方挣钱养家的能力和人品。这里需要指出的一点是，很多农村姑娘初中毕业就出去打工挣钱，在城市看到都市青年的潇洒能干与外面的繁华。但由于自身学历低，适应城市生活的能力较弱，她们不得不又重新回到农村谈婚论嫁。由于审美与消费习惯已经转变，她们看到农村媒人介绍的小伙子往往非常不满意，认为他们土气和没出息。若她们别无选择而结婚，由于婚后诸多的不满意和不适应而最终选择逃离乡村和离婚的情况也不在少数。这已经成为关中农村乃至全国的突出现象，不能不引起人们的思考。

3. 彩礼与结婚仪式发生新改变

当下农村适婚男女比例失调，甘肃、陕西等西部地区和边远山区男女比例失调尤其严重，甚至催生了一句笑话"能娶到媳妇就是成功人士"，足见问题之严重。在这种情况下，彩礼暴涨，结婚仪式越来越奢华，对并不富裕的男方家庭来说，其负担尤难承受。

（1）彩礼暴涨，催生婚姻掮客

随着农村生活成本增加，机械日益介入农业耕作，农业收入在家庭总收入中呈现边缘化与递减趋势，农民有时不得不外出获取非农业收入来改善家庭生活；加之当时农村税费沉重，也迫使农民外出打工。可以说，在农民个人意愿与国家制度双重作用下，随着全国性劳动力市场的形成，更多跨省婚姻应运而生。对于女性而言，随着走出农村、开阔眼界、感受城市便利的生活、收入增加、生活水准提高等等，在对待婚姻上，她们的观念也在悄悄发生着变化，婚姻由过去的目的变成了现在的手段，也就是说，她们期望通过婚姻实现向上的社会流动。在这一观念主导下，再加上男女比例失调，女性索要高额彩礼也就有了筹码；为了面子，她们自身也不愿意"输在起跑线上"。

这些因素使得彩礼金额不断上升，从八九十年代的象征性给付开始暴涨。在笔者调查所涉及的关中西部，条件较好的城市郊区生活便利，就业渠道多，这里的彩礼一般属于象征性给付，大概就在两三万元左右；但是在离市区比较远的山区，彩礼数额已经高达十六七万元，这对一个本身就生活在不富裕地方的农村人来说，绝对是一个天文数字。

西部偏远山区农村女性中很多初中毕业后都去外面打过工，见过世面，思想观念发生了巨大变化，她们自身都有外嫁的强烈愿望。这种情况下，女性的外流必然增加当地婚娶的压力，加之偏远山区重男轻女思想本就严重，进一步加剧了男女比例差距，这两重因素必然会导致寻找媳妇难度加大。娶外地媳妇则有各种风险：生活习惯差异不说，最怕一吵架女方跑了或提起离婚。笔者在调查中发现这种情况很普遍，当地男子去外地城市打工，带回来的媳妇有四川的、湖北的，大多维持婚姻不久。女方不是跑婚就是离婚，或者就是一走了之，不知音讯，男方问娘家也故意说不知，婚姻只剩下一个外壳。

高额的彩礼也使生活在熟人社会中的农民在面对面的互动中感受到很大的竞争压力。这笔高额的支出，不仅体现了自身的经济实力，也体现出自身筹钱时的人脉与能力。彩礼在节节攀升，数额越来越大，这让一些人看到了其谋生之路，无意中在农村催生了一批专门做婚姻介绍人的“掮客”。这些人中有男性也有女性，但女性基本以此为副业，部分男性则专门从事这一职业。他们有的属于地方能人，有的则是特意走村串乡，打听未婚男女个人信息，并在专门的笔记本上记载各人具体信息和情况，包括其父母人品，是否有手艺等等。比如笔者得知一位掮客，还未介绍，就以要给某男子介绍对象为由，向其父母索要 100 元电话费，被拒绝。“掮客”的出现有其积极作用，能给适婚男青年提供有效信息，为其婚配成功牵线搭桥；其消极作用是使适婚女青年在相亲时更加随意追逐彩礼而漠视情感。而有的“掮客”确实以赚钱为主，这些“掮客”在两头都落好的过程中，无意中提高了彩礼数额，农村适龄男子面对节节攀升的彩礼，也是无可奈何。

笔者调查过程中还遇到一起婚姻诈骗，女方系四川人，中间介绍的媒人多达四个，这些介绍人中有来自与受害男子相隔几十里的一个村子的。结婚不到一个礼拜，新娘就消失了。据说光彩礼就高达14万元，还不算结婚过程中的各种花费，比如酒席、金戒指、见面礼等开支。即使后来报警，由于没有此人相关详细信息，加上这些人可能属于流窜惯犯，侦破工作也遭遇极大困难。这一极端个案说明了农村婚姻市场上，对女人的竞争处于极为剧烈的状态。

2000年以前的订婚更注重的是仪式，彩礼都是象征性的给付；相反，2000年以后彩礼节节攀升，彩礼成了最重要的，仪式反而居于次要地位了，这意味着婚姻越来越功利化。

（2）结婚仪式的新变化

改革开放初期，由于许多婚姻系介绍缔结，按照习俗，都要父母见面，安排一个好日子男女相亲，如果彼此有好感就可以开始交往。比较讲究的家庭还要看“八字”、算日子、送彩礼等。那时婚娶新娘，一般需要置备的就是三大件，缝纫机、自行车、手表。同一个婚房，老大用了老二接着用，老二用了老三接着用。家庭一成立，就可以申请宅基地，父母可以帮助成家的儿子搬出去自己住，也叫“另家”。

那时新娘出嫁还有一些必要的仪式，比如坐亲、开脸、哭嫁、铺床、礼拜、吃饭、摆宴席等，这些基本婚礼程序都是要走的。新娘出嫁前，要请村里手巧女人剔眉、刮脸、绾发髻。那时新婚，耍媳妇绝对是村里年轻人表示祝贺的一种方式，喜气洋洋的新房里，新媳妇等着被村里左邻右舍的青年耍。耍媳妇的形式莫过于拉拉手，让新媳妇含着烟点燃另一根香烟，没大没小地让新媳妇叫自己一个称呼递送上来；较过分的行为比如手穿过花棉袄摸摸人家乳房。那个时候，结婚真的像一个村子人的喜事，左邻右舍、家门户足都要来帮忙，在一起操办婚礼的过程中，人人分享着这份喜气洋洋。

但随着改革深入时期，市场化对农村的冲击，城市中兴起的婚庆公司对传统农村的婚礼仪式也带来了根本冲击。拍婚纱照是最起码的环节，女方去男方家时几百元见面礼是必不可少的礼节。原来村里邀请能人主持的仪式，如今都改为由专业的婚庆公司主持。一些婚宴也采取承包制，有的在城镇酒店举办，有的仍在老家举办。然而，婚宴上原来由家门户族帮忙端盘子、洗碗，如今这些工作都市场化了，由专门的服务公司负责。以前要帮忙的“执事”如今只是按时来吃个饭而已，亲朋好友随礼是根据关系远近来定。在笔者调查的村子，舅舅、姑妈、表哥、表姐等亲戚中，经济条件好的一般随礼五百到一千元，朋友多随一百到二百元。婚庆公司为了让婚礼显得更隆重，更是变尽花样，在传统仪式基础上添加了不少的现代因素，比如结婚仪式要有伴娘伴郎，要铺红地毯、喝交杯酒、互换戒指，可见婚礼上引入了一些西方基督教仪式。在关中从来没有耍男方父母的习俗，现在则流行耍公婆，而不是耍新娘。结婚仪式一结束，宴席招待完毕，宾客几乎都散尽，到了晚上，也不再有原来那种喜气，大多只是全家几口坐在一起闲聊。家里条件好些的夫妻在结婚仪式完成后还会安排一次外出旅游，模仿西方传入的“蜜月”习俗。婚礼越来越趋向于程式化，没有了以前结婚仪式的喜气与温馨。

二　关中西部乡村丧葬礼俗

关中西部乡村地区受周秦文化影响较深，且经济相对落后，信息闭塞，民众对传统习俗的坚守较为固执，因而传统丧葬习俗保持较好。随着城镇化的推进与市场化的冲击，传统观念慢慢发生转变；加之农村劳动力外出务工，留守乡村的青壮年劳力大大减少，这些因素与传统丧葬仪式的繁文缛节和对人力的大量需求发生矛盾，使传统习俗客观上难以为继。但是，我们必须清晰地认识到，人活着，除了物质性的一面，还有精神性的一面，形式可以发生一些变化，但是对于生命体的尊重，对于亲人的缅怀与追思，以及逝者的身后哀荣，都必须有一定的载体与表达渠道，因此一些最为基本的丧葬礼俗还是需要传承下去。

1. 传统丧葬习俗之“入殓”

当下城市都实行“火葬”，老人不论是在医院去世，还是在家中过世，都很快会被送到殡仪馆。家中仅仅是搭设简易灵堂供亲朋好友上香吊唁，而与亡人身体相关的仪式活动基本上就没有了。但在广大的农村地区基本上还是实行土葬，从老人弥留咽气到送进棺材，有一系列较为烦琐的仪式活动，名为“入殓”。当然，不同地方有不同的“入殓”习俗，本研究主要考察对象为关中西部农村的传统“入殓”流程。

(1) 老人临终初丧之习俗

在关中西部农村家庭中，一旦出现老人去世的信号（即老人不吃饭了），就已经进入送终的阶段了。民众朴素地认为，老人的寿命到头了，这辈子的阳间饭已经吃够了。往往这种不吃不喝、迷迷糊糊的状态要持续一段时间，在此期间孝子贤孙们要为老人临终做一系列准备。

探望。当老人已经病重或者不再进食，说明大限将至，这时候亲朋好友一般会集中性前往探视，以见老人最后一面，看老人有什么样的最后愿望或临终嘱托。即使老人已经迷糊，亲朋也能最后见见，顺便做些力所能及的事情，一方面尽尽心，另一方面也表达对将亡之人的尊重和对家属的安慰。如果在这个时候连探望的人也没有，对于主家而言是一件很没有面子的事情。

剃头与净身。干干净净来，也要干干净净去，男性要剃头，女性要梳洗。大限之际，要由族内年长的人或者理发师为其剃头、刮脸、修面等。在城市的殡仪馆里，这些事情往往是去世后才进行，而在农村，由于条件所限，只能在未亡之际进行。

穿寿衣。这是一种在老人临去世时穿上寿衣的习俗。寿衣或早就准备好，或临时很快准备完成。人们认为，老人去世时不能让他穿着生病时的衣服，必须重新换上新的寿衣，如果死后才穿寿衣，到阴间就等于没有穿衣服。习俗一般规定，若为男性老人穿寿衣，则由儿子和女婿来完成，若老人为女性，则由女儿和媳妇来料理。所穿寿衣件数必须是单数，一般是五件套或者七件套，家庭情况较好时会达到九件套。寿衣种类一般包括：衬衣衬裤、棉衣棉裤、上衣与裤子、长袍等。当然，在未亡之际穿寿衣其实还有一层实用的意味，即未亡之人是柔软的，穿衣活动较为方便，而一旦死亡，身体将会僵硬，这时候穿衣将是很困难的事情。

引路。有的老人在临终之际，儿女们见其太过痛苦，不忍其受罪，就会进行一系列迷信活动，大致分为家庭引路活动和村落庙宇引路活动两种。家庭活动一般是把家庭神请到，上三炷香，由请来的神婆一边焚纸，一边祷告。焚纸包括民间祭奠鬼魂的冥国票子和往生神钱。冥国票子一般为白色纸印制，上书“冥国银行”，面额万元、十万元甚至亿元不等，上面印制阎王爷、玉皇大帝等头像，俗称“金方”；往生神钱是用黄色纸印制的圆形图案冥币，上书“西方引路”等字样。方形的冥国票子一般主要用于祭奠鬼魂，而黄色的“往生神钱”主要用于请神和谢神。神婆一边挂纸叩拜，一边口中念念有词：“××一生勤勉，今临大限，望各位神灵能免其痛苦，让其不要有所牵挂，去往另一世界吧！”在进行祷告的同时，还用往生神钱从临终老人的脚前一张紧接一张，铺到灶爷神位前，再从灶爷神位前接到家中土地神位前，继续焚纸祷告。灶爷是关中地区民众家中的主神之一，他被称为一家之主，主管家中人口的日常生活和生老病死，其牌位前书一副对联“上天言好事，下凡降吉祥”。土地神是掌管家中经济与生存的主神，其牌位前书对联“土中生白玉，地内产黄金”。引路仪式的意思是到灶爷前辞行、销户，再到土地神前拜别并升天。如果家庭引路活动不能奏效，病人未断气并痛苦万分，子女就会到村落庙宇进行祷告活动，带上供品、纸钱，有的地方还要提上一桶干净的水，去庙宇上供品、磕头、烧纸钱并祷告神灵，希望病人不要再在阳间受罪，能快到西方极乐世界去。

这种朴素的“迷信”活动表现了民众客观看待生死的态度：虽然与老人就要阴阳两隔了，感到悲痛与不舍是肯定的，但面对生命最后的折磨，他们还是希望老人少一分痛苦。生老病死毕竟是一个自然更替的过程，民众在感性活动中对此有理性的认识。

送终。送终是中国人非常重视的一个习俗。家中老人病重弥留之际，在家的人要停止劳作或其他工作，远方的直系亲属则必须迅速赶回家，大家聚在老人身边，陪伴老人走完最后的人生旅程，这一过程叫送终。送终特别重视儿子、孙子等男性直系后辈的在场。

关中地区老年人很看重在自己家中寿终正寝。一上年纪，他们就不太出远门，以防止突然有去世迹象而不能及时赶家；即使走亲戚也很少在亲戚家过夜，一则怕有不测而给亲戚惹来麻烦，二则怕自己不能在家寿终正寝而成为孤魂野鬼。年纪大而有病的人，也不愿意去医院看病。另一方面，子女为了尽一份孝心，以免留下遗憾，同时怕亲戚朋友怪罪其没有全力以赴为老人治疗，落下不孝的骂名，常常导致这样的一个现象：老人不愿去医院，而子女强行叫车拉老人去医院而闹矛盾。另一种现象是：经常有人在傍晚时分或者晚上将从医院出来挂着吊瓶的老人急匆匆地往家中送，村里人看到这种情形就知道这个老人不行了，是为了能在家中去世而急匆匆赶回来的。这也说明关中地区老人对能在家中去世有多么看重。

临终初丧是老人与孝子贤孙最后接触的阶段，一般情况下老人还有意识，可以看作是子孙侍奉尽孝的最后机会。这个阶段也是一个心理缓冲过程：既然生死是自然规律，谁也逃不掉，那么不论是将亡之人，还是子孙后代，都得慢慢接受。通过上面的仪式，逝者可以坦然、无牵挂地离去，生者也可以最后服侍，不留遗憾。

（2）老人去世后之“小殓”习俗

现代医疗技术可以利用电波观察人的心脏跳动情况，可以明确知道心脏停止跳动时间，也就是死亡时间。而在古代，通常只能通过人的呼吸来断定其生命迹象，一个人呼吸中断即死亡，所以古人又把人死亡称作“断气”，雅致一点，就叫“咽气”。老人一旦死亡，随之就进入“小殓”环节了。

移床。人确定断气后，守护在旁的孝子贤孙们开始放声大哭，其他亲眷也要跟着哭起来。关中地区农村人大都睡土炕，这个时候就要将亡人从炕上移到床板上或者棺材板上，俗称“移床”，也称小殓，这是相对于进入棺材的“大殓”而言的。

楔齿。古时人初死，用柶撑其齿使不闭合，以便于饭含。柶为一种礼器。《仪礼·士丧礼》载：“楔齿用角柶。”郑玄注：“为将含，恐其口闭急也。”《礼记·檀弓下》载：“饭用米贝，弗忍虚也，不以食道，用美焉耳。”① 实质上，人死以后肌肉松弛，嘴巴干瘪，不甚美

① 王文锦：《礼记译解》，中华书局2001年版，第119页。

观，活人给其嘴中塞上东西，令其充实，看上去好看一点。从礼俗层面来看，这一习俗又有不同意思。这里的饭，同“返”，象征着“返生”，就是获得重生的意思。家境好的人则口中含金银。《荀子·礼论》称：“饭以生稻，啥以槁骨。”槁骨，贝也。《清通礼·品官士庶丧礼》中记载：啥具，三品以上用小珠玉，四品至七品用金玉屑，庶士金银屑[①]。现在的人依情况而定，有的家庭用银子，而有的家庭则用铜钱或者当下通行的硬币。现代人认为死者口含铜钱是为了在黄泉路上有点盘缠，以防不时之需，或者为了好行路而买通小鬼，打通关节。这其实也反映出生者对亡人的牵挂和担心，怕他在死亡路上受到牵绊，是一种祝福礼。在关中地区，当一个人穷苦潦倒，或者极度吝啬，就会被旁人笑话：“你看你穷得，死了连嘴里含的钱都没有。”

布绞。“布绞”在民间俗语中指用裹尸布把尸体捆扎起来。“绞”的原意是用布条打结、缠绕、捆绑，在古代丧仪中指捆绑尸体或用于捆绑尸体的布。《仪礼·士丧礼》载：“设殓床于堂东，殓者布衾于床，布绞于衾上。”[②] 将亡人从土炕移到床板或者棺材板上后，沐浴干净，寿衣穿戴整齐，口含完成，梳妆打扮结束后，就要进行布绞。《礼记·丧大记》中讲：小殓，布绞，缩者一，横者三。君锦衾，大夫缟衾，士瑙衾，皆一衾，十有九称。[③] 缩者，纵也。衾是亡人身上覆盖的必备物之一，类似于床单或者活人盖的被子，由于它是为死者所用的，只能叫衾。从尺寸来看，衾比被子长，要能盖满全身，与被子不同的是，它上面一边中间有凹陷，像衣服领子一样，刚好盖住脖子而使头露在外面。关中地区人调侃谁家被子尺寸不合格，太长或者太窄时，就会说：“你家的被子跟衾一样。”就类似于调侃对方已死亡，因为只有亡人才盖衾。以上记载来看，衾是有等级区别的。大体类似于现在为党和国家作出重要贡献的人，在去世后身上覆盖的党旗和国旗一样。

---

① ［清］乾隆二十一年钦定：《钦定大清通礼》，吉林出版集团2005年版，第74页。
② 杨天宇：《仪礼译注》，上海古籍出版社2004年版，第344页。
③ 王文锦：《礼记译解》，中华书局2001年版，第651页。

布绞中的一个小细节叫绑脚，就是用布把亡人的双脚并齐并捆绑起来，民间认为这代表亡人在阳间的奔波已经结束，不用再走路了，因此把脚绑起来。现在很多电影电视剧里面的“僵尸”，都是双脚并齐而跳着走，这大概就是因为在去世时被绑住双脚吧。关中地区老人在教训子女时常说一句话：“你们不努力上进，好好奋斗，全部都指望我，哪一天我‘绑脚’了，你们就都喝西北风去吧。”这说明绑脚是人死后的一个重要礼俗。据老年人讲，其实绑脚是为了避免人死后四仰八叉很难看，把脚绑住就看上去齐整多了。

盖脸。俗话说：“阴阳隔一张纸。”该俗语一方面体现了脸上盖纸说明人已去世的习俗，另一方面调侃人的生死是很简单的事情，要看透生死。现在的人去世后脸上盖一张方形白纸，而在古代则盖布帛，一般称“面巾”。“面巾”通常为一尺二寸见方，早期多为白色丝绸，故又称面帛、方帛等①。另外，人一旦去世，面无血色，样子也着实恐怖，人们不忍让活人看见死者面容而悲伤，因而产生了“盖脸”习俗，一直传承至今。

设案。人去世后，应将逝者从居室土炕上移床到厅堂中，按照规制停放好。设案过程包括拉上帷幕，找一方形供桌放在帷幕前，设立牌位，摆上水果、饭菜等祭品，点上白蜡烛和长明灯，供桌前摆上土制瓦盆，用于燃烧纸钱，再放上装满麦草的草蒲，用于祭拜者磕头跪拜之用。祭案等摆放停当后，治丧活动的正式工作就算启动了。

报丧。老人咽气后，孝子贤孙就要按照与亡人的关系亲疏而穿戴孝服、孝帽。孝服孝帽穿戴整齐后，手托孝棒（关中地区人称孝棍，由一米左右长度的柳树枝缠拢白色纸条制成），前往亲戚家报丧，即向亲戚汇报：老人已经去世，何时开吊，何时出殡，恳请亲戚前往吊唁等事宜。到亲戚家后，报丧者由于身穿重孝而不能进入亲戚家家门，只能跪在门口，等待亲戚家人出门搀起、迎请进门，才能完成报丧。

报丧是人去世后一项重要的知晓礼仪。家中老人去世，亲戚朋友

---

① 薛理勇：《丧葬习俗》，上海文化出版社 2011 年版，第 122 页。

不知晓，因此子孙要去汇报，尤其是向“上司衙门”汇报。关中地区对老舅家、小舅家，即男性亡人的舅家、儿女辈的舅家等这些“上司衙门”要格外敬重，要重孝子女亲自前往。在农村地区，这个环节很重要，也很微妙。例如说老母亲去世了，生前儿子、儿媳不够孝顺，使老人在晚年备受苦辛，最后贫病交加，黯然离世，这时儿子前往舅家，即去世老人的娘家报丧，娘家人就会借机出气，教训不孝外甥。他们会以不接丧的方式来报复，就是紧闭家门，不去搀扶孝子，也不让其进门，而孝子只能跪在门外，不停地磕头，赔不是，认识自己的错误，请求“上司衙门”原谅，最后才被搀起并迎请进门，报丧才能算结束。看上去不太显眼的一个环节，却会令不少人顾忌，他们尽量会在老人生前尽孝，以换取报丧时的原谅而免除尴尬。

散孝。与报丧同时进行的一项工作是散孝。所谓散孝，是指由主家向准备邀请来吊唁的亲戚提供孝布。以前的孝布多为白色孝布，以丈为单位，长一丈五或者两丈不等，视主家的经济状况而定。而现在孝布种类多元化了，可以是白色洋布或土布，也可以是其他布料，可以缝制衣服等，尺寸不等。散孝布的讲究有两种说法：一种是为了让亲戚寄托哀思，与主家共同悲痛，以示对逝者的追忆，将孝布做成孝服，以尽吊唁之礼；另一种说法更为实际，亲戚要来参加亡者吊唁，需要一大笔花销，有的家庭困难，购置孝布需要花钱，这时候主家的散孝可以为亲戚家减轻经济负担。

农村传统葬礼的流程很复杂，牵涉到的仪式很多，也很琐碎。在亡人还没有进棺之前，就已经需要完成以上工作，因而在以前的农耕社会，红白喜事，尤其是白事，过程长，动用人员多，就需要宗族的力量参与，或者全村人参与。葬礼也就成为协调与维系乡村人际关系、加强互助与情感沟通的重要渠道，既体现了对亡人的尊重，也体现了对活人生活的关照。

（3）“阴阳两隔”仪式之“大殓”习俗

报丧与散孝的完成表示小殓成服环节结束，人们将进行另一个更加庄重的丧葬习俗环节——大殓。所谓“大殓”，是指把尸体放入棺材里并用“寿钉”封住，又称作“棺殓”。人们常说“盖棺定论”就源自此，也就是说此人在人世间的行为彻底结束了，可以进行整体评价了。

三日大殓。现代医学表明，一个人心跳和呼吸停止后有时并没有死亡，而是“假死”，现代医学可以用人工呼吸、电击、注射强心剂等手段和方法，使“假死”者重新恢复生命，而在古代人们则只能用哭喊、晃动躯体等方式以求死者复生。所以确定三日大殓的目的之一，也就是不放弃死者“复生”的机会，如果死者在三日内没有复生，那就可以确定为完全死亡，复活无望了。另一个原因是让远在外地的孝子贤孙有较为充裕的时间赶回家中，与亡者见上最后一面，因为一旦盖棺定钉，那就阴阳两隔，再无机会见面了。尤其在关中地区，如果老人亡故，而儿子、女儿等重要孝子没有赶回，就必须等待，因为重要孝子贤孙若不能与老人见上最后一面，会被视为不孝。还有一个原因是，死者家属要在死者咽气的三日内，做大量准备工作，比如前文提到请阴阳先生、选墓地、打墓、报丧等，另外亲戚们还要准备大殓和吊唁的礼物，这些都需要花费时间。因而就有了三日大殓的习俗，一直延续至今。

棺材铺陈。这一环节是大殓的关键，讲究较多，也颇为复杂。第三日大殓，帮忙的人将棺材抬到大堂中央，头在北，脚在南，将棺材用两条长凳支起来。有的地方最初不用木凳，而是用砖垒三层，将棺材支起来，到大殓完成后将棺材移至正式搭建好的吊唁灵堂，才将棺材升起来放在木凳上，称为“升灵”，就是将灵柩升起来的意思。

棺材内的铺陈是从棺材底开始。先是一层干土，或者是农村盖土坯房的糊基铺底子，目的是压重和吸水，人死后尸体腐烂会流出“尸水”，干土可以吸水。从信仰角度来说，农耕社会敬奉天地，用黄土铺底意指回归土中，与土葬中的入土为安有同样意思。同时，“棺殓”大多在夜晚或者屋内进行，不能直接面对天，如果在室外，则要用帷幕遮住天，要不就是对上天的不敬。死者不能见天日，要不罪孽很大，比如暴尸于野是大罪过。关中地区有一个传说，当年周文王想要修建一个鹿台，从风水来看，如有一渠清水流淌则最佳，但他爱民如子，不想让百姓劳累，因而忐忑不安。有人得知情况后，决意为周文王的鹿台引一渠水，但在开挖过程中，挖出一具死尸，文王得知，大喊罪过，自己为引水而让亡者见天日，是自己罪过，遂立即命人找一风水好的地方将其厚葬，并亲自前往祭奠。这个故事一方面显示了文王的宽厚仁慈，另一方面则说明了死者不能见天日的习俗古已有之。关中地区主要用干土铺底，而有的地方则用煤屑或者石膏末，大约四寸左右厚。干土层垫好后，上面放一层板，板上按照北斗七星的图形，钻七个孔，称"七星板"。"七星"有二指，其一指二十八宿中南宫朱雀的第四宿，共七星，其二即北斗七星，即由天枢、天璇、天玑、天权、玉衡、开阳、摇光七颗星组成形似斗状的星座。连接天璇和天枢，在其延长线约五倍的距离处是北极星。北斗星的斗柄围着北极星转动，古人根据斗柄所指的方向确定春夏秋冬，也可以据此找到方向，所以北斗七星在中国人生活中有深刻的意义。板上钻有形似天上北斗七星的孔，是希望死者能在阴间找到方向，到达该去的地方。[①]但按照实用性来讲，铺一层木板可以使棺内平坦一点，便于上面铺设；钻几个孔，可以使尸水顺着孔流到干土上。

"七星板"铺好后，上面铺三股麻。这个讲究在关中东部地区不常见，而在关中西部地区等较为普遍，尤其在陇县、千阳县、陈仓区和渭河南岸地区。三股麻意在表示对死者的尊敬和孝心，类似于披麻戴孝的意思，至于为何三股，取"'三'者多也"之意。

麻铺好后，上面铺设一层柏树枝叶。对于棺材而言，南方讲究楠木，北方讲究柏木，因此以前大户人家大多使用柏木棺材。柏木属于贵重木材，一般人家用不起柏木棺材，只能使用杨木、松木、楸木和桐木等，铺设柏树枝叶可以象征使用了柏木。同时，笔者在关中西部地区调研时了解到，使用柏木还有更实用的目的：并不是因为柏木坚固，不腐烂，而是由于柏木有一种气味，包括柏树枝叶，都有同样气味。如果穿山甲嗅到腐尸的气味，就会钻穿棺材去啃食腐尸，这是非常不吉利的一件事情。而柏木棺材可以阻隔腐尸的气味，让穿山甲嗅不到。柏树叶子也能起到这种作用。

① 陈淑君、陈文华：《民间丧葬习俗》，中国社会出版社 2008 年版，第 18 页。

铺褥子。老人去世后，孝子们要给族人和亲戚报丧和散孝，族人和亲戚就会赶做亡人褥子，即用红色或者黄色布料或丝绸做面子，白色孝布做里子，内填充上等新棉花，制作成棉花褥子。在大殓的时候，族人和亲戚就各自带上自制的褥子前来参加大殓仪式，俗称铺褥子。铺褥子是有顺序的，最底一层叫“靠材褥子”，必须是长子所制，其次才是次子、三子等准备的褥子，以此类推。儿子铺完褥子后，依次是大女、二女、三女铺褥子，其后是长孙、次孙等，最后才是侄子、侄女等。有的老人家大人多，子孙满堂，褥子自然很多，铺不完，剩下的褥子就在以后活人缝被褥时使用。此处必须指出的一点是，不论多少条褥子，都要抽出一条来，即使总量很少，也要抽出来，意思是留住财气，不能把家中财气全被死人带走了，而要留下财气给子孙。

褥子铺好后，就要放上寿枕，即亡人要枕的枕头。寿枕和平常活人枕的枕头略有不同。关中地区人用的是方枕，是四面相同的长方体枕头，两边上绣花，又称绣花枕头。而死人用的寿枕是两边高，中间低的枕头，枕头中间凹陷下去，目的是为了固定死者头颅而不致翻转。

亡人进棺。棺材内的陈设布置好以后，就要抬人进棺了。亲属们合力将尸体抬起来放入棺中。根据关中西部民间习俗，通常是由长子抱头，次子抱脚，幼子抱腰，如长子已故，抱头则由长孙替代。然后，死者的女儿就把死者临终时梳头时掉下的头发、剪下来的指甲装在小袋里，塞到棺材的四角；再把死者生前穿过的衣服卷成卷，塞到空余的地方，目的是使棺木充实，使尸体不致晃动。另外，还要将死者生前常用品和爱好的物件一同放入棺材。在关中西部地区，亲人还会给死者的袖子里放上擦汗帕和十二个干粮，因为传说死人在黄泉路上，要过一个叫“狗家庄”的地方，恶狗常出没，会挡住去路，把干粮给狗扔一些，有助于死者顺利过去。

钉棺。一切停当后，阴阳先生出面解掉死人身上捆绑的绞及绑脚，意为不能让死人捆绑上路。然后将死者头、身体、脚等摆放端正，揭去“盖脸”。这时候，亲属们停止哭喊，认真端详遗体，向亲人做最后的告别。最后，阴阳先生将衾盖好，就要盖棺盖了。帮忙的人将棺盖放好，钉棺就开始了。钉棺用的叫“长命钉”，又叫“寿钉”，大多是铁匠手工制作的铁钉，上有钉帽，四棱，长约七寸左右，共有七颗钉子。钉棺讲究男左女右：如死者为男性，则左边四颗钉子，右边三颗钉子，如死者为女性，则右边四颗钉子，左边三颗钉子，钉子的位置也大致是北斗七星的样子。按照习俗，先由长子或长孙在棺材头上钉下第一颗钉子，这仅仅是一个象征性行为，一般就是在钉子上钉三下，其余的则由帮忙的人来完成。钉棺的时候，子女要在旁呼唤：“爹爹啊，躲钉！”“娘啊，躲钉！”之类话语。当最后一颗钉子钉完时，孝子贤孙们痛哭之声大起，完成了与亡人的最后一面。“大殓”的仪式也就基本结束了。

“大殓”是关中西部农村丧葬礼俗中最为重要的环节之一。是家庭成员“阴阳两隔”的最后时刻，标志着从这一刻起逝者安息了，活着的人也要进入另外一个生活阶段了。棺材板的材质如何，棺内铺陈和陪葬是否尽心，孝子贤孙是否齐聚见证这一庄严时刻，都会被看重，这也是逝者哀荣的呈现。

2. 传统丧葬习俗之“开吊”①

吊唁祭奠环节是传统丧葬仪式活动中的重要内容，仪式复杂繁多，用人量很大，是乡村事务中的大事件，受到民众重视。“开吊”当天隆重而烦琐的仪式是对当事人一生进行盘点和盖棺定论的总结之礼，不论这种仪式活动是否值得称道，它都已传承和持存多年，成为一种文化符码。

(1) 哀荣呈现：逝者一生定格与最后评价

对于绝大多数普通人而言，一生抓儿养女，勤勤恳恳，最后的告别之礼也是对其灵魂的告慰，代表死者一生辛劳没有白费，受到了应有的尊重。通过符号性的物品展示和公开评价，死者的一生经历被后人认知和记挂，也是一种哀荣的体现。

---

① 参见拙文《哀荣·仪式·狂欢：关中西部农村丧葬习俗之“开吊”》，《宝鸡文理学院学报》（社会科学版）2017 年第 5 期。

①设牌位：家族位置的永久定格。中国的汉字起源于象形文字，在现代仍在使用的不少汉字中，仍有象形文字的形迹。现代学者认为“且”是“祖”的古字，意指男性的外生殖器，在考古中经常发现类似男子外生殖器的古物，一般就叫作“祖”，泥质的为“泥祖”，陶质的为“陶祖”，这是原始社会生殖崇拜留下的遗物，也是祖先崇拜的遗物。后来，“且”的外形发生了变化，蜕变为用木材做的牌位，而“宜”则是“宀”与“且”的会意字——像房间里放着牌位。所以，古文中的“宜”就是祭祀或者祭礼的名称。[①] 牌位原本就是一块木板，只有祖先的灵魂附着其上才能当牌位。所以，当一个家庭有人去世后，活人会尽快在灵堂上供上死者牌位，通过超度和做法事使死者的灵魂依附到牌位上。

②呈献饭：孝子贤孙的最后侍奉。供桌上的“供饭”，又称“献饭”，要求每日三餐饭菜面汤供应，也叫“礼鬼”。饭菜每日要更换，跟前面提到的“荐新”意思大致一样。古代重大祭祀活动中，祭品中的牛、羊、豕被称为“太牢”，不用牛，只用羊和豕的称之为“少牢”，这些都是级别很高的“三牲祭”[②]。关中地区现在家境殷实的富裕户在老人去世后，也会供“三牲祭”，但规格与古代也有不同：好一点的是“猪头、羊头、全鸡”，略次一点的是“猪头、全鸡、全鱼”，总之都要是荤菜，即肉食品。一般家庭则只能供奉家常便饭，中间掺杂一两份肉菜。

③请告牌：个人信息的文字展示。所谓告牌，就是死者生平的简介，它由阴阳先生来撰写，关中地区俗称“出丧牌”。“人生一世，草木一秋”，大人物一生经历丰富，事迹众多，平头百姓虽无重大建树，但也有生于何时何地，育有几子几女、给儿娶妻、给女出嫁、育有几孙和几孙女，死于何年何月何日，阳寿几何，葬于何地何方位等信息。将以上信息写到一张宽 50 厘米、长 150 厘米的白纸上，张贴于一块长木板上即为告牌。告牌大致格式如下：“不孝男某某等延祸

① 薛理勇：《丧葬习俗》，上海文化出版社 2011 年版，第 29 页。
② 王炜民：《中国古代礼俗》，中国国际广播出版社 2010 年版，第 36 页。

先考某某，生于某年月日时，亡故于某年月日时，寿享年若干岁，不孝男某某等携媳、儿、女某某等呼天悲恸欲绝，亲视含殓，停柩在堂，尊礼成服，承严（慈）命定于某月某日开奠，某月某日扶灵柩安葬，不敢有劳亲友邻居吊唁，孤子（丧主）某某泣血稽首等。”当然，告牌最顶部要标注国号纪年，如中华人民共和国公元××年等。

所谓“请告牌”，就是孝子贤孙跪在庭院，恭送“出丧牌”出门，吹鼓手吹吹打打，将出丧牌由堂内请出，到大门外醒目的地方树立，以供宾朋和吊唁人士观看阅读，属于家庭公告。上面的文字，尤其是孝子贤孙谁前谁后，谁在榜，谁不在榜，都具有一定权威性，乡村民众往往很在意这个“公告牌”。

④致悼词：一生经历的公开评价。一般情况下，农村人的生存经历相对平淡，另外也没有参加什么组织等，就没有追悼会一说。近几年来，随着民众生活水平的提高，加之信息渠道的逐步畅通，农村丧事中慢慢有了致悼词这一环节。尤其是有的老人教子有方，儿女事业成功，有的儿女当官，结交广泛，就会有众多头面人物出席葬礼，因此趁致悼词这一环节致答谢礼、邀请有身份的人上台讲话，会使老人有面子，其实也有在众乡邻面前显示成功和炫耀的意味。农村丧事中致悼词的一般是村干部或乡里威望较高的能人。悼词对老人生平做一介绍，将其生命历程中的重要事件，如何含辛茹苦教育子女，如何为全家生计而拼命操劳，如何和睦乡间、孝敬老人、遵纪守法等经历做全面评价，多是肯定和赞美。致悼词结束后，丧主或重要孝子要致答谢词。

（2）祭奠仪式：孝子贤孙祭奠亡灵、回报养育之恩

“开吊”当天的仪式隆重而烦琐，在展现逝者哀荣的同时，也是孝子贤孙呈现孝心、回报父母养育之恩的重要时机，因此格外受到重视。

①迎祭：富裕家庭的高规格祭礼。这是规格较高的一种祭礼，一般是由老舅家、小舅家等“上司衙门”来提供，由油炸的“犒饭”（意即犒劳）和一些肉食饭菜组成，总共备齐一桌饭，放在一块木板上，由两个人抬着前来祭奠。当他们行至村口时，妇女们的哭声响

起，主家就知道亲戚来了。主要孝子跟随吹鼓乐手，身披重孝，手拖孝棒，前往村口迎接，称为“迎祭”。将“犒饭”迎接至灵棚前，供奉到供桌上，“上司衙门”的来宾在灵前跪倒，接过孝子点燃并递到手中的三炷香，拜三拜，插到香炉，再燃烧冥币，祭奠亡灵。一切结束后，由执事搀起，请到家中或宴客棚坐定，递上香烟、水果，准备中午吃饭。一家安顿好后，主家听到哭声，又得前往村口迎接另一家，仪式照旧，将前一家的“犒饭”移走，将新来一家的“犒饭”也在供桌上放一放，表示对亲戚的感谢与一视同仁，也让亡灵感受到每一家的哀悼之意。直到所有“犒饭”迎接结束，迎祭仪式方结束。

②绑布：丧主身份的信息展示。绑布也叫绞布。与小殓时捆绑死人不同，这种绞布是给活人绑系用，主要是给死者的儿子。它是由老舅家、小舅家等“上司衙门”送的白色孝布，长约一丈五左右，主丧绑得最多，因而从绑布多少可以看出谁是主丧，谁是重孝。绑布的仪式是：先由受绑孝子跪在灵前，“上司衙门”的人亲自或委托他人为其绑布。关中地区称这个仪式为“绞学布”，谐音“教学布”，其实是教导孝子要学好，要感谢父母恩情，此外也是对其以前的不孝行为予以惩罚，民间戏称“五花大绑”。绑布完成后，孝子还要磕头拜谢“上司衙门”对其不孝的原谅和教导。

③迎土：土葬习俗中的重要仪式。到了下午四五点以后，由吹鼓手带领一到二名女性孝子（儿媳或女儿），拿上一个袋子（有的地方用遮腰，即女性在干活时防止衣服弄脏而绑在腰间的围裙，是干活的象征），到墓地去迎土。该仪式的实质是孝子们为第二天老人灵柩下葬去打扫墓室，就像生前为老人打扫房舍一样，是孝顺的象征。打扫完成后，孝子用袋子或者遮腰带上墓地的一些土回到家中，一部分供奉于灶爷和土地爷神位前，剩下一些要留到第二天送葬时“打土”。

④吊孝：吊唁活动中最重要的仪式呈现。吊孝仪式在关中东部地区叫“献饭”，西部地区叫“吊纸”“吊孝”，说法不一，但总体意思是一样的，它是亡者在下葬前接受的最隆重的吊唁。《仪礼·既夕礼》讲：“主人洗废爵，酌酒。主妇洗足爵于方中，酌，亚献尸，如主人

仪。宾长洗繶爵，三献，燔从，如初仪。”①

武功、扶风一带大多在晚上举行隆重的“献饭”礼仪。先由长媳等人捧水盆浴巾等物，以象征性动作为亡人梳洗。孝子初献，头顶着装有酒菜的木盘叩拜献于灵前供桌上。孝侄二献糕点水饭之类于灵前，孝孙终献饮食等祭物，三献后外甥、女婿、亲友、邻居才依次奠祭。奠祭有五奠、七奠、九奠、十二奠、十五奠、二十四奠等内容。亲友祭奠时，孝子要叩头还礼表谢。整个献饭过程有哀乐伴奏，依礼宾执事的呼喊行动，此时村里人围观评论，有时要到深夜时分才结束。②

千阳、陇县等西部山区县的“吊纸”与东部地区略有不同。仪式中也有“献饭”过程，跟前面提到的“荐新”一样，将时令水果、饭菜供于灵前。不同之处在于，等阴阳先生测算的吊孝时辰一到，司宾执事就会高喊：“吉时已到，孝子孝孙开始吊孝。”吹鼓手的音乐响起，四邻八舍的乡亲围在灵棚前观看孝子吊孝。众孝子按照主丧夫妇、其他儿子儿媳、女儿女婿、孙子孙女、外甥、外孙外孙女、侄子、侄女、来宾、众乡邻的入场顺序展开吊唁活动。如果子女亲戚相对较少，那就每人依次吊唁，显得时间长一点，如果家族庞大，子女众多，亲朋也不少，每人依次吊唁耗时太长，就会采用“双吊”形式，即儿子儿媳、女儿女婿等一组家庭一起吊唁，众乡邻也可以四个五个、七个八个为一组吊孝。吊唁的基本流程是：当司宾高喊“长子长媳吊孝了!”时，长子长媳以男左女右的位置双双跪倒，一边往纸盒烧纸一边哭，烧完纸后磕三个头，由旁人搀起绕棺材走一圈，就退下去了，然后第二组接着来，以此类推。就如同在电视里看到党和国家领导人去世后，前往吊唁的宾客也是先在遗体前三鞠躬，然后绕遗体一周，与家属握手后离开，虽然老百姓的身份、层次不一样，但对于礼仪来说，道理是一样的。

⑤起草：回报父母养育之恩。沉痛而庄重的吊孝仪式结束后，众

---

① 杨天宇：《仪礼译注》，上海古籍出版社2004年7月第1版，第379页。

② 赵宇共：《岸底丧俗与〈周礼〉记述的比较研究》，《民俗研究》1998年第3期。

乡邻会散去，亲戚也大多回家或者找地方休息，以准备参加第二天早上的殡葬仪式。而孝子还不能休息，要去“起草”，其实就是将灵棚四周用于跪拜的装满麦草的草蒲拉出去烧掉。由吹鼓手带路，执事们用架子车拉着草蒲，众孝子跟随，到第二天在去墓地路上的十字路口将麦草取下。众孝子跪拜，由帮忙的执事将麦草点燃，众孝子起身围着火堆，左转三圈，右转三圈，而后头也不回直接回家，这时吹鼓手也停止奏乐，一同默默走回，起草环节就结束了。据传，“起草”背后的根据在于，以前父母养育儿女不容易，生孩子又叫“落草”，孩子在草蒲出生，由父母含辛茹苦养育成人，因此在老人去世后将跪拜过的草蒲烧掉，以示感念老人的养育之恩，也是尽一份孝心的意思。

⑥守灵：孝子贤孙对逝者的最后陪伴。停灵期间，出殡之前，死者灵柩放在灵棚里，亲人必须时刻守护着，谓之守灵。守灵的目的是尽最后的孝道，因此必须早晚烧纸，朝夕祭奠。而女性孝子除了早中晚三次规定的哀哭外，还要随着吊丧者不时哀哭，磕头谢孝，所以十分辛苦。

关中地区的停灵时间一般是五至七天，在这几天里，灵堂和灵棚里要有人守着。许多地方习俗规定可以由儿子或女儿轮流守灵，兄弟姐妹多的，大家轮流守灵，相对来说要轻松一些。开吊当天的晚上守灵相对而言更受重视一些，因为第二天早上要下葬，这是孝子孝孙们守灵尽孝的最后时机，是对老人最后的陪伴。晚上“起草”回来后，唢呐手一般就休息了，因为第二天要送埋，必须休息。孝子们辛苦一天，也需要休息。这样，灵棚里就留一至两人守灵，其余人休息，过一两个小时后，再有人接替守灵，大家轮流休息。长明灯不熄，白蜡烛不灭，瓦盆中的烧纸也要时不时进行。

（3）村落狂欢：乡村民众人际交往与帮扶互助的重要时刻

丧事在关中农村地区俗称“白事”。老人高寿并寿终正寝，称之为“喜丧”，在呈现悲伤的同时，也给乡民关系维系、矛盾化解提供一个时机，亲朋好友齐上阵，有时全村老幼齐出动，形成村落人际交往其乐融融的场景。

①请执事：体现互帮互助的村落秩序。农村“白事”时间长，需要人手多，有的富裕家庭子孙较多，丧事规模大的，往往需要一二百人，所以要有一个治丧组织，成员各司其职，共同协作。主丧夫妇及亲近孝子的主要工作是跪在灵棚里，向前来吊唁的人跪行答谢礼。而其他工作都由执事的人来完成。《仪礼·既夕礼》讲：“有司彻，扫堂”“司士进一敦黍于佐食”等，指出了执事的工作。有灵堂执事、唱礼宾者、搀扶孝子者、摆放纸品祭物者、备料做饭者、接待亲友者、打墓者、备车者、管电者、招待乐人者等等职司。一般主要执事都是家族中的人承担，如堂伯、堂叔、堂兄、堂弟等，生活用度则由家族内的妇女们来安排，如若人手不够，亲戚、左邻右舍等也要参与其中。[①]

②接纸货：逝者哀荣与丧主面子的展现。执事的人将各类纸货迎接过来以后，或者摆放，或者悬挂在灵棚四周，作为祭奠之用，同时也是作为展示，让各位来宾和村社民众观看，以示家族体面，亡者受尊敬，儿女富裕孝顺，这也是中国人“面子”情结的一种体现。

老舅小舅等“上司衙门”提供的礼品包括犒饭、白色寿布、献祭、鞋等，而女婿、外甥等属于下辈，带的祭品则明显不同，主要包括“引魂幡”（即铭旌），花圈、献祭等，另外则是各类纸货，包括亭子、金斗银斗、金山银山、聚宝盆、摇钱树、纸鹤纸马等，这些都具有祝福之意，祈愿亡灵在另一个世界中能富贵，过得幸福。[②] 除此之外，富裕家庭的女婿外甥还会祭送造价更高的纸糊的“金童玉女”。现在的关中地区，纸货更加五花八门，比如纸糊的“电视机”“冰箱”“小轿车”甚至“别墅”等，意在祝福亡者在另一个世界能过上体面而现代化的生活。

需要着重指出的一种礼品叫“献祭”。所谓“献祭”，顾名思义就是献于灵前的祭品，它是一种用面粉制作的类似馒头的食品，其制作过程为：先将面压成条，从两边往里卷，卷成类似青铜器上饕餮纹

---

① 陈淑君、陈文华：《民间丧葬习俗》，中国社会出版社2008年版，第54页。

② 李栋成、王冰莹：《西府民俗》，陕西人民出版社2014年版，第51页。

或者回形纹的形状，做成类似大馒头大小，放在蒸笼蒸熟，然后在上面涂上颜色、插上花。“献祭”有实用和仪式两重功能。在困难时期，亲朋在吊唁亡人的时候，带上“献祭”，可以一起食用，减轻主家粮食不足情况下的待客困难。同时，把“献祭”做得精巧、漂亮一些，也能表现出对亡人灵魂的敬重。关中地区有一种独具特色的民间手工艺品，叫“面花”，其实就是用于祝寿的“寿桃”和用于葬礼的“献祭”。所谓“面花”，就是将面粉制成饼状、条状，捏制或者修剪成各式各样的吉祥图形，诸如花鸟鱼虫、飞禽走兽等，放在笼中蒸熟，涂绘上各种颜色，插在“寿桃”和“献祭”上，用作祝寿和祭奠礼品。

③邀请演艺班社：超度亡灵与烘托葬礼气氛。在开吊活动中，吹鼓乐手必不可少，是仪式进行过程中重要角色。吹鼓手班子大致由六到七人组成，有司号、唢呐、二胡、笛子、扬琴等。长号（又叫丧号）是最重要的，长约一米五，上面系一条白布，吹时喇叭口朝上，发出“呜呜”的声响，吹起来极其哀婉、悲伤。唢呐虽然声音清脆、响亮，在传统社会往往用作迎亲和喜庆乐器，但由于选取音乐与节奏韵律的关系，尤其是与丧号相搭配时，给人以极其悲伤的感觉。

二胡、笛子、扬琴、扁鼓等乐器，一般是为助兴表演而准备的。在吊唁当天，除了接送亲友以外，吹鼓手班子还要演唱助兴，内容大致是关中道情、西府曲子或者秦腔名段等。当然现在很多家庭富裕了，不但请吹鼓手班子，还要请戏曲班子，搭台唱戏，有的家中有钱有关系，还会邀请当地名角甚至陕西省戏曲研究院的著名演员前来表演。吹鼓手班子的棚帐和戏曲台子都要提前搭设，一般是面朝死者灵棚，意思是为死者亡灵超度所用。同时，表演也给沉寂的乡村带来娱乐，众多乡民会前来聆听和观看。

④丧宴：亲朋与乡民难得的聚会与狂欢。中国人的饮食文化源远流长，很多礼俗都与“吃”有关，比如生日宴、婚宴、谢师宴、丧宴等。尤其在以前的困难岁月里，红白喜事中最让主家煎熬的不是相关礼俗的繁复，而是一顿宴请的花销。家中“过个事”，有时半年的口粮就被一顿吃掉了。前文提到的“献祭”具有礼俗意义的同时还具有

实用功能，主家丧宴花销太大，亲戚们提上“献祭”作为礼品，一般九个为一份，这样就可以在开吊当天吃掉一些，减轻丧主的负担。

同时，全村人帮助丧主办丧事，在体现乡村和睦、邻里互助的同时，也可以在开吊这天大吃一顿，过过嘴瘾。关中地区有一个小故事：当丧主的七八岁孩子抱着一个献祭吃的时候，同岁的小伙伴投来羡慕的目光，说：“我爷爷最近在害眼病。”言外之意是他爷爷也快不行了，他也离吃“献祭”不远了。当然，小孩子不懂事，也就权当玩笑话了。困难时期，日子都不好过，吃饭当然是大事情。

在农村红白事宴请中安排座次是非常重要的一件事情。必须要一位对丧主亲朋关系网、辈分高低非常熟悉的乡村能人来做这件事。农村“过事”一般要用布幔搭建一个大棚，里面分两行摆出三四十个桌子，每个桌子上六张椅子。与过道相对的两张椅子称上席，周围四张椅子称偏席。从大棚入口进去之后，以左为上，依次类推，因而就有了“首桌首席”之说。“老舅家”“小舅家”等“上司衙门”必须要坐上席，而且桌子要尽量靠前；女婿、外甥等下辈，就只能坐偏席，而且要尽量靠后。有时会出现一个现象：首桌首席坐着一个小孩子，而偏席坐着一位年长者，有人感到不合适，司宾会解释道：“这个小孩子是老舅家来的人，辈分比年长者要高。”这样就没人说话了。

座次安排好，凉菜上齐，孝子答礼，丧宴开始。这时候，司礼带领众孝男孝女在大棚口跪倒，司礼高喊：“各位来宾，众孝子给大家行跪谢礼，丧宴开始，大家吃好喝好。”众孝子叩三个头后起身，大家开始吃饭。丧宴的菜一般是单数，或为七个菜、九个菜，或为十一个菜，现在大多流行十菜一汤。席间可以夹馍，这也是关中地区红白事中的一道风景。当热菜上桌后，尤其是红烧肘子、甜饭等，大家纷纷拿馍夹肉、夹米，带给没有来的老人或者小孩，表示自己来吃好的，不忘给家人带一点尝尝。主家也不计较，还提供馒头和袋子，以示主家的大气。当丧宴正在进行之际，众丧子要给来宾敬酒，以示对宾客长途跋涉、远道而来参加其父（母）吊唁活动的感谢。一般是长子夫妇、次子夫妇、女儿女婿、孙子孙媳等依次敬酒。

⑤晚间娱乐：丧主答谢村落民众的视觉盛宴。关中地区“开吊”

当天晚上的娱乐活动也很有特色。计划经济条件下的农村在物质生活贫困的同时，精神生活内容也很贫乏，乡村民众集会、娱乐的机会很少。而农村的红白事则有可能为大家提供这样的机会。尤其是白事，由于耗时长，动用人员多，为了对执事人员和村民帮忙表示感谢，主家就会在开吊当天晚上安排一些娱乐内容，以答谢执事人员和乡邻。90 年代以前，这样的活动内容是放电影，开始还会放与丧事相关的情感电影，慢慢地就变成了热映的新片子。在农村地区，较受欢迎的是武打片、战争片、警匪片等情节紧张、刺激的影片。笔者小时候能看到电影的机会大多是农村白事期间。在看到谁家铭旌林立、吹吹打打办丧事的时候，小孩子多半不是悲伤，而是欣喜，因为即将有精彩影片上映。当录像机出现以后，有的家庭则选择放录像这一成本更低的形式，但是，由于画面太小，图像也不够清晰，放录像这一形式没有流行起来。

进入 21 世纪以后，随着民众生活水平的不断提高，电视机已经普及，大家已经不太愿意拎着凳子长途跋涉去看电影，而更愿意待在家里看电视。电影的吸引力大大降低。过白事的家庭为了不使吊唁活动太冷清，就开始引入其他娱乐形式，如传统戏曲表演、西洋乐器表演、现代歌舞表演等。秦腔戏是关中农村民众百听不厌的传统艺术形式，当电影没人看了以后，戏曲班子的生意明显地火爆了起来。现代歌曲演唱与西洋打击乐器的高亢嘹亮与节奏明快也很受民众喜爱。但有的地方更加出格，为了追求视听效果和现场震撼，引入了狂歌劲舞等娱乐，有的地方竟然还上演脱衣舞，大胆暴露。有的老年村民大为看不惯，唉声叹气，大呼“伤风败俗，世风日下”。这种出格娱乐形式确实应该收敛，一定意义上要回归传统的礼俗和审美。

⑥传统丧葬习俗之“出殡安葬”。出殡安葬是逝者入土为安、告别人世间的最后行程，这不仅是为了体现逝者哀荣，也是孝子贤孙寄托哀思和尽孝道的重要形式。在关中西部农村，出殡也叫“出丧”“出灵”或者“发引”，指将棺材运出丧家灵棚到墓地安葬，该仪式由起灵、送丧、安葬等内容组成。

首先是起灵：与人世家庭的体面告别。亡人与自己为其付出一世辛劳的家庭告别，将去往另一个无所知的世界，这是阴阳两隔的重要时刻，家人也会用庄重的仪式，体面地、依依不舍地送别。起灵大致分为祭轿、出丧、扫丧等环节。

祭轿。全国很多地方不用丧轿，而是用四根粗绳从棺材底部的环中穿过，八个人各执绳索的一端，抬起和放下棺材不会太费力。棺材放稳后，再把绳索抽出来。① 我们经常从电影里看西方社会的殡葬场景，西方人的棺材在中国人看来是“薄皮棺材”，材质薄而轻，体积也比中国棺材小多了，一般仅能容下一具尸体。而中国人的棺材讲厚重，一般是板厚质密，分量较重，因此行动时就会使用“丧轿”。关中人称其为“丧衣架子”，俗称“龙杠”，它是一种可拆卸的“丧轿”。

关中地区俗称的“龙杠”分两类，男性死者所用的为龙头龙尾，中间是木制大箱子，用布帷罩住，中间一条大梁，前后各六到八人来抬，周围布帷上多彩绘图案，主要以二十四孝等为题材，以体现孝亲和对亡人的追忆。女性死者的丧衣架子是凤头凤尾，其余部分大致相同。现在很多地方已经没有了凤头凤尾的“凤杠”，而全是龙头龙尾的“龙杠”，只不过男性“龙杠”的龙头带白色胡须，女性用“龙杠”则不戴胡须，以示区别。而东府地区早已不用“龙杠”，用现代化灵车取代，其仪式性大大减弱。

所谓祭轿，就是由吹鼓手带领孝子们跪拜行礼的过程。吹鼓手吹奏哀伤乐曲，孝子贤孙们列队跪下，然后由执事帮忙将“龙杠”拆卸，找一平坦地方将底座放平，准备安装棺材。在安装棺材过程中，吹鼓手不停吹奏，孝子贤孙一直跪拜行礼，这个礼仪过程称为“祭轿”。

起灵出丧。将“龙杠”底座安置稳当后，执事出门，一手端着由大盘精肉丝、豆腐丝、粉条、白菜做成的拼盘，另一手握一把筷子，说声“请”，青壮年便蜂拥上前，抓住筷子吃一口，然后一起走进灵棚，将棺材用粗绳绑好。执事喊声“起灵了”，众孝子跪地，痛哭声

① 薛理勇：《丧葬习俗》，上海文化出版社 2011 年版，第 38 页。

起，众青壮年将棺材抬起，缓慢移至“龙杠”底座，放平整放稳，然后去掉绳子，开始安装四周支架，架上大梁（即“龙杠”），盖上顶棚，上面用布幔围好，四周也用布幔围住。四周有时也可以不围，比如棺材质地厚实，做工精细，上面描绘的图案精美，可以在去往墓地的路上供旁人观看，以显示亡者的儿女很孝顺，为老人置办的“丧衣”很上档次。将棺材准备好后，将“龙杠”安装固定结实，前后准备抬轿的人员到位后，出丧环节就结束了。一般“龙杠”由十六人来抬，前后各八人，有的时候离墓地太远，还要另外十六人作为预备队，在路上相互替换。

抬棺送葬需要大量人力参与，这就需要亡人与家属平时培养好人缘。不仅是死者家属，就连死者本人也要平时多做善事，不要霸道，要有好人缘。乡村是靠宗族关系、邻里情感维系的社会，平时婚丧嫁娶都要相互帮忙，协作完成。当别人家有事时，尽可能出面帮扶，而不能大门一关，不闻不问，否则会被咒骂为：“你死后自己爬墓地去吧。”因为去墓地要抬棺，要别人帮忙，所以人们为了自己死后能顺利去墓地，平时就要多行善。

扫丧。当棺材抬出装进“丧轿”以后，灵棚的使命就完成了。遗像、灵牌由长子、次子等搂抱，供饭也由人用木盘端着，一同前往墓地。吊唁使用过的“草蒲”已经在前一晚“起草”时烧掉了。烧纸盆也由重要孝子端着同往，以供后面重要仪式使用。各种物品收拾完后，由执事很快将灵棚拆掉，将死者生前用过的旧衣烂衫等，连同其他已无所用之物装到架子车上，当送葬队伍行至十字路口时一把火烧完。此时燃烧物势必冒烟，若青烟直上天空或烟朝西飘，说明死者已乘鹤西去；若烟飘不起来，在低空缭绕，则被认为是死者阴魂不散的征象①。

其次是送丧：逝者最后的哀荣呈现。作为人生最后历程，送丧仪式的隆重程度和队伍阵势是亡人哀荣的呈现，它一方面体现亡人生前是否德高望重，另一方面也能显示出儿女的人缘和事业的成功程度。

---

① 陈淑君、陈文华：《民间丧葬习俗》，中国社会出版社2008年版，第46页。

比如张艺谋电影《我的父亲母亲》中，父亲一生桃李满天下，送葬时不少学生不远万里赶回来为老师抬棺，送老师最后一程，这是一种体面。

列队出发。由于送葬队伍很庞大，需要得提前安排好次序。一般队伍顺序是：最前面是吹鼓手，主要由长号和唢呐组成，长号在最前面，朝天吹奏丧号，发出“呜呜”的哀鸣声。紧跟其后的是仪仗队，由小孩子挑“引魂幡”（即铭旌），其他人携带着花圈、金山银山、金斗银斗、童男童女等各式各样的纸货。仪仗队后是灵柩，先是由长子、次子等抱灵牌、画像、纸盘等，孝媳、侄子及孙辈等用白色孝布牵拉“丧轿”，称为“扯牵”，目的在于显示人丁兴旺、儿孙满堂。同族人和近亲陪同护送“丧轿”，女儿一定要护在“丧轿”左右，一边走一边大声哭喊。尤其在出村时和快到墓地时，丧子丧女都要大声哭丧，让路旁围观的村民感受到孝子贤孙的悲哀之情。队伍的最后面是其他村民，大多一人扛一把铁锹，将在最后为墓道填土。

目前关中地区民众葬丧礼俗中与招魂活动相关的遗存主要表现为铭旌。所谓铭旌，是宽约 40 厘米，长约 1.5 米左右的一条红布，上面写死者籍贯和姓氏，作为象征供人凭吊，在表示敬重死者的同时，也有招魂之意。《礼》曰：“死者不可别，已故，以其旗识之。”古人施铭旌于柩侧，近俗多用竹悬出于室外，阴阳家从而附会之，以为死之魂，悠扬于太空，认此以归①。主要意思是说人死后，灵魂会脱离肉体而在外游荡，找不到重新回来的方向，而在外插上铭旌的目的就是引领灵魂归还到家里。关中地区的铭旌主要是由子女、女婿、外甥等人提供。古人注重多子多福，人丁兴旺，老人去世后，从室外所插铭旌的数量就可以看出世系的大小，这样看来，铭旌招魂的功能在淡化，而展示死者哀荣的成分更多一些。

摔纸盆、打土。当送葬队伍行进至村口第一个十字路口，也就是前一天晚上“起草”的地方时，整个队伍要停下来，有两项重要的仪式要进行。

① 丁广惠：《中国传统礼俗考》，黑龙江教育出版社 2012 年版，第 442 页。

摔纸盆。就是死者将咽气时就开始在瓦盆里面烧纸钱，并将已经积满纸灰的瓦盆摔碎，而且须由长子或者长孙来完成。至于一定要摔烂的缘由，已经很难说清，但这个仪式却一直存在，而且在关中地区被广泛认可。民间有一句俗语："你死了连个摔瓦盆的人都没有。"这是一句很伤人的话，即笑话这一家没有男嗣。一般要准备一块石头，以保证瓦盆一次性摔破，纸灰散落一地，长子或长孙须一边摔一边哭喊："老父（母）亲，一路走好啊！"

打土。这也是一个古老习俗，是由女儿尤其是小女儿来做的一个仪式：将前一天去打扫墓道时"迎土"带回来的土一部分供奉于灶神、土地神前，剩余的土带到十字路口。等儿子完成摔瓦盆仪式后，由女儿将土撒到送葬人的身上，就完成了"打土"。关于打土，有一个民间传说：很早以前，有一位年轻女子，十七八岁，未婚嫁，还住在娘家。等父母去世后，就无人再照看她了。所以，在送葬路上，她扬土进送葬人的眼睛，使送葬人看不见去墓地的路，这就是打土的由来。"打土"是为了展现孝子不忍离开双亲的心情，是一种孝亲的仪式。待摔盆、打土的仪式完成后，送葬队伍继续前行，一直到达墓地。

最后是安葬：肉体与灵魂"入土为安"。古人讲只有将死者肉体葬于土里，灵魂才能安宁，因此安葬仪式是活人与死者灵柩的告别。《大清通礼》载："仪仗鼓吹至墓门止，陈布于门外；铭旌至，入墓门，绕过灵幄，植立圹北，南向；灵轿至灵幄前止，祝奉魂帛及椟主供几上正中；柩轝至墓门外暂止，去帏盖，乃入停圹南墓道正中。丧主以下送者，丈夫到轝先入，立墓道东，西向；妇人从轝后入，立墓道西，东向，皆止哭。"①

下葬。将棺材下到墓道的过程也称"下材"或者"落葬"。关中地区的俗话说："有钱难买下材雨"，意思是在落葬下材时如果下雨，雨滴落到棺材盖上，即为大吉，它预示着后辈儿孙会做官或发大财，"下材"即谐音"下财"。也有人认为下葬时若下雨，即意味着天地

---

① ［清］乾隆二十一年钦定：《钦定大清通礼》，吉林出版集团2005年版，第186页。

同悲，是大吉祥的征兆。当然，这种认识属于封建迷信，是民众的一种心意寄托而已。

下葬前孝子要先下到墓道和墓室查看打墓和箍墓是否结实、有无塌方情况、墓道墓室是否平整、棺材移动时是否会出现牵绊等情况，关键是查看是否有异常情况出现。按理说，墓打好后要派人看守，防止有人破坏，比如如果平时邻里不和，家族和人结有仇怨，就会出现破坏墓室的报复行为。关中地区流传一个故事：一家人平时横行乡里，与人结怨无数，当老父亲亡故后，准备下葬时家人才发现，墓室里面扔着一条死狗，这在丧葬礼俗中被认为大凶，非常不吉利，象征这家祖先像死狗一样被埋葬，对后辈儿孙不利。关中地区有一句骂人的话："你家祖坟埋死狗了，才会出你这样的败家子。"这样的情况会对死者家庭造成很大困扰，讲究的人家要重新打墓，没办法的情况下就得请阴阳先生"做法"，去除晦气，将就着将人埋掉。在农村出现这样的事情，是非常不好的，可见搞好乡邻关系、和睦乡里是非常重要的。

当孝子下去检查无误后，就要开始落材了。一般流程是将"龙杠"的大梁取下来，两头用三脚架子支起来，将棺材绑稳，悬挂到大梁上。这时需要十几个青壮年劳力，站立两面拉住绳头，慢慢往下放。一定要保证棺材平衡下落，如果棺材不能平稳下放到墓道，而是一头向下"倒栽葱"，那就是"倒棺材"，这可是一件令丧家懊丧、乡人倒运的恶劣事故。古人深信，棺材带有煞气，"倒棺材"的"棺材煞"是极难躲避的。

摆放殉葬品。殉葬是中国古老的丧葬礼俗，其中包括非常残酷的人殉。周以后，人殉受到礼制的约束，慢慢有所收敛，就连历史上著名的暴君秦始皇，依日前开掘的情况来看，也是用陶俑殉葬，即驰名中外的秦始皇兵马俑。后来这一礼俗慢慢演变成用器物来作为殉葬品，民间大多以普通礼器和生活日用品随葬，这些物品统称为"明器"。

民间葬礼中葬品的摆放流程比较简单。关中地区的殉葬品放置流程大致如下：将棺材移至墓室后，阴阳先生先进墓室，用罗盘调整棺材的方位，主要是为了子孙后代都能顺利平安发大财。方位调整完成后，就可以摆放明器了。先是将铭旌即引魂幡从竹竿上取下来，折叠平整，放在棺材盖上，再将童男童女、金斗银斗等精致纸货放置在棺材两旁，其他就大多是死者生前用过的生活日用器，比如陶罐、农具等。有的老人生前喜欢喝牛奶、可乐等，也有孝子贤孙专程买来放置到里面的，还有的就是烟酒等生活品了。这些摆放完成后，就在墓室口点上白色蜡烛。其中还有一件至关重要的殉葬品——铜香炉，必须要摆放进去，一则为了插香祭奠，二则是象征一件礼器——鼎。古代天子、贵族、士大夫阶层墓葬里面都有重要礼器——鼎来殉葬，有七鼎、五鼎、三鼎不等，它是一种身份与等级的象征。现在考古有时就以鼎的规格和数量来判断死者的身份与等级。而普通百姓大致用不起鼎，当然礼制也不允许，就以铜香炉来代替。所以，这个习俗现在依然在传承，不论家庭贫困还是富裕，都有或大或小的香炉陪葬。

封堂口。殉葬品摆放完成后，就要封堂口了。在封堂口前还有一个小仪式，在关中西部地区较为盛行，称作“擦材”，也就是擦拭棺材的意思。“擦材”谐音“擦财”，有带财运的含义。司礼执事高喊：“孝子擦材了。”众孝子就会陆陆续续下去，象征性地擦拭一下棺材。当然，由于孝子众多，不可能都有机会去擦，只有丧主和儿子们才行，一般不希望女儿下去擦材，是因为女儿是嫁出去的，“擦材”会把财运带到夫家去，而对娘家财运不利，因而只让儿子下去擦材。“擦材”结束后，就是封堂口了。所谓“封堂口”就是用一块石板，俗称“彻堂石”，堵起来，或者用青砖一层层砌起来，总之，就是将墓室口严密封死了。为什么叫封堂口，因为关中地区乡民将墓室称作“客堂”，大概意思是死者的肉身客居于此吧，当然灵魂是要上天的。因而封客堂就是封堂口了①。

填土。墓室封好后，就要填土封住墓道并形成一个隆起的山丘，叫冢。按照习俗，丧主或者长子要先自己铲三锨土，填在墓道，然后其他人才一起动手，用铁锨铲土，一直到冢的完成。在这期间，孝子贤孙要跪在墓前，一边痛哭，一边燃烧纸钱，同时将没有放进墓室的

① 李栋成、王冰莹：《西府民俗》，陕西人民出版社2014年版，第51页。

纸货，类似于花圈、摇钱树、纸鹤、纸马、纸电视机、纸汽车等一把火烧完。当然，得挑拣几个造型好一点的花圈，等墓冢形成后，插在上面，标识这是一座新坟。

在墓冢完成后，丧主要为帮忙填土埋人的乡民赠送礼品。当然，现在也是简单化了，一般就是递一根烟，送一两个“墓馒头”。所谓的“墓馒头”其实就是主家为答谢填墓人而提前定做的，一般只有拳头大小，白面发酵蒸成的馒头。当然，填墓人也不会在乎馒头的大小，而是讨个吉利，据说吃了“墓馒头”就不害病了。这种说法估计是为了让更多的人去帮忙填土埋人吧。

安神祭。埋人结束后，大家就都回去了。在回去的时候，一切声响都没有，唢呐声没有，哭喊声没有。帮忙的人也就先各回各家，等待中午时的最后一次宴席了。送葬的孝子捧着牌位和遗像，回到丧主家中。孝子抱牌位到大门口，会有家族其他人手端小盘，内放菜碟、筷子和小馍，单腿跪地，接过牌位与遗像，迎回家中摆在灵堂内。

关中地区民众一般在埋人归来的中午举行安神的虞祭，这一点与古人相同。虞祭完后还要有最后的答谢宴会。将几日来一直为丧事忙碌的阴阳先生、各方面执事、送葬人员及女婿外甥等亲戚举行最后的宴请活动，以示对他们的付出与帮助表示感谢。宴会结束，执事人员还得最后帮忙拆大棚、拆灶台、归还桌椅板凳和锅碗瓢盆，一切归还完毕，院落打扫干净以后，执事的工作才算真正结束，丧主一家的丧事活动就完全结束了。

3. 传统土葬习俗的传承与改革

关中西部地区是周秦文化发祥地，民众重农耕，重礼仪，好面子，对于婚丧这样的人生大礼尤其看重，久而久之，就形成了繁文缛节的丧葬习俗，一直传承至今。但是，随着社会转型与城镇化建设的推进，加之农村劳动力的转移，传统丧葬习俗出现难以为继的状况，改变在所难免。一方面，需要对传统进行引导，以适应社会发展；另一方面，也要尊重传统习俗，给乡村自我调节的时间，不要以移风易俗、破除封建迷信为由，进行强制取缔，有时会适得其反。

一定规模的耕地面积是当下民众与子孙后代生存繁衍的物质基

础，随着人口的不断增长和城市规模不断扩大，耕地红线与粮食安全受到严重挑战，这是不争的事实。但同时，土葬是农耕文明背景下传承几千年的传统丧葬习俗，是对祖先的崇敬和“孝亲”观念的呈现，是一种文化坚守，同样应该予以尊重。做好耕地保护，应该遵循农村自身运行与变化趋势，有序引导农村土葬转变。

（1）对于农村无序土葬和部分恶风陋俗，应该予以规范和取缔

首先，对于不适应城镇化与农业现代化发展理念的农村无序土葬行为，应该予以规范和限制。随着城镇化不断推进，农村民众将由分散转向集中，土地流转与规模化耕作是大势所趋，这一点已经非常明朗。虽然政府提出“城镇化首先是人的城镇化”，放缓了农村土地流转和农村改造的推进步伐，给乡民一个转变思想、逐渐接受的空间，但事实上，大方向没有变，这个脉络已经越来越清晰。如果再对乡村的自主土葬放任不管，我们的耕地上的坟堆就会分散而众多，不适合以后的土地规模化经营和机械化耕作。同时，在农村基建和城市化进程中，坟茔迁移导致的矛盾层出不穷，一点也不亚于城市改造和旧房拆迁，有时甚至更严重。因为中国是一个宗法社会、面子社会，祖宗的事情往往是大事，不允许不敬和漠视，要将耕地里的坟茔铲平，是要冒很大风险的，这无疑会大大增加耕作成本和耕作难度，还会激化祭祀和信仰的矛盾，因而需要政府未雨绸缪，出面引导和规范。对于暂时不能全面推行火葬，而土葬不得不继续存在的农村地区，应该进行规范化和有序化管理。可以参考城市里的陵园模式，在不太适合规模化耕作的区域集中设置墓穴。同时，为了节约土地，可以适当缩小墓穴面积。

其次，对于一些借丧事敛财和炫富的不良风气，应该出面打击和限制。在广大农村地区，大操大办丧事的其实不是一般普通民众，而是有钱的和有权的。有的人凭借手中权力借机敛财，这不但丧失了权力的公信力，滋生了腐败，也给党和政府脸上抹黑，损害了政府与群众的关系，误导了社会风气。有钱人借机炫富也不对，钱是自己的，但社会资源是公共的，铺张浪费，劳民伤财，这也是国民素质不高的体现。现在有的富裕人家铺张浪费，不断扩大墓地，有的还在墓穴周

围砌上围墙，栽上松柏，违法违规占用大量土地。对于这种现象一定要规范，甚至取缔。

（2）土葬改革要因地制宜，尊重乡规民俗，区别对待，不搞“一刀切”

任何一种习俗的形成都有其特定的地缘环境和时代背景，丧葬习俗也是如此。中国地域广阔，民族众多，生活环境大相径庭，也就形成了多样的丧葬习俗。例如，藏族地区普遍采用“天葬”，南方有的地方采用“崖葬”“水葬”，中国东北、西南地区采用的“树葬”等。而汉族，城市里普遍采用“火葬”，广大农村地区还是以传统的“土葬”为主。

陕西关中地区传统土葬习俗的形成，与周秦以来的宗法制和农耕社会生产模式相关，这种传统观念也是宗族繁衍、村落稳定、乡村治理的基础，用礼仪和习俗来约束民众行为与日常生活。宗族观念与长辈权威是传统农耕社会的需要。要提高生产能力，保证宗族内全体成员的穿衣吃饭，就需要分工协作。要保证这种协作模式的正常运转，就必须有家族与宗族长辈的权威，因而老人亡故的礼俗是对逝者的尊敬和宗族关系的维系。这样传承几千年形成的观念和习俗，要想轻易改变，难度很大。

当前土葬改革的基本任务是：在城镇实行殡葬服务社会化，逐步解决城镇居民办丧事难的问题。在农村，消除乱埋乱葬的现象和封建迷信的旧丧葬习俗，实现遗体埋葬公墓化，丧葬习俗文明化。

个别地方对殡葬改革实行“一刀切”，政策推行过于迅速，宣传教育不到位，基层强行收缴棺木，直接刺激老人，造成了不良后果。用“一纸公文”来禁止“土葬”和限制丧葬活动流程的做法是行不通的。凡是存在的，就有其合理性，土葬观念作为一种文化基因，已经根深蒂固。几千年传承的习俗要靠一纸公文来改变，有点太理想化了，应该根据时代特点和客观环境变化，在政策引导的同时，尊重民众意愿，循序渐进，使其潜移默化地慢慢改变，这样才能行得通。

（3）乡村结构和民众观念转变导致传统土葬习俗松动

随着农村结构与生存环境的改变，民众的观念也在慢慢转变，导致传统土葬模式松动，向火葬转变。

首先，乡村治理模式与家族结构发生了变化。基层行政管理代替了传统士绅主导的宗法制维系，村民的宗族与家族观念明显淡漠，尤其是家庭联产承包责任制实施以来，土地耕作以小家庭为单位，宗族协作关系不存在了。这样就导致老人去世后，子孙会认为这是自己家里的事情，而不应该麻烦家庭以外的其他人。同样道理，宗族结构的消解与宗族观念的淡漠，也使得族人不会主动介入别人家的丧事，除非丧主上门去请。而由于农村消费市场化进程加快，生产与生活间的相互协作明显弱化。同时，年轻人长年在外打工赚钱，别人家的红白喜事也无力参加和帮忙，因而自己家中遇到“过事”时，也不好意思去请别人帮忙，就只好花钱雇人或者仪式从简。这样一来，有的家庭就会选择流程简单的“火葬”了。

其次，乡村民众的价值判断发生变化，生前尽孝胜过死后铺排的观念日益占据上风。人们越来越认识到，把死后丧葬铺排花的钱用于生前悉心赡养和照顾老人，这才是真正的“孝”。中国人缺少死亡教育，认为死亡是不祥的，是应该忌讳的话题。而到死亡真正来临时，不论是活着的人还是去世的人，其实都没有做好准备。但随着乡村民众的视野的不断开阔，知识水平的不断提高，他们也变得越来越理性，对于死亡的理解也越来越清晰。尤其是一些老人跟随子女进城居住，见到城市里“一切从简”的火葬形式，刚开始不理解、不认同，认为太简单、不隆重，对亡人不尊重等，到后来慢慢发现，那种传统土葬形式给儿女带来极大麻烦，劳民伤财其实大可不必，于是主动向儿女提出火葬和仪式从简。事实上，老人们已经意识到农村大多的“土葬”习俗其实更多的是给活人看的，与灵魂和信仰无关，只是一种形式而已。

最后，包括陕西关中在内的很多农村地区，娶媳妇困难的问题已经越来越突出，加速了传统土葬习俗的改变。计划生育政策实施以来，农村人口结构发生重大变化，一是子女明显少了，二是“重男轻女”思想导致男女性别比例失衡，农村小伙子娶媳妇成为家庭中的头等大事，花钱也最多。少则几万，多则几十万，还要盖房或者买房。

为此，很多家庭要倾其多年积蓄，有的甚至要多方筹借。为了能给儿子娶妻成家多准备钱，家里老人去世，也会尽量节俭，尽量少花钱。老人为了减轻儿女负担，也会主动提议，留下钱干点有用的实事和大事，这也使得传统土葬仪式不得不简化了。

（4）农村劳动力转移使传统土葬形式难以为继，不得不图谋改变

我国农耕文明历史悠久，乡村社会人们的土葬观念根深蒂固，厚葬是农业社会宗族相助、邻里相扶社会结构和生活方式的具体体现形式之一。但随着农村劳动力资源转移，原有繁文缛节的“土葬”习俗已经难以为继，改变在所难免。

陕西关中农村地区的传统土葬习俗流程复杂，持续时间长，用人量大。从老人“咽气”到“入土为安”，一般要七至九天，短的也得五天。一般包括小殓、大殓、勾穴、打墓、箍墓、迎宾吊唁、出殡安葬等，尤其是吊唁、宴请宾朋、安葬等环节，花费多不说，就用人量而言，也非常大。而现实情况是，平时青壮年劳力都外出打工赚钱，老人过世时大多不能返乡帮忙，这就使得丧事主家面临极大困难。在人手不够的情况下，主家不得已花钱雇人，无形之中丧事花销就会攀升。好的一点是，大多数乡村出现了“红白喜事服务队”。一些头脑灵光的人，看到这种现实情况，瞅出商机，牵头组织一帮没有外出打工的家庭妇女，承接红白喜事当天宴请宾朋的服务事项，大大减轻了丧事主家人力不足的困难。但与“红事”不同的是，“白事”耗时更长，内容更琐碎，虽然在吊唁当天的宴请宾朋方面，“服务队”能帮忙，但在其他方面则帮不上忙，尤其是打墓、箍墓和出殡安葬等环节。

老人咽气后，丧主请阴阳先生去定方位、勾穴，然后联系挖掘机挖墓坑。在以前没有挖掘机的时候，还是人力用镢头、洋镐来挖，工作时间更长。墓挖好后，还得请人用砖头箍墓、用水泥贴瓷砖，并设计制作墓门牌面，也需要几天时间，费人费工。

而出殡安葬才是用人量最大的环节。农村老人讲究棺木要材质好、厚重，但运载起来就很费劲。关中农村运载棺木的工具叫“丧衣架子”，民间俗称“龙杠”，以前是由16个人来抬，如果到墓地距离

较远，还得有几拨人来换班。现在已经“偷工减料”了，给“丧衣架子”安上轮子，推着就可以走，还相应减少了用人量。除了运载棺木的人以外，还有大量祭品和陪葬品要运送，这也需要人力。送殡队伍是这样的：一般是唢呐队开道；孝子贤孙披麻戴孝，手捧亡人遗像与烧纸盆紧随其后；再后就是仪仗队，拿花圈的，挑铭旌的，拿金山银山的以及其他祭品和陪葬品的；接着就是运送棺木的“丧衣架子”；最后面是扛着铁锹埋人的队伍。这样一来，浩浩荡荡的送葬队伍，少则需要几十人，多则上百人。尽管作为人生的最后一个重要仪礼，这样的排场能体现亡人的哀荣，但现在农村劳力不足的现实，给丧事主家带来了极大的人力困难。很多家庭无力承受，已经变土葬为火葬了。

总而言之，促进农村城镇化改造，保护耕地使其产生规模化效益，推动农业现代化，都促使传统土葬习俗改变。但同时，土葬习俗作为中国传统文化传承的重要符码，是慎终追远、敬重亡灵的重要人生礼俗，已经成为民众文化心理的重要元素。要引导其改变，一定不要操之过急，更不要强制和“一刀切”，要循序渐进，慢慢改变。同时应该看到，随着农村结构变化、劳动力转移等客观元素的变化，传统土葬习俗已经难以为继，开始松动；再者，市场化和城镇化的不断推进，导致民众日常生活内容改变和民众“孝亲”观念转变。民众已经从主观上对传统土葬习俗有了新的认识，已经开始接受集中安葬和火葬等其他丧葬形式。这样看来，农村土葬习俗的改变与政府引导方向一致，耕地保护与传统土葬的矛盾一定会得到妥善解决。

第二节　乡村民间信仰的执守与变迁

民间信仰是指民众对神明、鬼魂、祖先、圣贤以及天象万物的信仰和崇拜。这种信仰基于一种对未知世界的敬畏观念，表现为一种近似于宗教的仪式。由于它在民间广泛存在，因而成为民俗的一个重要组成部分。他不受官方的指导或约束，是一种发自内心的情感寄托。[①]关中西部的民间信仰活动较为兴盛，不论是庙宇数量、信众群体数量，还是神灵类别的丰富、香火的旺盛程度等，在陕西境内都是很有名的。

一 关中西部乡村民众的“神灵”信仰

只要人的世界存在，神的世界就会长久存在。中国是个富有造神传统的国家，可谓时间久远，数量众多、门类齐全、名目繁多的神鬼仙佛杂处人间，遍布中国大地。关中西部地区的民众信奉的“神灵”主要分为两类：“家宅神”和“村落神”。所谓“家宅神”是指由信众在家中供奉，并在初一、十五上香祭拜，祈求保佑一家和顺安康的神灵，基本上家家户户都有，而且是一样的神。而“村落神”则是在村子里集资筹建庙宇，主要在庙会期间祭拜的神灵，相对于家宅神而言，村落之间的神灵都不一样，往往会有相应的故事流传。

1. 关中西部乡村民众的“家宅神”信仰

家庭中供奉的神灵一般与乡村民众的日常生产与生活相关，寄托家庭幸福、长命百岁、多子多福、财源旺盛、和顺安康等朴素愿望，在此作以梳理和描述。

（1）土地神

土地神属于民间信仰中的地方保护神，凡有汉族人群居住的地方就有供奉土地神的现象。在中国传统文化中，祭祀土地神即祭祀大地，现代多表示祈福、保平安、保收成之意。

同时，关中西部民众家庭大多在家里供奉土地神，是“家宅六神”之一。所谓“家宅六神”，主要是指与家庭日常生活相关的保佑神，一般是指：土地神、灶神、门神、天地神、仓神、井神等。

土地神作为家宅主神之一，常被供奉在大门外的左侧，一般是用简单的砖瓦材料搭建，仅有一尺见方空间，里面粘贴土地神画像，前面摆一小香炉，前面门脸贴上对联，常见的内容是：“土中生白玉，地内产黄金”，横批“土地神”。从对联看，主要是祈求保佑家庭五

① 鲁旭：《凤翔民俗》，三秦出版社 2016 年版，第 599 页。

谷丰登、风调雨顺、生活富足之类的。除了初一、十五上香之外，家庭遇有重要事务都要焚香告知或者请示土地神，诸如家庭添丁、婚丧嫁娶、拆迁盖房等大事务，都要汇报请示，以祈求平安、顺利。

土地神是社神在普通家庭中的供奉与呈现，表现了农耕文化的源远流长和根深蒂固，最著名的社神传说就是后土，据传后土是大神共工的女儿，共工怒撞不周山之后，其女儿封为社神，后世称为后土娘娘。她掌阴阳，育万物，被称为大地之母，是最早的地上之王。

（2）灶神

灶神全衔是“东厨司命九灵元王定福神君”，俗称“灶君”，也就是厨房之神。灶神是“一家之主”，家里大大小小的事都归他管。灶神在秦汉以前更被列为主要的“五祀”之一，和门神、井神、厕神和中溜神共同负责一家人的平安。灶神之所以受人敬重，除了掌管人们饮食、赐予生活上的便利外，还负有玉皇大帝派到人间考察一家善恶之职。

灶神祭祀到现在仍存在，尤其是关中地区，每年年终至来年年初送灶神、迎灶神的习俗仍很兴盛。腊月二十三灶神要离开人间，上天向玉皇大帝禀报一家人这一年来的所作所为，又称“辞灶”，所以家家户户要“送灶神”。送灶神的供品也较为丰富，南方多用糖瓜、汤圆、麦芽糖、猪血糕等，总之要用又黏又甜的东西，目的是塞住灶神的嘴巴，让他回天上后多说好话，“好话传上天，坏话丢一边”。而在关中地区，供品大多是自家地里出产的五谷杂粮和自己加工的“灶干粮”。灶干粮是用小麦面粉做成的烧饼，两面贴上茴香和芝麻，并用红颜色点上小花，既美观漂亮又香酥可口。在腊月二十三“祭灶”这一天，家家户户烙“灶干粮”，饼香弥漫，小朋友们跑前跑后，甚是喜欢，年味也就慢慢起来了。其实不论给“灶神”送什么，都无非是希望来年家里的日子更红火。同时，也是为了家庭和谐，少争吵，少闹矛盾，因为“灶神”看着，也给记录着，弄不好就上报到玉皇大帝那儿去了。这种敬畏心理可以使家庭成员有一种压力而控制自己的情绪，约束其不好的行为。

将“灶神”送上天后，要将旧的灶神画像揭下来烧掉，也是将以前的不顺利、不快乐一并烧光。到来年正月初一之前将新的灶神画像贴上，摆上供品，初一一大早鸣放鞭炮，焚香敬神，俗称“接灶神”，灶神在家中的工作就又开始了。“灶神”前面的对联一般是“上天言好事，下凡降吉祥”，横批“一家之主”。

（3）门神

门神是我国民间最受信仰的神祇之一。门神的历史之久、流传之广，种类之多，在民间诸神中是最突出的。

美国著名的社会心理学家马斯洛提出了人的需求层次理论。他认为人的需要是以层次的形式出现的，按其重要程度，由低级向高级发展，依次为：生理需求、安全需求、社会需求、自尊需求和自我实现的需求。低层次需求满足后，较高层次的需求才会出现并希望得到满足。

在生产力水平低下的中国古代社会，当基本的生存与生理需求满足后，对安全的需求就出现了，这种安全就包括人身安全、财产安全和心理安全。农耕社会背景下，门神信仰的出现与民众的安全需求有一定相关性。靠天吃饭的时代，种种天灾人祸时时在老百姓头上盘旋。这些弱者希望有位保护神，靠他驱鬼镇邪，保护自己的性命和家私。基于此，人们必须造出一个神人，于是“门神”便应运而生了。

不论是神荼、郁垒还是钟馗，都很威猛厉害、名扬四海，但“神味”太浓，而缺少“人味”。武将门神的出现，使门神更贴近民众的认识，“人味”更浓了。武将门神里最著名、影响最深远的当数秦琼、尉迟恭（敬德）了，基本上达到了妇孺皆知的程度，至今兴盛不衰。

秦琼、尉迟恭为唐代著名武将，二人帮助李世民打下李唐江山，为李世民守宫门遂成门神的故事，不再赘述。但他们是在元代以后，才被正式祀为门神而被天下百姓认可的。二位门神画像的样式也很多，有坐式，有立式，有披袍的，有贯甲的，有徒步的，有骑马的，有舞鞭锏的，有执金瓜的等。在机械印刷出现以前，民间所用门神形象大多由雕版套色印刷而成，造型多样、艺术风格丰富，颜色绚烂多彩，春节时间贴在门扇上，与门框上的楹联相配，喜庆而好看，年气也增添不少。诸如著名的国家级非遗项目——凤翔木版年画，其重要内容就是各种形式的门神，当然还包括前面提到的土地神、灶神以及井神、仓神、天地神等，是关中西部民众在过年期间的必备物品之一。

除了武将门神，还有与升官发财有关的文官门神和与多子多福、福寿延年有关的祈福门神。关中地区的高门大户，大都以砖雕、刻花、印刷绘画等形式，将祈福门神的形象予以传承和保存，尤其在韩城、三原、凤翔的所谓“大院”展现得尤为充分，游览民众都能直观欣赏这些传统艺术形式。

总之，门神已成为具有驱邪魔、卫家宅、保平安、助功利、降吉祥等多种功能的保护神，成为民间诸神中最受群众欢迎者之一。

（4）天地神

在“家宅六神”中，天地神也是非常重要的一位。关于天地神的来历说法不一。较有代表性的有两种说法：一种说法是天官、地官、水官，即所谓的“三官”；另一种说法是“天地君宗师”。

三官大帝是历史悠久的汉族民间宗教信仰之一，属于早期道教尊奉的三位天神。有种说法是天官为唐尧，地官为虞舜，水官为大禹。道经称：天官赐福，地官赦罪，水官解厄。三官大帝的信仰渊源于中国古代汉族先民对天地水的自然崇拜。在原始社会，天、地、水是人们生产生活的必要条件，没有它们，人类无法生存生活，因此人们常怀敬畏之心，虔诚地顶礼膜拜。如《仪礼·觐礼》：“祭天燔柴，祭山川陵升，祭川沉，祭地瘗。”可以看出，在农耕时代，农村民众为了国泰民安、庄稼丰收，希望天地祥和、风调雨顺，以“三官”为对象的天地神信仰就好理解了。

另一种说法认为，“天地神”是“天地君宗师”。天地君宗师为中国儒教祭祀的对象，多设一天地君宗师牌位或条幅供奉于中堂。为古代祭天地、祭祖、祭圣贤等民间祭祀的综合，也体现了传统敬天法祖、孝亲顺长、忠君爱国、尊师重教的价值观念取向。祭天地源于自然崇拜，中国古代以天为至上神，主宰一切，以地配天，化育万物，祭天地有顺服天意，感谢造化之意。祭祀君王源于君权神授观念。由于在封建社会君王是国家的象征，故祭祀君王也有祈求国泰民安之意，由原始的祖先崇拜发展而来。对君王威严的敬畏，对亲上长寿的祝愿，对教师角色的重视，对天地自然的感激，这都充分体现了儒家思想中“仁”“孝”观念，体现出人们的精神信仰和积极上进、尊重规律的入世心态。

（5）井神

相对于其他家神，关于井神的传说相对少一点。尤其是当下的农村，自来水已经供到千家万户，以前家家打井吃水已成为历史，因而关于井神的祭祀活动就少了很多。

祭井神的习俗各地相似，一般是每逢农历除夕时封井，春节后第一次挑水时要烧纸祭井。现在通自来水后，井没有了，但祭祀“井神”的仪式还存在。很多家庭会在水龙头接水池边贴上“井神”图案，摆上香炉，每逢农历节日，还要敬拜和点香烧纸。看来生活方式改变了，但传统的信仰活动还会存在和继续。

（6）仓神或厕神

关中西部地区对于“家宅神”的信仰以前面提到的土地神、灶神、门神、天地神、井神等为主，这些信仰都比较清晰。但经常提到的说法是“家宅六神”，除上面五位神灵以外，人们会提到仓神或者厕神。在农耕时代，人们祈求五谷丰登，自然会供奉仓神。据传，仓神是韩信。另一种是厕神，据传厕神是三姑夫人，又称紫姑夫人，主要照顾家庭女性，管家人健康，也管女性作业如桑蚕纺织，作为先知能预测。仓神与厕神信仰在关中西部地区并不很兴盛，这里简单提及。

除此以外，在关中地区的普通家庭中，还会有关于财神的祭拜和福禄寿喜诸神的崇拜和祭祀活动。会在家中以年画、塑像等形式粘贴或陈设这些神，在重要节日或家庭有重要事务时上香祭拜，也属于日常信仰活动之一。但关于财神和各路祈福神灵的祭祀活动在全国也较为普遍，而且大同小异，关中地区并无独有特色，在此不再赘述。

2. 关中西部乡村民众的“村落神”信仰[①]

关中西部地区的“村落神”信仰非常普遍，基本上村村有庙宇。据不完全统计，宝鸡三区九县的村落庙宇不下一千处，如果真正赶起庙会来，不敢说天天有庙会，但隔三岔五有庙会则一点也不为过。神灵也是五花八门，神明、鬼魂、祖先、圣贤等，应有尽有。这里重点介绍一下关中西部地区非常有特色的“母性神”信仰。

关中西部乡村的女性神灵信仰主要表现为对传说中的女娲娘娘、九天玄女、女登、姜嫄、灵山无生老母等的庙会朝奉与家庭敬奉活动。由于本地民众将上面列举的女性神灵俗称为“老母”，因而将其统称为“母性神”信仰活动。

（1）女娲娘娘信仰活动考察

在关中地区，信奉女娲的人数众多，而伏羲信仰则很一般。在甘肃东部天水一带，伏羲信仰则更为兴盛一些。关中地区的女娲信仰多以送子娘娘、老母等形象出现，尤其是送子娘娘。关中地区的大小庙宇基本上都供奉有送子娘娘，大多在偏殿。而以女娲为主神的庙会中，陕西临潼的女皇节是其代表。女娲节又称“女王节”“娲婆节”“女娲生日”“补天补地节”，是纪念女娲的盛会。在每年农历正月二十（或二十一、二十二），由家长（祖母或主母）主持，把“补天饼”抛到房顶上，象征“补天”，然后全家吃“补天饼”。所谓“补天饼”就是圆而薄的煎饼、烙饼或蒸饼。除临潼女皇节外，陕西平利的女娲社、天水伏羲庙、甘肃秦安女娲庙以及千阳、凤翔、岐山等的女娲庙会也较为有名。

“娲”谐音“蛙”。蟾蛙在原始母系氏族社会中，是女性生殖器的象征。从表象看，蛙的肚腹酷似孕妇的肚腹；从内涵讲，蛙的繁殖力很强，产子极多。因此，古代先民把蛙看成了女性的象征，以蛙隐喻女阴的说法流传了几千年，今天的中医界仍把女性阴户称为“蛙口”或“蛤蟆口”。关中地区与天水一带的民间工艺品“耳枕”就是

① 参见拙文《关中西部乡村“母性神”信仰活动考察》，《咸阳师范学院学报》2017年第3期。

其象征，是女性婚嫁时的必备嫁妆之一。是一种扁平而中间有孔的枕头。说是耳枕，其实更像是“蛙口”，是一种生殖崇拜和求子的心理。

当前的女娲信仰更多是求子活动，即在庙会期间，已婚未育或者多女而想生儿子的妇女会前往送子娘娘像前祈福求子。有的庙会会专门提供一种泥土捏制的“泥娃娃”，求子者在祈求后，怀中揣着一个泥娃娃，一言不发，尽快回到家中，将泥娃娃供在堂中或者压在炕席下面。等真的怀孕生子后，就要按照当时在娘娘像前的许愿前去还愿。有的是布施，有的则是蒸一笼馒头或者水果等，有的还会送上一只鸡。总之，一旦心想事成，就要前往还愿。有的地方没有泥娃娃，求子者则会将献果或者前面还愿人送的馒头、水果等“偷”一些回家，这不能算偷，而是一种习俗。这种行为表现出弗雷泽所说的顺势与模拟巫术特征，不论是与神灵对话，祈求能为家庭送一个孩子，还是“偷”一个泥娃娃或者一些水果，都表现出这样的期盼。为了实现其愿望，人们一方面用祈祷和奉献祭品来求得神灵们的赐福，另一方面又求助于仪式和一定形式的话语，希望这些话语和言辞本身能带来所期盼的结果①。女娲娘娘是造人的，孩子很多，自己偷偷领一个回来，也算是娘娘的赏赐了。这种求子习俗到现在依然很盛行。

（2）九天玄女信仰活动考察

九天玄女又称九天元女、九天圣母，在民间一般俗称“老母”。九天玄女最早是以人首鸟身的形象出现在《山海经》中，这就要追溯到早期人类的图腾崇拜。《诗经·商颂·玄鸟》云：天命玄鸟，降而生商。玄鸟就是商人的始祖，传说中商族与玄鸟有血缘关系，从周秦文化中鸟图腾崇拜也能看见端倪。“凤鸣岐山”，周开始大展宏图，直到现在，还有凤翔县、宝鸡市等地理命名，其中凤、鸡都是传说中的祥瑞，属于鸟图腾崇拜。

关中地区的乡村民众，对九天圣母的信仰和尊崇一点不亚于观世音菩萨、王母娘娘等大神，尤其在关中西部，关于九天圣母的传说和

---

① ［英］J. G. 弗雷泽：《金枝——巫术与宗教之研究》，商务印书馆2012年版，第53页。

故事十分丰富。建庙供奉九天圣母的地方很多，到处有“圣母庙”，当问及善男信女“这里的圣母庙供奉的和几里外圣母庙供奉的圣母有什么不同”时，大多说不清，只能说一句“我们这里的老母是真的，更灵验”。说不清是正常的，这毕竟是一种传说，是乡村民众的朴素信仰行为和心理。

我们在关中西部调研时发现，九天圣母的故事有一条线索，说得有鼻子有眼。凤翔府的几位贩糖商人到四川去贩糖，在返回途中迷路，在山中乱走时碰见一位十三四岁的放羊女孩，头上出脓，身上出疮，奇丑无比，肮脏不堪，向她问路时，女孩说：“把我领上，我能带你们返回陕西。”几位商人没办法，就带上这个女孩为其向导。说来也怪，在女孩的带领下，他们顺利翻过秦岭，进入宝鸡地界。一直到凤翔南面时，他们感觉已经回来了，就不想要这位丑陋的女孩了。在邱村有一相依为命的母子俩，家庭也很困难，出于善心愿意领养这位女孩。这个女孩就在这个家中生活下来了。几年以后，这个女孩长大成人了，告诉养母：“我本是天上神仙，要离开了，感谢多年的养育之恩。”随后她一路向北走去。而后形成一句传说即“老母家初在四川，游来游去到了宝玉山”。在向宝玉山行进的途中，这个姑娘路遇一条河，水大，过不去。旁边一些收割糜子的农夫调侃这位年轻姑娘，说：“拿一把糜子秆搭个桥就过去了。”这本是句玩笑话，没想到这位姑娘真的拿糜子秆放在河中，一下子就过去了。众农夫一看，大吃一惊，马上跪地叩拜，口称：“我们肉眼凡胎，不识神仙，还望恕罪。”从此，这个地方的名字就叫糜秆桥了，也就是现在的凤翔县糜秆桥镇。过了河，到了马头坡，这是通往北山的一个大坡。姑娘就在此歇息一下，准备进山，而后来在马头坡有一座圣母庙，到现在依然香火旺盛，每年有众多的善男信女前往祭拜。姑娘从马头坡上去，直到宝玉山，而后定居下来。最后她在“肉身洞”坐化，成了神仙，就是传说中的“九天圣母”。其实这应该是善男信女为了祭拜“圣母”，为了寻找一个祭拜的地点和时间而编撰的一个故事。这个传说一直流传至今。现在关中西部影响力较大的“老母”会就这样形成了。农历七月初一是宝玉山“九天圣母”的大庙会，辐射到凤翔、麟游、岐山、宝鸡、千阳等地，信众成千上万前往祭拜，而后农历七月初六是马头坡老母庙会，也就是“老母”歇脚的地方。农历七月十九是邱村老母庙会，也就是“老母”当年的养母家所在地。这些庙会都很隆重，是关中西部民众在农闲时节的重要聚会活动。

（3）女登信仰活动考察

《国语·晋语》记载：古时候，少典氏娶了有蛟氏的女儿，生下了炎帝。《帝王世纪》记载：炎帝神龙氏是姜姓，母亲叫妊姒，是有蛟氏的女儿，名叫女登，是少典的正夫人。在华山之阳游牧，在常羊山见到了神龙的头，就有了孕，生下炎帝[①]。炎帝母亲是女登这一说法，在关中地区是被普遍认可的。

因为女登与炎帝是母子俩，因而女登信奉往往与炎帝相关联。但是，炎帝作为人文始祖被官方认可，因而关于炎帝的信仰活动往往由官方出面，场面很大。而其母亲女登则在关中西北的农村影响很大。多个村落都有女登庙宇，尤其在宝鸡北边的槐原，每年都有大型庙会活动，由于“登”同“灯”，因而，民众以“赛灯会”的形式来纪念女登。

俗话说“母以子贵”，既然是中华人文始祖炎帝的母亲，那女登自然就是华夏文明的根源了，受到民众信奉朝拜也就好理解了。不仅如此，国内学者鲁旭提出女登就是上文提到的九天玄女的说法。《山海经》记载炎帝是九天玄女受天地感召而生。《说文解字》记载，“任”最初始就是“壬”。有一种关于“壬女”的传说认为，壬女即炎帝之母，任姒名登，任氏之女，炎帝因壬女所生，故姓姜。姜姓本意为壬女所生之意。壬属于天干地支的第九位，壬又对应红色，与炎帝是“火神”也能对接上，所以九天玄女就是九天壬女。这也算是一种说法，至于女登是不是九天玄女，就不重要了，毕竟都属于神话传说，在关中西部一贯都被称为“老母”，是民众对人文始祖、对幸福安康、对多子多福期盼的形象和符号。

---

① 陶思炎：《炎帝神话探讨》，《江苏社会科学》1998 年第 4 期。

（4）姜嫄信仰活动考察

与前面提到的女登一样，姜嫄也是“母以子贵”。女登生炎帝，而姜嫄生后稷。后稷被认为周人的第一位男性祖先，在关中地区，周文化源远流长，而姜嫄作为周人始祖当然也就备受尊重了。供奉姜嫄的庙宇和与姜嫄有关的庙会活动在关中西部地区就普遍而兴盛了。

《毛传》曰：“閟，闭也。先妣姜嫄之庙，在周常闭而无事。孟仲子曰：是禖官也。”禖，主管嫁娶的媒神，也称高禖[①]。在中国古俗中，有“高禖”之祭，即对生子之神的祭祀。被祭祀的一般都是各部族在母系氏族社会时期的“第一位女祖”。周人立庙祭祀周女性始祖姜嫄的目的也是保周氏族之繁衍。在周时，姜嫄已经在履大人迹的传说中被赋予了神格，作为宗庙中的神灵受到周人的祭祀。

姜嫄信仰在关中西部地区较为兴盛。有代表性的立庙祭祀有：岐山县礼村周公庙、渭河南岸磻溪姜子牙钓鱼台、武功县姜嫄村、宝鸡市金台观等。这些区域大致属于宝鸡地区的旅游景点，以周文化为主题，这些庙会大体上属于官方经办的庙会，而不属于真正意义上的民间庙会。在民间，也有一些祭祀姜嫄的庙宇，比如武功县姜嫄村、凤翔县城隍庙、凤翔县南小里村的圣母庙等。

凤翔县城隍庙里供奉周嫄，被称为采花娘娘，主保姻缘。也就是前文提到的“禖”。南小里村供奉姜嫄，是因为南小里村村民大多姓邰，他们认为姜嫄是“有邰氏女”。就因为南小里是姜嫄的娘家，而姜嫄又是周人始祖，因而该村村民感到骄傲和自豪，设庙供奉。

姜嫄由于生育后稷而成为周人部落中的祖先，而作为女性，又是生殖崇拜的对象。可以说，姜嫄既符合了周人的祖先崇拜，又符合了周人的生殖崇拜，故成为周人女神崇拜的对象。其宗教功能不断加强，在周文化区内，至今仍有较大影响。

（5）灵山老母信仰活动考察

在宝鸡西部地区有一个著名庙宇，叫净慧寺。灵山净慧寺位于凤

① 斯维至：《后稷的降生与社的崇拜》，《陕西师范大学学报》（哲学社会科学版）1991年第3期。

翔县柳林镇的灵鹫山上。据传春秋战国时期，秦穆公在此狩猎，见神鸟灵鹫落于此山，认为是神灵所赐之吉兆，于是命人在此修建房屋数间，派人供奉此鸟，后人因此而称“灵鹫山”，简称灵山。位置是千阳、凤翔、陈仓的交界处，当地俗语：“灵山没景，一条秃岭。”灵山是一块可以俯瞰周围的高地。每年农历四月初一是正会，前来赶会的民众非常多。当地还有一句俗语：“灵山老母，照远不照近。”因而信仰人群遍及整个关中道，尤其是咸阳地区的兴平、武功及宝鸡的扶风、眉县、千阳、陇县等，善男信女千里迢迢过来赶会，周围民众，尤其是老年人，也会头顶手帕，手拄拐棍，兴高采烈地前往“朝山”。一句俗语说：“朝灵山说去就得去，不去老母会生气。”因而准备去灵山的大都会克服困难，赶紧前往了。另外，灵山庙会赶早不赶晚，四月初一是正会，但一般在四月初一前半个月就开始赶会，来往信众就很多了，到四月初一这天就到了高潮，四月初一过了，人也就少了，过会就基本结束了。而在其他时间，也有不少人前去拜祭和观光游览。总之，灵山一年四季香火很盛。

净慧寺居灵山之巅，建于唐德宗二年，庙貌巍然，雕梁画栋，佛像庄严，为十方常住。历经宋、元、明、清，沧桑巨变，毁而重修。分接引、睡佛、铁佛、五佛四院。净慧寺从 1992 年批准开放以来，常住僧俗 20 多人，四方信众络绎不绝。佛教气氛日益隆盛，对外宣传称为“西北第一佛山”，成为宝鸡地区重要的宗教旅游胜地。

灵山净慧寺随着官方的介入，被打造成佛教圣地，旅游知名度越来越大。但在民间与民众心目中，更加认可的是“灵山老母”。而朝灵山一般是指“拜老母”。为什么官方推荐与民间认可不一致呢？这里就需要探究“灵山老母”到底是谁了。

据当地人传说，“灵山老母”就是无生老母。查阅相关典籍后得知，“无生老母”源于明代中叶出现的罗教。罗教又称罗祖教、无为教或大乘教，是明清时代影响最大的民间教派。其创始人叫罗梦鸿，又名罗涛、史静、罗怀等，生于正统七年，卒于嘉靖六年，活了 85 岁，很不简单。罗梦鸿是山东即墨人，出身贫寒，为了研修佛经，下苦功 13 年，才“明心成道”，创立罗教。他将自己悟出的道，编撰成著名的罗教经典《五部六册》。罗梦鸿在编造的经卷中，推出了一位崭新的至尊女神，这位女神影响了后世400余年。她就是“无生老母”。

从宝鸡灵山“老母亭”供奉的神像来看，这一点确实不虚。老母位居中间，旁边由道教诸神护卫，包括太上老君、四大天王等，足见老母之尊贵。同时，灵山内最著名的佛教是一尊长约二十余米的睡佛，据传这尊佛像是弥勒佛。三世佛是指前世佛燃灯、今世佛如来和未来佛弥勒佛。而历代“邪教”都以弥勒佛为最贵。灵山上的大佛是弥勒，进一步说明老母就是无生老母了。

另一个说法是“灵山老母”是凤翔县南指挥镇页渠村人，这一说法在宝鸡周围认可度很高。据传说当年起义军之一的捻军从西往东打，如果打到西安以东，就可能和太平天国的其他势力会合，对清政府的影响很大。这时候页渠村有一个罗举人，他招募义军，艰苦阻止捻军，不使其向东进攻，经过艰苦卓绝的斗争，终于取得了胜利。在此过程中，罗举人年仅十几岁的女儿不幸得病夭折。等战争胜利后，罗举人认为自己的女儿是“无上老母”下凡，托生于自己家中，战争胜利是受“老母”的保佑，就将女儿灵位供于灵山之上，称其是“老母”。之后这种说法逐渐获得民众认可，逐渐就形成了“灵山老母”信仰。另外，“无上老母”的推出者是罗教，而罗教的创始人是罗梦鸿，与页渠的罗姓是一姓，会不会是罗举人附会罗教，认为自己女儿是“无上老母”下凡附体，这些就不得而知了。

在清代中叶，白莲教势力很大，他们尊奉“无上老母”，以灵山为据点，吸引信众参与以壮大其实力，与清政府作对，而形成“灵山老母”信仰，这种说法也有可能。但不管怎么说，当前灵山主要打造“西北第一佛山”，重点是佛教神灵信仰，以如来、弥勒，包括观音、普贤、文殊、地藏等佛教菩萨等为神灵主体，不断淡化“灵山老母”的信仰，可能也有维护和平，反对邪教的意愿吧。总之，灵山庙会香火很盛，是关中地区民间信仰活动的主要场所和集会节日。

3. 关中西部乡村“母性神”信仰兴盛的原因[①]

神话传说是人类由于对现实世界不满或畏惧而产生的对超现实世界的向往，具有浓厚的宗教倾向，符合乡民的生存渴望，成为世俗生活不可或缺的精神寄托。

祈子是关中西部乡村“母性神”信仰兴盛的原因之一。农耕生产与尚武征战对男丁的大量需求产生了祈子、祈福等信仰活动。关中西部地区是上古先民最早生存地之一，是农耕文明发祥地，农耕社会需要大量男性劳动力进行农业生产，维持其经济基础。同时，宝鸡历来是兵家必争之地，需要青年男性来充足兵源，导致求子、祈福类信仰活动的兴盛。女娲、女登、姜嫄等信仰活动与求子相关，九天玄女、灵山老母与尚武征战、保佑平安、驱逐邪气等信仰活动有关。

“母性神”信仰满足了乡村民众“香火延续”与“早生贵子”的朴素愿望。渭水流域是仰韶文化的中心，北首岭遗迹是仰韶文化的代表之一。在关中西部，确定为人类史前遗址的已经超过700多处，基本都是4000—8000年前的远古先民遗址。从时间推测，大致属于母系氏族社会向父系氏族社会过渡时期，在母系氏族社会中，妇女的社会地位较高，一般认为妇女在繁衍后代上的作用要大于男性，因此形成了对女登、九天玄女等“母性神”的信仰活动。

上古先民对女性天神崇拜，多与生殖崇拜有关。《玄女经》托名玄女与黄帝一问一答，来讨论男女交合之事。玄女成为一位传授性知识的专家和女神，又使人由“玄女”之“玄”联想到老子那句玄妙深奥的名言：“玄牝之门，是谓天地根。”由此引申为“大地母亲”，世界万物都从这里产生，它是天地万物的根本，这也显示了古代对女性生殖力的重视和崇拜。所以，民间主要将九天玄女娘娘视为送子娘娘，也理所当然。女登信仰与华夏民族相结合，在祖先崇拜的同时，也体现出了“母以子贵”的母性情结，所有母亲都期盼“早生贵子”。

① 参见拙文《关中西部乡村“母性神”信仰活动考察》，《咸阳师范学院学报》2017年第3期。

祈求婚事是关中西部乡村“母性神”信仰兴盛的另一个原因。乡村男女性别失衡造成严重的家庭结构与家庭伦理变化，催生“母性神”信仰兴盛。关中西部地区有一句令人伤感的笑谈：“关中西部乡村，能娶上媳妇就是成功人士”，区域经济发展不平衡导致外出打工的年轻女性纷纷逃离西部农村，远嫁他乡。农村娶不到媳妇的光棍汉越来越多，有的村子竟然占到婚配年龄男子的一半多，问题相当严重。当然，放眼全国，这种现象可能不是个案，但在关中西部乡村，却已经发生严重的家庭结构与家庭伦理的变化。很多父母不得不求助于神灵，朝山过会，向神灵祈求自己儿子的婚事。

在婚姻形式与家庭结构发生变化的过程中，婚姻市场上男女博弈的力量发生了颠覆性变化，男人越来越处于弱势群体地位。在婚姻市场上，尤其是条件不好的，越来越没有发言权。越来越高的彩礼日益成了沉重的负担，有的家庭到处举债，甚至还不得不借高利贷，让整个家庭陷入困境之中。父母没有办法，有时会到神前祈求，希望神灵保佑儿子能娶到媳妇，最好彩礼能少一点。

高昂的彩礼也提高了年轻女性在婚姻中的博弈力量以及在家庭中的地位，甚至男人不得不让女人当家。同时，媳妇的强势导致婆媳关系紧张，婆婆不敢得罪媳妇，只能到神前诉说，或者乘着过会机会，与老姊妹们互诉衷肠，相互安慰，这也可能是“母性神”信仰活动兴盛的现实原因之一吧。

“母性神”信仰活动成为乡村妇女重要的精神生活和人际交往平台。随着年轻群体的外出打工与乡村传统经济生活内容的改变，作为留守群体的重要组成部分，中老年妇女的日常观照发生转移。参加庙会与组织“家中过会”成为妇女们人际交往与感情维系的重要形式，在满足日常精神文化需求的同时，也形成了一道“母性神”信仰的靓丽风景线。虽然说传统民间信仰活动中大多是愚昧的、不科学的行为活动，但是这种主观上的祈福、向善活动，客观上丰富了留守群体尤其是中老年妇女的日常生活，她们通过人际交往拉近了亲戚关系和邻里关系，也保持了乡村的和谐与稳定，应该正确引导，发挥其有益的社会功能。

4. 关中西部地区乡村民众的“基督教”信仰

梁漱溟说，宗教是中西文化的分水岭。这是因为，在中国人的传统文化里，由于占主导地位的是儒释道，中国人的信仰体现为圣人信仰、天命信仰以及祖先崇拜，不像基督教奉行一神信仰。基督教传入中国后，面临如何被信仰，如何存在，如何与中国传统文化相处等问题，由此引起信教群众在身份建构上的焦虑。基督徒的身份建构是一种群体性事件。基督教在中国已经成为中国基督教，基督徒在国家层面是公民，在家族层面是和睦相处的成员。随着对基督教的认识越来越客观，原来存在的身份焦虑，也慢慢在互相改造中得以融合。

我们此处所说的基督教主要是指明清以来传入关中西部地区的新教和天主教。明末清初，天主教传入宝鸡。辛亥革命后，天主教活动停止。民国九年（公元1920），天主教西安教区派人重新传教，于民国二十一年（公元1932）设立凤翔主教区，管理凤翔、宝鸡、千阳、陇县、岐山、麟游六县教务。民国二十四年（公元1935），在东指挥乡设立圣教学院，为凤翔教区培养神职人员。至20世纪80年代末，凤翔共有天主教信徒4800人。新教的传入稍微晚一些，清光绪二十年（公元1894），上海中华基督总会派英国人浦某来凤翔传教，半年无果而返。光绪二十五年（公元1899），上海总会派英国人师道宏夫妇来凤翔传教，于县城西街建起福音堂，设宏道小学，开设圣经课。20世纪80年代末，全县有教徒一千余人①。

近些年来，关中农村信教群众也是越来越多，可以说随处可见天主教堂。在笔者看来，天主教在农村的兴起，有“社会缺席”因素，这主要体现为精神危机的出现使得社会处于一个失范状态，必然需要宗教来填补，而基督教具有的自在逻辑，很快获得了信徒的认可。

从信教群众的结构组成来看，老人多，女性多，文化程度不高的多。入教是因为家庭因素，比如父母信教，就会影响子女信教。还有一种是遇到疾病，因为生病无法医治或无钱医治而皈依宗教。笔者遇到一对老年夫妇教徒，他们是唯一的儿子去世后信教的，信教后也非

① 鲁旭：《凤翔民俗》，三秦出版社2016年版，第618页。

常热情地传教，给熟人讲基督教的各种好处。这样看来，生活遇到困境、挫折时，有些人重新思考人活着的价值和意义，也更倾向于在宗教中寻找精神依托。信教，不仅仅是一种精神寄托、思维方式，还是一种生活方式，他把日常生活置于一种信仰体系之中。对基督教徒来说，祷告、唱赞美诗、聚会等宗教活动，是生活中不可缺少的部分。基督教认为，人是上帝创造的。这就要求教徒把对上帝的信仰体现在现实生活里，要求教徒积极面对生活和努力工作。不打人、不骂仗、不与人争吵，都是信仰的表现。这种信仰不仅让人焕发活力，而且使人可以获得一种无限的力量。

农民信教必然对其生活圈子有一定影响。一方面教会为教徒的人际交往提供了一个公共空间，扩大了教友的人际交往范围。教会打破了血缘、地缘、职业、阶层、年龄等的分隔，将原本可能毫不相干的人联系在一起。在教会这个大家庭里，教徒之间很容易产生亲近感，这无疑会给教徒的日常生活带来很多便利，这表现在孩子上学、找工作、找对象等方面。笔者遇到这么一个案例，一个教徒从青海某个单位退休后，回到老家，给一个熟人开办的公司帮忙，因脾性不投，没几天就辞职去了成都，据说在成都加入了一个什么音乐团体，可以发挥他会弹琴的特长，这个工作就是教友介绍的。另一方面则是交往圈子无形之中限制在了教会之中。教友之间交往增加了，但与教友之外其他人的交往减少了。

信教群众在获得教友圈子的交往利益以外，由于自身处于中国传统文化与世俗氛围之中，与身边非教友群众的交往活动，会引起信教群众的身份焦虑。主要涉及自身的权利、义务、责任、行事规则等，由于存在着普通的社会认同限制，大多信教群众会将信仰与传统世俗生活结合起来，一方面把自己与他人区别看来，另一方面也在构建一种特殊的社会关系。毕竟信教在亲戚、朋友、宗族内成员看来，是离经叛道的，这个离经叛道主要体现在亲人去世后对待祭奠的态度上，这是引起教徒身份焦虑的主要方面。另外，基督教对中国传统婚礼的影响，则表现在新娘穿白婚纱，新郎穿西服打领带，这在农村婚礼上有时显得与众不同。

农民信什么、信不信、怎么信，都服从于现实生活的逻辑。比如许愿、还愿在传统信仰中是很常见的事情，并且人们认为许愿越宏大，神明成全的可能性就越大，这些是中国民间信仰的基本特点。教徒把这一基督教不鼓励的方式，也带入了基督教，因为基督教更鼓励教徒向上帝求告，认为祷告是人与上帝交流的最好方式，而不是许愿。

基督教信仰的唯一神灵就是上帝，且有严格的宗教仪式，这也就是说，基督教是个制度性的宗教。在中国农民的宗教生活中，向来是多神教，历史上一些著名人物也可以成为神，这种多神崇拜，难免带有巫术成分，但也体现出了包容性。在对待神灵的态度上，中国的农民往往表现出实用主义的一面。无论是南方的神，还是北方的神，只要能保佑家人身体健康、升官或发财，都是要拜一拜的。

基督教与中国传统文化最激烈的冲突表现在人去世后的丧葬仪式上，这是与中国文化发生冲突的核心点。祭祖是中国人的精神根基，在中国农民的意识中，有了祖先，才有了根，才能知道自己从哪里来，要到哪里去。祭祀祖先的目的就是求得祖先荫庇。在中国人心里，作为人的祖先一去世，在另一个世界里也具有超验的神力，虽然祖先不是一位客观超然的神，作为曾经的一家之主，他是家之神，在另一个世界会庇佑子孙后代。

对基督教教徒来说，是否上坟、上坟选择什么日期、遵循什么礼仪等往往成了困扰他们的一个大问题，也是基督教徒与本家之中非基督教徒因信仰不同产生的主要矛盾之一。对于这种情况，基督教基本上存在三种不同看法：一是完全反对这些习俗，认为它们违反了基督教信仰，是一种迷信活动；二是从认识上反对，自己不参与，但也不反对别人参与，对他人做法采取宽容态度；三是改变参与这些活动的形式，或者认为只要内心不认同，参与了也无所谓，其他都是外表形式。

基督教认为中国丧葬礼俗充斥着迷信色彩，奢华靡费又互相攀比，已丧失了葬礼应有的孝道所蕴含的哀伤之情。基督教要求不哭丧、不烧纸、不上香、不上供、不扎纸货、不给死人磕头等，其实质上是对人死后灵魂归属的不同认知。也许基督教对中国传统葬礼的改造，就体现在把传统的磕头致哀改作默哀和鞠躬，这个基本上流行在了在外职工身上，他们遇到村里的白事，多采取鞠躬方式。从笔者调查来看，基督教的葬礼基本与传统世俗葬礼相同，只是在一些细节上做了改变。基督徒也做寿衣，只是在正中绣有红色十字架。盖棺材的布上也绣有十字架。不扎纸货，却以鲜花代替。不请传统唢呐队，但以唱诗班表演节目替代。我们看到，恰恰是基督教葬礼采用了传统葬礼框架，在当地社会可以接受范围内对传统葬礼进行了改革，才使得基督教葬礼可以进入当地的社会生活，反而成了基督教彰显其宗教身份的舞台。

不论是中国传统世俗信仰，还是对外来基督教的信仰，只要不违背法律和民众公认的伦理价值，是可以和谐共处的。从当前关中西部地区不同宗教信仰之间的关系来看，基本上是可以接受的。

二　民间信仰活动与民众文化心理

以宝鸡为中心的关中西部地区，在春季农闲时节，举办各种各样的迎神、祭祀等民俗活动。这种传统信仰性民间集会，覆盖面广，参与人数众多，流传了数百、上千年，相对于现代社会经济的跃进式发展，自有它存在的精神文化价值。它作为一个时期、一个地区社会文化总貌的一部分，活跃农村文化生活，促进村际交流和人际关系和谐，体现为一种人文素质、人文精神和文化传统，也促进了区域经济的发展。

1. 关中西部乡村的“过会”与庙会活动①

中国民众独有的气质和价值判断产生了中国人的价值观，居于这种价值观核心位置的象征体系为人们理解人类的境遇、人类与更广阔现实领域的关系提供了令人信服的解释。这种传统通过多神信仰、多元化的宗教实践，以及多种占卜行为表现出来，存在于它们之间动态

① 参见拙文《从“过会”看关中西部农村中老年妇女的信仰活动与人际交往》，《宝鸡文理学院学报》（社会科学版）2015 年第 3 期。

的相互关系之中，并相互影响着[①]。

“过会”是乡村信众对乡村庙会和家中祈神仪式活动的朴素说法。虽然参与场所、人员构成与活动形式有所区别，但都统称“过会”。民俗学者赵德利从组织主体、活动形式、文化内涵及社会影响等层面对乡村庙会进行了系统论述与分析，认为乡村庙会活动大致可分为两种类型：官方庙会与民间庙会。官方庙会的娱乐观光意图明显，而民间庙会则更加注重拜神祈福和心意寄托。这一分类判断得到学界的认可。

关中西部地区民间庙会又可分为三种类型：一种是依托某一知名度较高的庙宇道观或者信仰神灵，在一个固定时间段集中进行朝拜与祈福活动，一般影响范围较大，参与人数众多。信众在过会期间自发地向庙宇道观围拢，进行拜神、诵经、祈福和扮神表演等活动，为了吸引民众，一般会有戏班子助兴演出，食摊小贩也夹杂其间，是乡村民众集中性的狂欢活动，成为乡村民众情感沟通和人际交往的重要平台。

第二种是迎神赛会，是多个社区将共同信奉的神灵轮流迎请到各自社区进行祭拜和供奉，一般是一年一个社区。在“过会”期间，承办社区也往往会邀请戏班子、曲子班子或者现代歌舞剧社进行助兴表演，邀请亲朋好友前来聚会、娱乐。因为几年才轮到一次，这是展现村容村貌和民众生活富裕的重要机会，因此，攀比心理较强，表现格外积极，一般阵势较大。诸如关中西部某县区的“大刀刘爷”迎神赛会和“风伯雨师”迎神赛会，参与人数众多，影响力较大。

还有一种形式是参与范围较小、较为私密的“家中过会”。“家中过会”是关中西部农村妇女信仰活动的一种重要形式，内容一般有两类：一类是专题性家中过会，另一类是日常性或者节庆性家中过会。专题性家中过会，一般有鲜明的主题和活动流程，较为严格和正式，巫术和封建迷信的成分更大一些，在很多地方都有类似形式。而日常性或者节庆性家中过会，往往没有特殊专题，而是在每月初一、十五

① 范丽珠，欧大年：《中国北方农村社会的民间信仰》，上海人民出版社 2013 年版，第 44 页。

或者在三月三、六月六、七月七等传统节庆日，进行家中过会，大多以农村中老年妇女的家庭聚会形式呈现。“家中过会”所信奉的神灵既不同于“家神”，又不同于“村落神”，而是“神媒”。所谓“神媒”，即有着能与仙家、师父、神灵等超自然力沟通、交流的能力的人，也称为香道的，是能使特定神附体，给人看事、看病的人。这些“神媒”一般“顶”的神灵都不大，大都是“大神”的侍从或者跟班，比如“七仙女”或者“散财童子”之类的角色。一般由于自己所“顶”的神位与大神的亲密关系，而能具备一定的“仙气”“灵气”，能“未卜先知”或“为人看病”。这些“神媒”所“顶”的神位大多是普通民众所熟知和认可的，是民众日常生活中和传说故事中提及较多的神灵，大多与日常生活内容有关，这也可能是民众乐于接受和崇拜的原因之一。人们欲借助神媒解决的事项远远不仅仅是“虚病”“邪病”，它涉及生活中诸多不和谐、不公正、不吉利、不可知以及由此产生的焦虑、紧张和悲伤等心理，涉及民众生活的方方面面[①]。尤其是在农村妇女的日常生活中，这种朴素性信仰表现得更加突出。

实质上，关中西部地区的“过会”敬奉的神灵是有区别的。从大的类别可以分为两类：一类为“家神”，一类为“村落神”。所谓“家神”，主要是指常驻家庭或者不定期被邀请并能显灵的神灵，像门神、土地神、灶王爷、仓神、井神、财神等，好像上天分派到各住户一样，家家都有，自己敬奉就行。同时还有所谓的“大神”，要到大庙去“邀请”，或者将神像在大庙开光，然后“请”到家中供养，请了才有，不请不会主动去家中的，比较常见的有“如来佛”“弥勒佛”“普贤菩萨”“文殊菩萨”“观世音菩萨”“地藏菩萨”“关圣帝君”等。不论是上天分派“驻户”的，还是“开光邀请”的，都可以称为“家神”。另一类为“村落神”，即在某一地域民众共同信奉的神灵，或者为某一区域作出重大贡献的由人成神的“英雄”，一般

---

① 费孝通：《江村经济——中国农民的生活》，戴可景译，商务印书馆 2001 年版，第 148—151 页。

在某一地区专门建庙设祠。影响力和信众覆盖一定范围的庙宇，每年固定某一日期为“过会”日，周围信众前往进香膜拜，即为村落庙会。大致包括：村落大土地庙、山神庙、三官庙、五圣庙、关帝庙、风伯雨师庙等。在关中西部，由于其特殊的地缘文化而产生的历史与传说人物庙会，如凤翔灵山老母庙会、宝玉山九天圣母庙会、姜嫄庙会、女登庙会、马莲滩庙会、五丈原庙会、周公庙庙会等都是关中西部影响力较大的民间庙会。

朝山进香、行香走会确实有神圣的意味，在“人凭神，神依人”的神人互惠关系中，外在于人的神又从属于人。这就使得中国民众的朝山进香、行香走会基本是日常生活的延伸，并有着鲜明的布迪厄所指称的实践和惯习所具有的“游戏”本质①。在中国民众信仰中，作为信仰对象的“神”与“灵验”紧密相连，与“圣”则关联甚少。灵验作为中国民众信仰的基本特征，它更强调的是人神之间的互动关系。

比如“人神互动”最常见的祈雨，就是与民众生活息息相关的“游戏”活动。农历九月十三，传说是关老爷磨刀的日子，磨刀需要水，信众在这一天去关帝庙祈雨。当地有一句谚语：“九月十三滴三点，耀州城里买大碗。”意思就是九月十三如果下雨，来年庄稼一定大丰收。“祈雨”有的是供奉祈求、顶礼膜拜，有的则是游街淘池、命令降雨，例如有的地方会拉着龙王神像游街或者鞭打龙王。总之是软硬兼施，与神灵讨价还价。关中西部众多的龙王庙、风伯雨师庙、山神庙、湫池庙、五圣庙等，大多与农业生产和祈求风调雨顺有关。

农历七月，关中西部的庙会很集中，很多地方都“过会”。我们调查后发现这个时节过会有几个特点：首先是农闲的时候，夏收结束，秋种未开始，炎炎烈日，民众需要休息。在这个时候相互走动，庆祝丰收和联络感情，大多用自家地里产的粮食蔬菜作为礼品来串亲戚，俗称“走忙罢”。其次，集中过会可以展现村容村貌，也是村落

---

① 岳永逸：《灵验·磕头·传说——民间信仰的阴面和阳面》，生活·读书·新知三联书店2010年版，第177页。

经济发达，家庭殷实的表现。因为过会是要花钱的，唱大戏，迎亲戚待客都要花不少钱的，只有实力雄厚的村子才能过得起庙会，穷村子只能羡慕，没有办法。最后，关中西部很多庙会都与祈雨有关，为了风调雨顺，来年庄稼大丰收而给神唱戏，博得神灵欢心，这其实也是娱神娱人的喜庆事情。

随着现代传媒的发展，年轻群体更多选用新媒体交流情感，丰富他们的文化生活，看电视、上网、聊微信、微博等，出外旅游或者群体聚会等，而中老年妇女大多文化程度不高，对现代媒体传播的信息内容不感兴趣或者看不懂，由于存在审美代沟，与年轻人的沟通不畅，生活显得孤独而无聊。婆媳关系自古难处，婆婆与媳妇在家庭琐事中往往会有矛盾，而又无法宣泄苦闷，这样一来，就需要一个平台和机会进行情感交流，“过会”就提供了这样的机会。老姐妹们凑在一起，拉拉家常，说说心里话，甚至可以拈一根香，向神灵诉说一下内心的孤独与委屈，心里会亮堂许多。在关中西部的“过会”中，头上顶个手帕，拄着拐杖的老太太们来来往往、川流不息，从她们的笑容中能看出那种发自内心的喜悦。在调研中，有的中老年妇女感慨地告诉我们，她们现在活着的唯一期盼是每年有几个“过会”的日子。

庙会是重要的人际交往平台和重要的人际传播渠道，通过这个交往平台和传播渠道产生和传播的价值判断规范和行为准则在一定范围内的影响力甚至超过政策宣化与引导，因而不能不引起重视。通过对关中西部较有名的民间庙会考察可以发现，这种弥漫性的、质朴的民间信仰活动对民众的个体向善心理、村落团结免讼的集体心理的形成有一定辅助作用。如灵山庙会中的主神“灵山老母”，据当地人传说，她的俗家在临近的一个叫“页渠”的村子，最后在灵山修成正果而成神成仙的。这样一来，页渠村的民众就非常骄傲自豪，因而在他们的日常行为中，就会以“灵山老母”的俗世乡邻为荣，言谈举止、做事行为都谨小慎微，以免给“老母”丢脸。当又有传说临近某村子是“老母”的婆家时，两个村子里的民众就像“亲家”一样，感觉又近了不少。

有的时候，村落里供奉的一位“神仙”会被临近村落争抢或者争宠。有的地方为了抢夺神像的供奉权而大打出手，这样非常不好。但如果是争宠就不一样了，这是一种在竞争中进步的良性表现。比如，宝鸡地区有一个自然村落叫槐原，分成三个行政村，分别叫槐北、槐西和槐中，槐原有一座庙，供奉的主神是“女登”，槐原建有“女登庙”，每年都举办盛大灯会。每个行政村都有自己的游灯队伍，浩浩荡荡到女登庙前展演，向女登娘娘汇报自己村一年来的成就：经济发展如何，邻里是否和睦，考取了几名大学生，在外干事的人有多少，诸如此类。成绩不突出的村落就会灰头土脸，期待来年能有出息而挽回面子。实质上，我们在考察中发现，这三个村子都不错，不论是村容村貌，还是民众庭院修饰和邻里关系，看上去都欣欣向荣。

关中西部地区随着农村劳动力的外出务工与传统农业生产与生活方式的改变，留守农村的人口结构与生活内容也随之变化。加之信息传递与情感交流的平台被大众媒体与新兴媒体分割成单家独户，公共事务的消解和群体性交往与活动平台的坍塌，农村社会日常生活内容的“空心化”已经有目共睹。在寂寥的关中西部农村，日常生活内容的缺失、家庭矛盾与人际关系的错综复杂等，让饱经沧桑的农村中老年妇女通过向神灵祈福、诉说即通过“过会”来交流感情，自得其乐。以中老年妇女为主体发起和参与的民间“过会”活动不仅满足了她们的心意寄托，支撑起她们个体内心情感需求，而且带动了农村人际交往，搭建起了群体性文化生活的平台，给乡村社会平静而无聊的日常生活带来了一丝生气、一抹亮色。

2. 关中西部乡村的“迎神赛会”①

民俗作为与人共生的文化伴生物自有其发生、发展变化的缘由和规律。正是作为满足人类生活需要的基本前提和基本功能，文化的选择性才使人类在任何时代都不灭生存之志，不断培育后代满足其物质与精神需要的生存方式和心理模式，并不断地将它传承下去。正是在这种生存努力、生存活动中，也即文化选择、生存竞争和生命永恒的

---

① 参见拙文《关中西部民间迎神赛会的文化透视》，《神州民俗》2007 年第 11、12 期。

追求中，人类才创造发展了物质文化、精神文化和制度文化，成为万灵之长，永生不灭。迎神赛会从一个侧面正反映了民俗文化中人的物质生活与精神追求并重的特性。

纵观历史，民间古会的发展与时代的变迁息息相关。每逢盛世，人们借古会以表达生活的欣喜之情。古会香火旺盛，愈显国泰民安，祥和岁丰的景象。新时期以来，社会经济的发展给古会注入了新的活力，它已不再是单纯的娱神活动，而逐渐融构成人们交流经济建设经验，营造和谐创新的社会发展氛围，和睦人际关系，丰富人们精神生活的综合性文化活动。

春坛祈年会，是凤翔县境内规模较大的传统古会。相传始于明朝末年，是西北乡民为了纪念该地一位抵御外侮的“大刀刘爷”和瓦庙岭一带诸多山神而设立的迎神赛会。“刘爷”为汉封刘家河人，系镇守雍地（今凤翔县）的将领，在抗击异族侵略的斗争中，屡建功勋。明代百姓将这位民族英雄作为“开路神”并设祠祭祀，渐成规模，流传至今。据传，在康雍乾年间和民国初年香火最盛。改革开放以来，随着人民生活水平的提高和对富足生活欣喜之情的延续，由民间自发组织的迎神赛会又重新兴盛起来。春会一般在农历正月初六至二月十二举行，十四日神驾归祖庙。农历三月初三为总庙庙会。整个过程分为接神、迎神、送神等阶段。

庙会总坛设在玄武山。因山在城北，依古代五行方位的左青龙、右白虎、南朱雀、北玄武的理念，得名玄武山。玄武山总坛全部供奉道教诸神，包括三清、玉皇大帝、太上老君、王母娘娘、太白金星等大神。而在正月初六这天，民众迎接下山的只有玉皇大帝、风伯雨师和“大刀刘爷”。风伯雨师牌位紧挨玉皇大帝牌位，在最中间供奉，表现出民众祈求风调雨顺、平安康泰的心理。与玉皇大帝、风伯雨师和“大刀刘爷”同时供奉的还有北山瓦庙岭一带的山神。这些山神在道教诸神中是职位很低的地方小神，民间对他们的供奉与膜拜，体现了民众对丰衣足食美好生活的企盼心理，对保护地方平安的诸神的敬畏。

每年的正月初六，由城北的六个大社中的其中一个社敲锣打鼓将玉皇大帝、风伯雨师、“大刀刘爷”及诸位山神迎接下山。“社”在这里是一个民间组织而非行政组织。一个自然村落为一个小社，六个小社成一个大社，六六三十六，三十六个小社分为六个大社。迎接来的诸位神灵，由六个大社轮流供奉，每个大社设一个会期，上一个大社会期结束后，由下一个大社来迎神。在迎神过程中，以“大刀刘爷”的牌位最重要，双方要展开争夺，一方不给，而另一方要抢，往往会扭打在一块，有时甚至会打得头破血流。民众认为，这是对“大刀刘爷”的喜爱和重视。这种迎神模式一直流传至今。

对“大刀刘爷”牌位的争夺和敬重，既体现了民众对历史事件的集体记忆，对保家卫国勇士的敬佩和怀念，又反映了集体的历史文化心理及对当代民众生活的深广影响。民众的心理记忆没有因为时代的变迁而完全消失，反而会随着国泰民安的欣喜之情而日益高涨。因为风调雨顺、生活富足、精神和美，是每一个民族人民的共同企盼。

比如2018年负责供奉活动的社是董家河社。董家河社供奉祭祀活动是迎神赛会的最后一站，二月初六迎回来，二月十二为祭祀正会。二月十四敲锣打鼓将其送回玄武山。以后逐年轮流，依次为仝家沟社、临阵坡社、张家沟社、申家沟社和刘家营社。负责供奉的社要临时成立一个机构，由会长、副会长、执事等人员构成，达到近百人之多。机构组织严密，分工明确，各司其职，整个过程井井有条。

从上午九时起，“迎布施”活动开始。所谓“迎布施”，是指由所在大社中的其余五个小社的民众自发布施，由会首集中，统一送往负责供奉活动的小社，该小社以隆重的仪式迎布施，包括锣鼓队，秧歌队，彩旗队、腰鼓队、社火队等。锣鼓喧天，鞭炮齐鸣，送布施的也有仪仗队、社火队等。迎送两方气势都很庞大，甚是热闹。迎接仪式结束，要安排来客欣赏节目，有条件的情况下，还要招待用餐。据一位副会长介绍，迎取来的布施除去一部分用于祭祀活动开销外，其余用于庙宇修缮及来年的迎神活动。

除迎布施外，前来参加祭祀活动和看热闹、走亲戚的民众，也会纷纷上布施，有一两元的，有十几元的不等。内容有祈福的、有还愿的，有为儿女考学的，有为父母平安的，有为婚姻大事的，有为媳妇求子的，五花八门。上布施多一点的，可以披红挂花，燃竹放炮，有的还会给小学生一个学习用品，鼓励其好好学习。

关中西部像凤翔春坛祈年会的传统民俗活动类型多，参与者众。通过近几年对民间文艺及民间信仰现象的调查研究，我们对悄然复兴的信仰性民间文化的认识逐渐明晰。春坛祈年会的传统民俗活动不仅是民间信仰性精神自娱活动，而且是物质生活内容和非物质文化遗产保护的重要内容。前来迎神会的商家众多，有日用百货、农家用具、水果蔬菜、风味小吃，品种繁多，目不暇接。各商家的吆喝声不绝于耳。可以说，现代庙会已经成为城乡商品交易的平台，为保持和弘扬传统饮食，促进旅游业的发展，满足人们对于手工制品、现代农具的多种需要，提供了便捷的条件。

3. 信仰活动中的民众文化心理

关中西部地区祈福活动表现出重“福”轻“富”的价值特点。通过观察发现求健康、平安和求子的祈愿活动是最普遍的，祈求神灵保佑自己和与自己关系密切的人，在健康、平安、幸福、事业、子孙等诸多方面，与神灵“许诺还愿”。这些传统的关于“福”的追求超过关于“富”的追求。求学、仕途、财运等祈愿往往在次要位置。“人全家全，没病没灾，儿女孝顺”，这些看似基本的欲求，却往往是历经生活磨难的民众最看重的幸福追求。

农村妇女朴素性信仰活动俗称“行善”，与“信教”不同。比如信奉天主教的称“教友”，其礼拜活动等形式意在与神靠近，自省并超越自我，人从属于神，并进而形成与世俗生活迥然有别的神圣生活。而“行善”则是与“朝山进香”“许愿还愿”“敬神奉神”“布施”等活动相关，通过给神灵敬献贡品、布施等，意在与神沟通，并且将自己做过的善行向神禀报，承诺自己以后继续行善。同时，通过朝山进香的行为告诉邻里和身边的人，自己是一个有信仰且一心向善的人。“行善”的人绝大多数对神灵所属的类别搞不清楚。在调查中我们发现，85%以上的信众不知道自己所拜的神灵是谁，管辖范围如何以及与自己的相关性如何，哪些神属于道教神，哪些神属于佛教神，这些一概不知。别人“跟会”就去“跟会”，别人磕头就去磕头，完全是一种随大流式的心意信仰活动。

此处以关中西部“北山”脚下的仵家庄与湫池庙村这两个村的庙宇的修建与庙会活动为例，来梳理和分析信仰活动中的民众文化心理。

20 世纪 80 年代中后期以来，意识形态领域多元化发展，传统民间文化开始复兴，民间村落庙宇逐渐增多，在此背景下，仵家庄的五瘟庙与土地庙重建起来。“文化大革命”时期被完全破坏的庙宇重新恢复，当然也有了一定变化，比如五瘟庙，是在以前旧址上盖起了三间瓦房，完全不是庙宇那种雕梁画栋，飞檐翘角的形式，而更像民居，里面也没有塑像，只有一张破旧的案桌和一只香炉，墙上贴了几幅诸如××神之位的牌位。而平时村民会议也在这里召开，而且里面堆满了公共杂物。土地庙就在五瘟庙后面，是更小的一间屋子，里面只有一个土台，上面放着一只石制香炉，墙上连神灵牌位都没有。五瘟庙和土地庙的建立都完全是民间所为，会长来组织，村民自愿捐钱捐物，在修建时也是村民自发来帮工，不计工薪，也不管饭。仵家庄的庙宇与南方民间庙宇相比而言，显得寒酸而穷气，这当然与经济发达状况有一定关系，但更重要的是普通民众对神灵的态度。

仵家庄人对庙宇的形式或者神灵的形式不很注重，而更注重的是一种祈福的寄托，比如五瘟庙的名称就有多种说法：“一种说法是无量祖师庙，称无王庙，又有说法是叫五瘟庙，敬奉的是五位瘟神，还有说法是伍王庙，是五位神灵的庙宇。”众说纷纭，但不论供奉的是什么神位，村民仍旧在初一、十五等祭日来此烧香膜拜，诉求全家老小富贵平安。由此可见，村民对神灵的信仰已经发生嬗变，由传统的对神灵的敬畏和崇拜渐变到道德净化。而且对神灵的敬拜变得更加功利化。从年龄阶段来看，老年妇女对神灵的敬重还较为虔诚，有的还会诵经，功利性机较弱，中年妇女能诵经的就相当少，而且对神灵的祭拜也是不定期，比如家中有事无法处理，心里有些疑虑无法化解时，就去烧香，求神灵保佑，或者请求神灵指点迷津，并且许愿，如若能灵验，将为神灵披红挂彩，杀鸡宰羊等，表现出强烈的功利性，青年女性及小孩信奉神灵的就更少了，男性村民对神灵更加含糊，不说信，也不说不信，对家中女性的信奉既不支持，也不反对。

庙会是一种以某个庙宇为依托，在规定的日期里公开举行的群体性活动。与传统庙会民众的心态相比较，现代的庙会民众表现出较为复杂的心理特点，既要保持传统，又要紧跟时代，既要进行传统祭祀、祈神活动，又要考虑法规方面的限制。湫池庙庙会民众的心态是关中西部民间庙会民众心态的一个缩影。

湫池庙庙会是北山脚下的一个村落庙会，坐落在废弃的湫池庙小学院内，准确地说，应该是学校建在湫池庙里。这几年村上经济情况好转以后，加上国家拨款，在旁边新建了三层楼房，学校搬迁后，就完全成了庙会的活动场所。湫池庙村就得名于湫池庙，传说这里有一湫池神泉，饮其水可祛除疾病，带福带贵，益寿延年。到如今，饮湫池神水已经是赶庙会的一项重要内容。庙宇里供奉的是皇天后土，每年正月十五、七月十五两次庙会，尤其以七月十五为盛。邻近四村八乡的人都去赶会。是方圆十几里最为盛大的民间庙会。与官方庙会相比，严谨且功利性较弱。在每一个庙殿，都有专人负责。设会首与会员，整个庙会由会长总负责，下设各执行副会长。从会长到会员，都是自发的，而会长一职由村里德高望重的民间权威担任，没有行政级别，都受到人们的尊重和服从，收取布施，主要是用于庙会开销、补修和施放义饭等，不是为了盈利。

从民众信仰态度来看，有以下几种特征：一是泛神化信仰特征。众多神婆神汉，没有人能说清皇天后土是怎样级别的一个神灵，道家神灵与佛家神灵的区别有哪些。他们所诵经文有何深层次意义。普通香客进庙烧香也没有十分明确的意图。我们通过田野调查并统计发现，认为只要心诚神灵就可以得到保佑的占50%以上，祈神赐福的占50%左右，信仰之中体现着信仰者的道德情操和人格风貌。信仰朝着世俗化方向发展，人们关心的不再仅仅是对彼岸世界的赏罚惩恶，而最主要的是对现实世界伦理道德的看重和实践。在庙宇里面，善男信女不仅在诵经，而且在吟唱着孝子歌、劝善歌等具有现代宗教色彩的新的信仰情形。

二是聚会形式的民众交流特征。年龄较大的老太太、老头子，他们进庙来，一是烧烧香，磕个头，更多的是聚在一起，说说心里话，儿女的事情，家里和睦的事情。有的眉飞色舞，谈子女如何争气，媳妇如何孝顺，家里经济状况有多大改变；有的则长吁短叹，向老哥老姐诉诉苦，消消积攒的闷气，其他人则加以开导，好言劝慰。中年男女一则烧香，二则串门走亲戚，拉拉家常，看望朋友。青年人则更看重商业贸易、文艺表演、休闲娱乐等形式，买点小货，吃点小吃，看看表演，主要是看看热闹，散散心，很少到庙里去烧香拜佛。

三是乡里能人的个人魅力展现特征。庙会上的会长、会首、神婆神汉等人，不少是乡里能人，是民众信服的民间权威。这里的乡里能人可以分为两类：一类是家族较为富裕、平时乐于助人，能诵经祛病，人们较为羡慕和佩服的人。另一类是家里较为贫困，平时家庭负担、田间劳动较繁重，但又有神灵身份，祈福祛病很为灵验的人。前一类人主要是炫耀自己，展现自我，一方面渴望更为丰裕而稳定的家庭生活，同时又不满足物质享受，渴望一种精神寄托。后一类人则平时生活较为艰辛，尝遍各种苦楚，在庙会这个展示平台上，可以忘记痛苦与烦恼，得到精神满足，同时渴望走在人前，展现其特有的身份地位，以博得大家的信服和赞誉，给心灵以慰藉。

民俗文化具有传承性的特点。没有代代相传，后人承袭前人行为习惯的习俗，人类就不可能将物质与精神并重的思维进化延续到现代。在今天，这种具有自由感性和信仰性的民俗文化基质仍然强盛地持存着。从纯粹理性的价值判断来看，神灵崇拜及其庙会活动一直是人生认识过程的“误区”。如果说远古人类局限于认识能力而膜拜于天神地祇脚下，尚可说得通的话，那么具有现代科学理性的人，依然捕风捉影地鸣放鞭炮、磕头跪拜，岂不显得可笑？实质上，存在的不一定都是合理的，但一定是有原因的。人类的文化及其思维习惯像一条无法穷尽的连环，任何人也无法斩断前人的文化传统而独创全新的文化体系。民众不仅会传承前人的生活习惯和思维方式，而且会融入新的生活理想和文化追求，形成当代的信仰性文化生活。

在日常生活中，科学与愚昧、巫术并不是敌对关系，而是手拉手、臂挽臂地为民众所用，谁能在实际生活中解决问题，他们就用谁。这一直都是中国乡土社会的生活真实，也是中国民众信仰的本质。看似松散的民众祈福活动，其实都展示出民众的认知与判断。有关神明世界的观念已然通过丰富的神话传说植根于民众的心灵深处，这种共同的信念直接对社会的稳定起到了非常重要的作用。

民间庙会活动是民间信仰活动的重要形式，是乡村民众朴素价值观形成的重要平台，由于乡村民众的教育水平与认知能力有限，因而这种朴素的向善活动和吟诵经文活动对他们认知世界和未来行为活动具有重要作用。这样就会产生一个担忧：农村妇女在认知方面是否具有乌合之众的特点，易受不良信息的引导而产生危及社会稳定的行为后果。实质上，翻开中国历史，虽然看似很多暴乱事件跟香会组织与民间信仰活动有关，但只要细细分析，就会发现这些事件的形成与秘密组织的长期运作策划有关，民间香会等只是一个幌子，它们披着民间信仰的外衣进行阴谋活动。而真正的民间自发的庙会活动等形成反社会力量的事例几乎没有。中国民众受以儒家思想为代表的传统文化影响较深，而中国传统社会则是重家庭伦理而轻社会伦理，重自身修为而轻社会公共责任，逻辑关系上是格物、致知、修身、齐家、治国、平天下。因而就会形成一种保守的民族文化心理，出现个体的内敛与群体的不作为，只要观察朝山进香的民众祈愿就会发现。这样的民众活动不会形成危及社会稳定的群体力量。

当然，也有一些邪恶势力打着民间信仰活动的旗号，到处装神弄鬼、招摇撞骗，像驱邪、治病、换身、追魂、镇宅、超度等相关活动。这些活动的参与人也较为混杂，有江湖术士、阴阳先生，也有善男信女等。这种封建迷信与违法活动往往使雇主家庭遭到巨大危机、突发性灾难、家庭成员有重大疾病，不祥的、诡异的事情密集出现，或者有人沾惹邪气需要驱除等。当主家已经束手无策之时，往往会使用家中过会的形式来做最后的尝试。家庭变故的巨大心理压力往往会影响民众的理性判断，而给一些游手好闲的江湖骗子以可乘之机，轻则贻误病情，损失财产，重则则倾家荡产、妻离子散。因此，这一类“过会”属于封建迷信，应该予以打击和取缔。

第五章 乡村文化生活与民间艺术

乡村文化生活是与政治生活、经济生活、社会生活同样重要的，在远离庙堂、地处偏远西北、封闭且传统的关中西部乡村，文化生活显得更加亲近和必要。乡村精英纷纷进城，青壮年劳动力也是常年在外打工，乡村的寂静与无聊越来越明显。除了春节等节庆日和乡村红白喜事的日子，乡村会有短暂的喧嚣和热闹，其余时间，都比较沉寂。本书着重就春节中的文化事象进行梳理，在很多人感觉过年越来越没意思的背景下，留给我们一些美好记忆，同时对在关中西部参与度与影响力较大的宝鸡社火等文化活动予以介绍。

民间艺术应该属于乡村文化的一个类别，关中西部乡村的民间艺术，与民众关系密切并影响力较大的是宝鸡民间手工艺和西府曲子。宝鸡有“中国工艺美术之乡”的称号，民间手工艺参与度广，成绩突出，影响力逐步扩大，尤其在乡村振兴战略实施的背景下，民间手工艺在丰富乡村民众日常文化生活的同时，还具有重要的经济效益，为精准扶贫与农民增收贡献不小，也越来越成为宝鸡对外宣传的靓丽名片。西府曲子是关中西部乡村民众非常喜欢的民间曲艺，亲切而优美的曲调让人流连忘返，尤其是曲词的道德教化作用非常明显而且重要。一般会在节庆、庙会活动、红白喜事等时节和场合进行演唱，丰富了乡村民众人的日常文化生活。

第一节 乡村文化生活的执守与变迁

中华文化以其特有的社会功能特性，与人类、社会、自然保持着和谐一致，构筑了“万物并育而不相害，道并行而不相悖”（《中庸》）的生存环境，造就了人性的善良与淳朴，培育了中华民族从“尽人之性”扩大到“尽物之性”的良好道德风尚。史前文明与周秦文化的深厚积淀，形成了关中西部乡村民众乡音浓重，性情耿直，民风保守而淳朴，古老传统习俗种类繁多且传承较好的乡村文化特质。这些文化特质，在节庆与年俗、社火文化展现与教化等文化活动中都有不同层面的表现。

一　乡村民众的日常文化生活

在城市消费主义文化的“殖民”下，农民的生活条件在改善，但他们的主体性在丧失，生活中原有的意义也在逐渐消失，他们不知道人为什么活着，不知道应该如何看待和追求人生的价值。因为缺少健康的消费闲暇的方式，农村表现出严重病态。随着乡村民众从土地上被解放出来，第一次获得大量闲暇时间的农民，还没有形成良好的消费闲暇的方式，因此就出现大吃大喝、带彩娱乐，出现生活无规律、过度诉诸感官刺激，以致令身心受损，一定程度上可谓触目惊心。

1. 社会变迁对乡村文化的冲击

随着市场经济观念的冲击、基层管理者文化理解力和驾驭力的消解和现代传媒手段的普及，乡村的文化景观发生重大变化。表面繁荣掩盖不了文化内容“苍白无力”的空虚和无聊。

首先，乡村民众的文化认同与文化自觉消失。在关中西部乡村文化活动中占重要地位的民间游艺活动与节庆活动等传统文化形式慢慢消失，有的民间艺术和传统节俗面临传承危机。乡村民众对传统技艺的尊重受海量而直观的新兴媒体的冲击，对“乡里能人”的判断标准发生变化，成功标准变得世俗。谁家的楼房盖得高，谁家的日子过得红火，谁就有本事，而不是谁书读得多，谁的民间技艺高超，谁就被尊重，经济指标已经成为最重要的标准。这样就使得众多乡里能人、民间权威不得不放下架子，放下手艺，卷入到赚取真金白银的大潮中。青年后生们看到赚钱才是硬道理，也无人去学习那些不能当饭吃的民间手艺和绝技了。乡村的文化精英和文化传播主体不是逃离乡村，就是被疏远，传统乡村文化主体在逐渐消解。

其次，乡村基层管理者对乡村文化设施建设的理解和执行存在偏差。按理说，乡村建设中的文化广场和村庄美化建设，这种使乡村旧貌换新颜的做法应当被肯定。但实质上，相当多的文化广场和村庄美化建设都变成了形象工程和政绩工程，缺少了人文气息。例如有的村庄在国家资助和村民捐助下，大兴土木，修建了亭台楼阁、文化长廊，看上去美丽漂亮，但实用性不强，并没有考虑到村民的日常文化需要。铺了草坪的运动场只能看，不能用。挂有乡村文化站的门牌，里面既没有文化书籍，也没有文化器材，一个空壳而已。很多乡村花巨资修建的文化场所成为摆设，鲜有人光顾。我们认为乡村中“一窝蜂”地修建文化设施的做法是不明智和不冷静的。一方面，基层干部响应上级号召，大力发展乡村文化，仅仅是对执行上级安排而已，而自己并没有多少文化建设的想法，这样的结果无非是花了钱，装点了门面，而没有多少实用性，缺少真正的文化意识。另一方面，一次性修建了大量的文化场地和健身设施，而缺乏配套管理和有效维护，致使有的设施使用效率低，并没有真正发挥作用，同时由于乡村民众没有积累起设施使用经验而容易损坏，加之损坏后维护跟不上就会被废弃。有的乡村基层干部用上级拨付的资金修建了冠冕堂皇的文化景观，主要是给上级看的，只要上级领导满意，并且通过检查，任务就完成了，钱也就花“值”了，他们认为工作就结束了，政绩也有了。殊不知，脱离民众真实需求的设施一旦不能有效利用而被废弃和搁置的话，其实钱就打水漂了，资源也被浪费掉了。

同时，培养民众文化修养意识也非常重要。文化享受是一个过程，而不是结果。例如像巴西这样的足球大国，在非常不像样子的场地，衣衫褴褛的孩子们在享受足球，而不像我们很多地方，绿茵茵的草坪上却没有孩子们的身影。正确的做法应该是按照需求进行设施建设，在文化活动过程中提高民众文化修养，有效利用设施的同时注意爱护和保护，慢慢地意识提高了，文化内容也就丰富了，各类设施才能有效利用，真正发挥出它们的价值。这可能才是乡村文化建设的理性思路，实质上，文化建设的内涵远远大于形式。对于基层管理来说，应该转变角色和意识，对乡村文化建设应该从“主导”转变为

"推动"，即激发农村发展原动力，使其恢复"造血"功能，推动其自我发展，政府职能转变为扶持、帮助和大力推动。基层管理者要做的工作是提供物质和资金支持，而不要过多干预，将内容建设工作转移到乡村精英群体上来，让有道德、有威望、有能力的乡村精英作为文化引导的主体力量，为他们的工作提供支持与帮助。同时，不要让文化发展成为一项政治任务，而要将文化建设回归本源，成为农民日常生活和精神需求的重要场所和平台，要有乐趣，而不是面子工程。

再次，现代传媒手段的普及会引导乡村民众文化心理与价值观的转变，进而导致村民对传统民间文化的热情的衰减。电视和手机成为当下乡村民众文化消遣的主要形式，年轻群体基本上是电视机前成长起来的一代，虽然身在乡村，但通过荧屏，视野照样能开阔到全世界，通过新闻、广告和都市生活与情感电视剧，他们已经很清晰、直观、系统地了解到当下城市民众的经济生活、行为模式和审美情趣，这些信息的获得无疑会对以前的人生观和价值观产生冲击。留守年轻群体主要有两类人：一类是到城市等地方打过工最终返回乡村的，另一类则是一直待在乡村而未较长时间接受城市生活的。这两类人的共同特点是都有向往丰富多彩城市生活的心理趋向，但又无法改变自己的生存状态，因而会出现一系列的行为变化，如压抑、苦闷、浮躁等。新媒体的出现可以填补这个空白，尤其是移动新媒体广阔的虚拟交往平台、海量的新闻信息和休闲资讯以及强大的娱乐（如游戏）功能使年轻群体一下子沉湎其中、欲罢不能。使他们在虚拟的网络环境中找到释放压力、寄托情感的平台，而暂时性地遗忘自己所处的现实环境和生存状态，这样长期积累会使留守年轻群体在心理上变成"住在乡下的城里人"，这种状况的持续会引发很多乡村社会的不稳定因素。"眼高手低""小姐身子丫鬟命"成为年轻群体的普遍状态。通过调查发现，很多精明能干的年轻人，一旦迷恋上网络和玩手机，就会放弃很多其他生活内容，以前精心经营的苹果园变得杂草丛生，家务不干，家庭责任感消失，有的家庭主妇连饭也不做，给几块钱让孩子去买点吃的。有的家庭为此闹得鸡犬不宁、矛盾重重，不少留守老人坐在村口聊天，不断地唉声叹气："都是网络和手机把娃害了。"

几千年的传统社会，闲暇都是少数人的事情，是上层阶级的事情，是贵族的事情。有闲暇的贵族发展出各种消费闲暇的方式，这些方式的核心不是依靠感官刺激，而是依靠品味与体验；不是诉诸身体，而是开发心灵。那就是文化与艺术，就是琴棋书画、诗歌、戏曲，等等。而处于底层的农民缺乏高尚文化体验的氛围和基本文化素养，没有能力去尝试琴棋书画和读书吟诗。同时，文化产业化带来的是传统戏曲的展演变成奢侈品。邀请戏班演出会增加村里的公共开支，加之年轻劳动力外出打工而缺少组织者和劳务支持，乡村民众并没有多少看戏的机会。传统庙会活动也变得功利和世俗，产业化运作的庙会变成集贸市场和廉价劣质商品的倾销地，逐渐失去了对乡村民众的吸引力。因而大量的闲暇时间只能是聚餐吃喝和玩牌、打麻将等小范围交流活动。

2. 打麻将：乡村民众重要的室内文化活动

关中文化还是以农耕文化为主，这与关中早期作为粮仓有直接关系。自古以来，在农耕闲余时间，每个村子也几乎都有自己的手工产业，比如有一个村子专门用竹条编制各种农具与生活用品，一个村庄传统副业就是进山割竹子，而另一个村子则是编制麻绳等。从 20 世纪 90 年代开始，这些传统手工业受到市场经济的强烈冲击，慢慢地，一些人放弃了继承传统手艺，而外出去城市谋生，更多父母则希望子女通过读书上大学摆脱农村生活。

这几年，年轻人大多外出谋生，去城市打工，一些留守在农村的人，打发闲余时间的方式就是打麻将，有的带有赌博性质。无所事事的“乡村混混”成了村里出面摆平一些难缠事的人物，由于好吃懒做，吃不了干体力活的苦，就开个棋牌室什么的，给民众提供娱乐或者赌博的场所，自己抽取份子钱以谋生。

笔者调查的 Q 村，人口有四千多，但村里的棋牌室就有三四个，打牌的也多半是上了点年龄的，大多以娱乐为主。但也有部分人以此为营生的，在村民看来，这些人属于不务正业的非正经人。爱打麻将的人也基本固定在一个圈子里，生意谈不上兴隆，更不会存在座无虚席，可以随到随打。有时如果数额大了，带有赌博性质的，就会关门清场，小范围偷偷玩，但基本谈不上聚众赌博。这种玩法主要是“满天飞”，规则是四人连庄，一人放铳，赢家通吃，有点“连坐”的意思。农村的棋牌室，好多麻将还是用手码牌，自动麻将机也有只是比例不高，不存在城市那种每到饭点，就有人专门送饭的情况。逢红白喜事，本家来帮忙的，如果没事可做了，一般就聚在一起打打麻将，以打发时间，麻将也成了重要的娱乐方式。

由于大家并不会把带有赌博性质的打麻将看作一种不雅和丢脸的现象，近年来赋闲在家的农村妇女，也纷纷坐在麻将桌前，沉迷其中。民众已经习以为常，村庄舆论并不会对其进行抑制，即使大家都知道赌博是不正气、不雅行为，但在村庄中始终不会因赌博而形成有力的舆论去制约它，只要不出现大家无法接受的失范行为，舆论话语就会放任之。同时，在关中农村，乡村社会的赌博行为并未泛滥，大致处于“带彩娱乐”的范围，赌博行为还停留在极少数人圈子中，“打麻将”对家庭并未造成实质危害与影响。

乡村传统日常生活内容的消亡，给民众带来大量闲暇时光。除了看电视、玩手机，也没有更好的娱乐方式，打麻将成了一项重要娱乐活动，一定意义上表现出乡村文化生活内容的缺失。

3. 广场舞：乡村中老年妇女的最爱

对妇女来说，不仅可以和男人一起打麻将，还有一种娱乐方式，即跳舞。随着城市生活方式的不断下移，跳舞这一形式慢慢在乡村普及起来，尤其在农村妇女群体中，热度越来越高。关中农村，近些年政府加大了对乡村硬件设施建设包括广场、篮球场以及一些体育设施的投入。一些中老年妇女，也开始走出家庭，聚在广场、球场，一起跳起了广场舞。

这些原本从来没有学习过舞蹈的农村中年妇女，受电视影响，或者经在城市生活过的乡村意见领袖的引导，买一个音频播放器，约定个时间，聚在一起学习跳舞。在大力发展乡村公共文化活动的背景下，村干部对于此事自然很支持，设备其实很简单，只要提供一个用于放歌的播放器就可以。此外，跳舞期间所用的电费基本是由村里承担。经常来跳舞的妇女，年龄基本都在 40 岁以上 60 岁以下，参与的人数也并非一直固定不变，任何人在任何时候都可以自由参与或退出。她们不在乎自己跳得好与不好，去跳舞的目的就在于“去活动活动，可以锻炼身体”。她们去跳舞，除了想要锻炼身体以外，也将之作为一种打发时间的方式，并且在此过程中逐渐培养起来对于跳舞的爱好。跳舞与否并非最终目的，关键是能够提供一个这样的平台或公共空间，让村民在度过闲暇的同时，能够有相互交流的机会。

农村的广场舞，具有包容性与开放性特点，并且低成本、低门槛。何时进入或者退出由自己决定，接纳不同年龄、不同性别的人，每个人在其中都能实现自己交往或娱乐的需求。可以说这是村子内部另一个新的公共空间，每个村民都有机会参与其中，并且在其中满足自己的交往或娱乐需求，加上村民都是熟人，因此，农村的广场舞可以超越跳舞本身的目的。

同时，应防止农村的公共文化活动受到竞赛评奖等功利化行为的干预，参与评奖而进行的广场舞活动，随着小圈子的固定化，无形中形成了对部分村民的排斥，尤其是对老年人的排斥。所以，农村广场舞之类的村庄公共文化活动，应该保持一种非正规的、开放包容的状态。只有如此，农村的公共文化生活才会变得更加有活力，更能满足农民对于公共文化生活的需求，农民在其中也才能更好地发挥自身积极性。

4. 看戏：乡村白事中的文化呈现

在改革开放初期，那个时候，由于大多数家庭基本人多家大，宗族势力依然存在，加上红白喜事都是一个家庭中很重要的事件，每次遇到有亲人去世，安葬亡人，绝对属于兴师动众的大事件。

80 年代很多村庄兴起白事放电影的风俗。家里有老人去世，在开吊的当天晚上，都要放映电影供村里人观看，有时邻村人也会跑几里路来看。但不知何时开始，开始有人家播放哀悼音乐，有了第一家就开始有第二家，慢慢地，以后每家有亲人去世，播放哀悼音乐就成了基本惯例了。兴盛一时的电影此时随着录像、电视进入千家万户，对村里人也没有了吸引力。尤其电影公司的倒闭、半停产，使得取电影片子从源头上发生了困难。总之，在各种因素综合作用下，电影渐渐退出了这个场合，那些当年有电影机子的人，在村里也难以风光起来。替代电影的成了唱戏这一方式，开始是本家，村里邻舍帮忙的，晚上没地方去，就叫几个爱唱戏的自娱自乐，慢慢地变成了邀请比较专业的，随着经济发展，各个村民之间经济收入差距拉大，邀请的唱戏的不再局限于简单的一些自娱自乐，开始要搭台子了，更有邀请名家来助兴的，戏曲就这样通过葬礼慢慢在农村盛行起来了。

白事上唱戏的之所以能兴盛起来，与陕西省电视台举办《秦之声》这个节目有一定关系，由于《秦之声》属于擂台赛，激发了民间，尤其是农村赋闲人员、退休人员的热情，多年热闹不起的秦腔再次焕发了新的力量。加上各个省市地方，举办各种比赛，无意中一批能唱戏的人脱颖而出，这些都为露天电影退出市场，唱戏作为新的替代提供了条件。当一个事物成了约定俗成后，就慢慢地就变成了面子问题，那么遇到亲人去世，不唱戏就会在村里人那里显得很没面子。唱戏是兴起来了，但看戏的还是很少，大多是上了年纪的老人喜欢看戏，年轻人寥寥无几，不仅因为看不懂，更主要是唱歌成了年轻人主要的娱乐方式。

笔者曾经亲眼所见，有户人家在安葬亲人那天，花钱搭起大台子，演员在上面卖力演出，下面就一个老人坐个小板凳看戏，场面可以说极为尴尬。但也有例外，有一家83岁老母去世后，儿子在外工作，在戏曲界有一帮子戏友，而且多为获奖名家，在其老母祭奠仪式上展演，看戏的人是破天荒的多。这样看来，观看人的多与寡，与演员的知名度与唱戏水平高低关系更大。

在祭奠仪式上，最荒唐的莫过于跳艳舞，包括不堪入目的脱衣舞，这个央视频道报道过。但在笔者调研的关中，跳艳舞的现象几乎没有发生过。即使唱戏，也多以悲剧题材为主，基本上能配合场合、把握基本审美，不至于过于离谱。

二　乡村春节文化的执守与变迁[①]

春节是中华民族最为重要的一个节日，它凝结着华夏子孙千百年

---

① 参见拙文《关中西部乡村春节习俗嬗变的文化心理透视》，《科学经济社会》2010年第4期。

来美好的祈愿，已经成为寄托亲情、承载友情、缅怀先祖、祈望未来的民族民间文化符号，成为传承年节习俗的重要纽带。随着民众日常生活的现代化和国际化倾向，春节中的习俗也在潜移默化地发生转变。在关中西部这样一个相对保守的文化区域，民众心理与行为也滋生出新的动向，形成新的特点。

1. 春节文化生活的嬗变表现

过春节俗称“过年”，是指以除夕为中心的前后近一个月的民众的节庆行为过程。这段经历是辛苦劳作一年的民众所期待的欢娱与休养时段，民众借此充分展现自我情感与渴盼，此经历具有信仰性生活仪式的特点。近些年来，关中西部民众的春节心理与行为方式发生很大转变。

（1）游艺活动从个性体验转向社会表演

游艺活动是春节中必不可少的快乐元素。在关中西部，民间游艺活动依然声势浩大、热闹非凡，但其文化功能性也随着时代的变迁悄悄发生变化。在诸多游艺活动中，社火可谓一枝独秀，无以匹敌。传统社火有步行表演和马上表演，虽然行走距离不远，但是四下乡邻聚拢一处，既观赏表演，又交流感情，欢快热烈。传统社火表演的内容勾连起人们的历史文化记忆，无异于又一次信仰性生活文化体验。

步入工业文明时代，社火被现代交通工具替代，虽然社火队伍可以游走得更远，参与的人数更多，阵势更大了，但是社火所带给人们的快乐体验和文化记忆却越来越少，偏于形式宣传的功力表演已经激不起民众的信仰性心理期待。且不说城市中的大型社火游演，县城的社火表演亦能反映这种转变。

刚过初五，组织者就进行宣传，民众期盼度很高。巡演这天，男女老少早早地穿戴整齐，等待在社火必经之道两侧。反映了在现代娱乐元素充斥的今天，民众仍然对传统游娱民俗非常热衷与期待。社火一般以村为单位，依次相接，绵延数里。各村的形式区别不大。先是形象车开道，上面是村办企业的广告宣传，紧接着是锣鼓队，都在车上装上大鼓，一圈人围着打，不像从前每人扛一面鼓。再后面是彩旗队，五颜六色，煞是漂亮。紧接其后是秧歌队，以妇女为主，衣着鲜艳但动作单一，比画一下，点到为止。最后是社火，也是装在车上，由人装扮的历史人物和神话人物色彩绚丽但表情木讷，没有什么动作。基本上村村如此，看得多了，游客审美疲劳，兴趣衰减。直到难得一见的高跷队、滑旱船等传统游艺表演时，观众中才响起热烈的掌声和叫好声。

当代民众对传统游艺的欣赏能力和心理期待还是很高的，社火阵容庞大而看点降低的原因在于民众对社火中技艺的价值判断发生转移。车社火、马社火、高跷、狮子喷火等祈福纳祥与技能展示的功能在降低，而装饰性与形象宣传性在增强。另外，社火技艺带给艺人的自豪感在衰减，因为当下判断"能人"的标准趋于经济地位的高低而非个人技艺与才干。人们对非物质文化遗产的认识、传承的觉悟还有待提高。

（2）礼俗传承由仪式转向形式

人类先祖创造仪式的意义，是为了表达某种意愿，努力形成并巩固占优势地位的社会意义，它也是巩固社会关系的一种方式。或者说仪式是为了给浮动的意义设定疆域。对于任何一个社会来说，如果没有某种形式的仪式，就等于这个社会没有共通的集体记忆。虽然仪式可以采用物质载体来表达，其作用也更为有效。如果从这个观点出发，可以得出这样的结论，礼品只是仪式的附属品，仪式的主要作用在于给予变动的、还未成形的事件赋予某种意义①。从这个意义上来说，礼品的功能是调和社会生活、充当某种社会意义的符码。至于准确的赋予形式和意义，则又是由文化与经济关系所决定的，或者说由社会意识决定。

拜年是春节礼俗中最为典型的代表。拜年分为亲戚拜年和家族拜年。亲戚关系是由女性联络的关系，比如舅爷（舅祖父）、舅、姨、姑等。家族关系是由男性联络的关系，比如伯父、叔父，堂兄、堂弟等。关中西部所说的拜年一般指给舅爷、舅、岳父等姻亲拜年。正月

① 参见［美］苏特·杰哈利《广告符码——消费社会中的政治经济学和拜物现象》，中国人民大学出版社2004年版。

初二拜舅家，正月初三拜泰山。这种古俗其实是表达对自己生命和家族未来生命孕育者的感激之情。外甥给舅舅拜年称为“磕头”，舅舅发给外甥压岁钱，这是一个仪式活动，也是一种快乐体验。而今这种仪式性活动正在被形式化替代。由城市人传发的短信拜年、电话拜年之风愈演愈烈。复制转发的话语虽然文雅而客套，却缺少了传统拜年的亲密接触、心理交流和快乐体验。形式正在逐渐取代礼俗仪式，传统节俗的感情联系、族群意识和快乐体验正在消解。

亲族拜年也一样，由过去给族中长辈的“磕头”变为见面打招呼，拜年仪式简单化了，越来越形式化。简化的除夕拜年习俗兴起后，替代了原来大年初一从一家一户开始的拜年方式。原来早些时候，除夕晚上，要去年龄最大的长辈家里，他们一般跟一个儿子生活，端着自家媳妇炒好的菜，给老人拜年后，互相拉拉家常，憧憬一下来年的好日子，回忆一下过去一年的收获。家庭内部，平时闹过矛盾有隔阂的，也会趁着拜年的机会来修复关系，知趣的晚辈则会互相去彼此有怨气父辈那里拜年，以化解各自的不合。这几年，关中拜年已经超出了一个门子范畴，许多从外面回来的，认为需要走动的，或者平时不来往，但也许有求于人家的，也会拉下脸主动缓和气氛，去拜年。这可能是这几年关中拜年的变化之一，体现出一种功利主义的实用哲学，通过拜年，希望在自己离家在外日子里，被拜望的人能对自己老人有个照应，或者自己有事需要帮忙了，也好开口。

在一个“门子”中，一般由辈分较小的带着孩子给辈分较大的上门拜年，或者年龄小的，代表自家分别到长辈家里，比如大伯、二伯和堂伯家去拜年。早些时候，拜年还要磕头，磕头后就有压岁钱领。现在，这项礼节也免了，问候一句新年好，就算拜过年了。大年初一了，许多人就是和家里人聊聊天，中午炒几个菜，庆祝下新春，下午则会去平时关系要好的家里去坐坐，拉拉家常，比起早些时候来，过年的气氛日益单调，没了浓烈的气息。

“转牲口”传统礼仪基本消解。关中西部地区有一个古老习俗，就是正月初一下午“转牲口”，也可说是给牲口过年。在农耕社会中，牛、马、骡子等牲口起着重要的作用，是家里的主要劳力。人辛苦一年要过年来休养，牲口也理应休养，因此就用转牲口这种形式来表达对牲口的怜惜敬重之情。这天，家家户户都将牲口牵出去，披红挂花，燃放鞭炮，沿着村边小路走一圈，三五成群，颇为亮丽，可谓正月初一的一道风景。而现在，随着现代农用机械的大量使用，牲口越来越少。转牲口几乎不见。“转牲口”传统礼仪的消解不仅仅是少了一道过年的程式，千百年来人与动物和谐相处、相互爱怜的生态关系，和民众祈求换春气的美好愿望也随之消失。

（3）心意信仰由祈望转向实用

人类的历史文化是一个发生发展过程。原始时代，洪荒蛮野，猛兽成群，生存条件十分恶劣。面对高大威猛的另类，思维与认知能力低下的人类祖先对其无知与不解，便用一定形式去表示这种由恐惧而生的崇拜，去讨好想象中的自然神力和其他自然物，祈望能把“异己”力量通过一定的形式和手段转化成“顺己”“助己”的力量。因而在经验中产生对大自然及周围事物的信仰态度，并逐渐形成原始形态的崇拜类型：由构成人类生存的自然崇拜，渐进为与人密切相关的图腾崇拜，并最终演化为对人类祖先的崇拜及其一系列的神灵崇拜。保护家庭平安的门神、土地神、灶王神，保护家庭富足的仓神、财神，保护六畜兴旺的弼马温神，保护饮水的井神以及崇敬天地的天地神等就这样缘于生存需要被创造出来。

祭祖是礼俗的传统标注。对祖先的崇敬是周秦以来的文化传统。它主要表现为上坟和正月初一的祠堂拜祖。在关中西部一般是年前几天上坟，整修坟墓，清理杂草，除夕之夜点亮红色灯笼，以示共同过年。而现在多为烧纸钱，冥币印刷越来越精美，面额越来越大，甚至有美元模样的。除此之外，还烧用纸制作的电视机、电冰箱、棉衣以及房屋。这种对先人的缅怀，显示出对亡故人金钱和物质享受上的关照，表现出极强的俗民时尚心理和功利色彩。因为现在很多村庄已无祠堂，上祠堂拜祖已经改在家中祭拜。人们普遍祈求身体安康，收入高涨，所供物品也越来越时尚和现代。传统的礼俗正在淡化。

腊月二十三的“祭灶”也是礼俗的传统标注，这一天要为灶王爷烙“干粮”（圆形有花纹，附茴香、芝麻等，类似烧饼），祈求灶王爷“上天言好事，下凡降吉祥”。祈拜完毕后，全家分享，寄托着美好的生活期盼。而现有很多人家嫌麻烦，去商店购买“干粮”，另辅以水果、点心，供奉出来既体面又简便，这种消费方式与传统方式的心理寄托明显有别。传统方式更虔诚，新方式方便体面，但对神灵的虔诚却大打折扣。

大年三十有一项重要工作就是将各种神灵的图案符号张贴，然后燃放鞭炮，上香，请神，与诸神一同吃饭。这是一项必不可少的仪式活动，人们先将旧的图案揭去，清洗干净后再毕恭毕敬地将“新神”换上。这项工作虽然麻烦但非常庄重。而如今这样的形式已被简化。很多家庭在盖新房时将神灵图案造成瓷砖镶嵌在墙上，干净漂亮，一劳永逸；有的家庭干脆连供奉神像的地方也不留，省得麻烦。随着自来水进家入户，井神被搁置；机械化农具的使用，弼马瘟被抛弃；余粮变卖，仓神无用武之地。门神不用木版印制而选用机械印制的，看起来逼真、鲜艳。当然，比较而言，关中西部人们的信仰性生活依然要比关中东部的浓重，供奉土地与财神依然非常普遍。传统生活中的虔诚信仰渐被实用功利取代，仪式转变成形式。

2. 年俗反思：持存人文心态，守护节日民俗

毫无疑问，富裕程度并不能代表快乐程度，过春节本应该是一个主体体验快乐的过程，是一个民众交流沟通、聚会倾诉感情的空间。打工在外的人千里迢迢赶赴家中，为的是相聚时的快乐体验，是感受邻里亲情构建的信仰性生活的文化空间。而当下的春节活动内容嬗变呈现出市民社会消费的世俗化倾向，缺少了沟通理解互助的传统品德。正因此，很多人感叹：“过年越来越没有意思。”缺失了心灵寄托和快乐体验的春节让人揪心！

首先，随着市场化、现代化和城市化进程加快，乡民的主要收入从农业收入逐渐转变为非农业收入。外出打工是很多乡民除农业耕作以外的主要工作。农闲时间一般都出门在外，村落中多是年老体弱者和孩子，他们当然无力承担传统习俗的践行。春节回家过年也就成了工作休息时间，乡民一年到头忙碌与辛劳，需要在这个时间休整。探亲访友及互相攀比，检验自己一年来的市场价值被认可程度是他们最

为关心的东西。他们会将主要兴趣点放在交流打工经验和如何享受打工成果，较少关注村落文化建设和生活的人文环境。

其次，人们生活水平的差距，改变了民众固有的价值判断。在物质缺乏的年代，过年是人们享受美食、穿着打扮、休闲娱乐的最佳时期，因而不论是大人小孩都有一种期待，有一种心理上的愉悦。而当下，生活水平的提高使春节美食失去诱惑，穿戴新衣已不再是奢求，因而内心的愉悦和期待大打折扣。现在，判断一个人、家庭、村落的价值大小，已经不是平安、和谐、幸福的指数，经济指标已经成为最重要的标准。这样就使得众多乡里能人、民间权威不得不放下架子，放下手艺，卷入赚取真金白银的阵容中去。青年后生们看到赚钱才是硬道理，也无人去学习那些不能当饭吃的民间手艺和绝技了。因此，传统习俗失去了传承的主体，失去了传统习俗魅力彰显的环境，传统习俗的衰败只是时间早晚的事。

再次，现代传媒的发展，改变了信息传递方式和民众春节期间的休闲方式。有学者认为，现代传媒的突飞猛进，拉近了民众的空间距离，但扯远了民众的心理距离。对于西府地区民众来说，这一说法是很有道理的。传统习俗中的拜年、串亲戚、送灯笼等形式被电话、短信拜年及电子贺年卡等取代。语言越来越客气，画面越来越精美，但消解了拜年过程中的愉悦和习俗活动中的精神寄托，而被表面化和形式化了。一部电话机可以给千里之外的很多人拜年，一条祝福短信可以群发给手机里的每一个号码，范围虽广但稀释了真诚的成分，图片精美但成了冰冷的虚拟空间。

同时，看电视成了民众春节的主要休闲方式。现代传媒的传播方式，使人足不出户，尽览世界风光。因此，人们宁愿坐在电视机前，在虚拟画面里度过时光，也不愿走出家门与人交流，致使民众对传统事象不再感兴趣。现在人们甚至认为央视的春节联欢晚会一年不如一年，更不要说乡民组织的游艺活动了。长此以往，一方面身陷虚拟事物，人变得迟钝和缺乏生气；另一方面人们对新事物过分推崇，出现了对流行、时尚的信仰性心理。有些人宁愿去追奉“各领风骚三五年”的明星，也不愿去信奉经过千百年验证的传统文化，应该说现代传媒的影像传播对春节生活内容改变起了很大作用。

民间权威与乡里能人对乡村生活内容的引导力也大大下降了。在传统的中国权力结构中，有着两个不同的层次：顶端是中央政府；底部是地方自治单位，其领袖是绅士阶级。在漫长的封建社会，对自然村落和行政村落的秩序进行维持和影响的不是帝王和官僚，而是乡绅阶层。虽然在法律上只有一条从上而下的贯彻皇帝命令的轨道，但是在实际生活中，中间有政府的皂隶和地方上选择的“乡约”或者相同类型功能的人物，通过这种中介，不合理的命令可以打回去。中央和地方当局之间有必要保持一些交流，这就意味着地方绅士总是在地方组织中占有战略性和主导性的地位①。中国的乡绅有一个共同经历，就是饱读诗书，受以儒家经典为代表的传统文化熏陶。对传统习俗有骨子里的认同，自身也是传统习俗的倡导者和践行者，对民众生活秩序、和谐共处产生了一些积极作用，丰富了传统习俗的内容和内涵，这一点应予以客观的肯定。

中华人民共和国成立以来，我们的政治管理体系实现了民主和上下统一。尤其是改革开放以来，我们的工作重心是“以经济建设为中心”，客观上促进了民众生活的改善，极大地提高了经济建设的效益。短短几十年，我们的乡村面貌有极大改观。但同时也应该看到，乡村中精神文明建设还不尽如人意。习近平总书记强调，“人民对美好生活的向往，就是我们的奋斗目标”，美好生活既包括物质文明建设，也包括精神文明建设。传统习俗是农村精神文明的重要内容，继承和发扬传统习俗对于丰富村民的美好生活十分重要，但实践中传统习俗对民众精神生活的影响却被忽视。对一些祈福、祭祖、公共娱乐等文化行为基层政府大都采取不反对、不支持态度。因为乡村传统公共空间的精神文明建设力度不够，乡村文化空间遭受挤压而不断萎缩。

其实，传统习俗的传承属于公共事务，理应纳入公共领域范畴来支持。在新农村建设中要重新构筑新的公共空间，允许民间权威参与到公共事务的决策与管理中来，使经过数千年大浪淘沙留存下来的非

---

① 参见费孝通《中国绅士》，中国社会科学出版社 2006 年版。

物质文化遗产得到传承和保护。这也是构建和谐社会的重要组成部分，是维系基层与村落稳定和谐的重要步骤，是丰富民众生活，提高民众的审美水平的必由之路[①]。不仅关中西部地区需要如此，其他地域也应予以重视。

春节是中国民族节日的标志，春节习俗集中体现了中华民族对美好生活追寻的文化心理。尽管社会转型冲击着传统生活方式，有一些信仰性生活方式发生了转变，这也是社会发展和人生追求的必然选择。但是，人类自古以来创造的物质与精神两栖并重的生活方式是永远不会改变的。只要我们高扬“非物质文化遗产”保护的旗帜，正确倡导精神文明建设和物质消费方式，传统民族节日不仅不会在社会转型中消失，反而可能在民众消费能力提高之后，得到复古式传承。

三　关中西部乡村的社火文化[②]

“社”，古指土地神。《白虎通义》记载：“人非土不立，非谷不食，土地广博不可一一敬地，故封土为社。”郑玄作注：“后土，社也。”以后为便于祭祀土地神，又称谓社为地域区划小的单位。《管子乘马》曰：“方六里，为社。”即方圆六里为一社。以社为单位“击器而歌，围火而舞”故称社火。由此可知，社火都有祭祀、祝福之意。尤其在关陇地区，不论是对神农炎帝的信奉，还是对伏羲女娲的膜拜，都寄托着民众对安定祥和、富足充裕、和睦共处这种美好生活的向往和感激之情。“社火”这一艺术形式在此地兴盛并传承不衰，很好地诠释了关陇地区民众的文化心理。

社火是“非物质文化遗产”保护名录中的重要类别，吸收了民间文学、民间音乐、民间舞蹈、戏曲、民间杂技、民间美术及游艺表演等民间文化中的众多因子，形成其独特的表现形式。在经济相对落后，信息相对闭塞，民风耿厚淳朴的关陇地区，社火具有十分浓厚的区域文化底蕴和浓郁的地方色彩，基本上持存了“原生态”特点。关

---

① 参见石义彬《单向度 超真实 内爆——批判视野中的当代西方传播思想研究》，武汉大学出版社2003年版。

② 参见拙文《关陇传统社火持存与变异的调查与思考》，《文艺争鸣》2011年3月号（下半月）。

陇社火经世代传承延续，人人耳濡目染，与当地民众生活息息相关，密切相连，渗透着他们的喜怒哀乐，承载着他们的憧憬理想，牢牢植根于乡村民间。

1. 关陇社火传承与变异的表现

随着中国社会由农耕文明向工业文明的转型，市场经济理念逐渐深入人心，这对民众消费和价值判断产生了重要影响，传承数千年并具有鲜明艺术特色的关陇社火在此背景下也出现了新的动向。既有传承、发展与创新，又有变异、功利化和消解。

（1）关陇社火的传承表现

社火本身具有信仰价值、文化韧性和休闲娱乐功能，这些构成关陇社火传承的重要保证。关陇社火基本上以封神演义、三国演义及其他民间传说、戏曲故事等里面的人物和情节为表演主体。其实在民间，对道教、佛教及自然神、英雄神的区分是模糊的。基于河谷与高原地势、交通闭塞、生活困苦等因素，民众对神灵一视同仁，只要能祈福避祸、平安健康、祥和快乐，谁能带来福音就膜拜谁。这种既功利又可爱的信仰形式延续千百年。比如说关陇社火中往往是以黑虎、灵官开道。在农村社火中，黑虎灵官是普遍敬奉的神的形象，人们将其视作镇宅避邪之神，保佑家宅平安。民间用“花脸”脸谱来标志他们，既体现其威武、暴躁、慑服鬼神的特点，又体现人们趋利避害、渴望平安生活的心理。又如观音菩萨和“弼马瘟”形象，观音又称观世音，是我国汉族和部分少数民族民间信仰的重要神灵。在人们的口头传承中，观音菩萨是一位大慈大悲、神通广大、充满母爱的女神。而“弼马瘟”则跟农村家庭多养牛马家畜有关。由于传说孙悟空驯养过天马，人们认为他能保佑六畜平安，槽头兴旺。在此尤其值得一提的是关公形象在社火中的出现，自从宋代以后，关公走上神坛，历代帝王以其忠义而不断加封，直至关帝[①]。在关陇地区，几乎每个村镇都有关帝庙，香火兴盛。在社火中，关帝形象不可或缺，诚信守诺、义薄云天、威武英勇的形象备受关陇地区民众喜爱。不仅能镇宅避

---

① 赵德利、仵军智：《关中西部村落社火撷影》，《神州民俗》2006 年第 5 期。

邪，还司职“财神”，是与“文财神”赵公明齐名的“武财神”。

关陇地区民风剽悍而淳朴，既崇尚竞争，又爱好和平。在社火中表现尤为明显。从参与群体来看，老、中、青和少年儿童，各个年龄段人都有，连平时围着锅台转的家庭妇女，在社火展演期间也都披挂上阵。从表演形式来看，也表现出竞争的特点：游龙舞狮，看谁家阵容排场，技艺高超；高跷，看谁家更高，花样更多……斗社火是两家各出几人，展开争斗，看谁家取胜。最具特色的是血社火，血社火是陕西陇县社火中极具代表性的一种社火形式。陇县赤沙镇的血社火，知名度很高。所谓血社火，就是以恐怖诉求形式展现的社火形式，表演者黑衣黑裤，脸谱颜色以黑白为主。在头部、胸口、腹部、背部等部位，用锄头、铡刀、菜刀、斧子、剪刀、小板凳等锐器插入或砸入，一半露在外面。表演者双目紧闭，血肉模糊，一般由车载、人抬或骑马等形式进行游演。观看者无不瞠目结舌，唏嘘不已。血社火的主要功能是警示。通过血淋淋的惨烈场面，给人以极强的视觉冲击力，让人心生怵惕恻隐之心，使人看到平时家庭不和、邻里不和、一时冲动大打出手造成的悲惨后果。正如勒庞所言：“影响民众想象力的，并不是事实本身，而是它们发生和引起注意的方式。如果让我表明看法的话，我会说，必须对它们进行浓缩加工，它们才会形成一种令人瞠目结舌的惊人形象。”[①] 血社火很好地诠释了这一说法。

关陇社火不仅以内容和表演形式继承了前辈社火的精华，同时在社火道具的制作工艺、取材、脸谱、服装款式、音乐伴奏等方面，也都是师傅传徒弟，一辈辈传承下来。从社火芯子、高跷材料、脸谱、鼓谱、演唱曲谱等方面来看，都保持得非常好。同时，民众对社火的审美和评判，也都受老辈的影响，重思想意蕴，重社火表演技能，重对传统东西的传承程度。在大众娱乐形式多样的当下，民众对传统社火的热情不减，在社火展演期间，处处洋溢着传统的气氛，有的地方达到了万人空巷的程度。民众的持续喜爱和关注也是社火持存的重要

① ［法］古斯塔夫·勒庞：《乌合之众——大众心理研究》，中央编译出版社 2004 年版，第 65 页。

因素。

(2) 关陇社火的变异表现

没有变异就没有发展，社火就是由古代的“傩”演变而来。傩仪不以白面示人，戴上面具（此种形式在西南少数民族目前还存在），跳跃舞蹈，祈福祛邪，而后演变为用油彩涂面，服装也逐渐演变。在广泛的区域内，傩仪的驱疫避邪功能在社火中体现出来，成为社火的一项重要的文化功能。在思想内涵、精神精髓保持下的不断创新，我们是欢迎的，而当下关陇社火所发生的变异却是令人喜忧参半的，表演内容与形式的变化属于创新，而表演动机、艺术水平以及价值评判发生变异却是令人担忧的。

随着社会现代化程度越来越高，传统手艺的传承面临极大的困难，社火也是一样，种类和形式都发生了很大变化。关陇地区传统社火大致分为步社火、马社火、车社火、背社火、高芯社火、血社火等形式。近年来这些类别的社火均不同程度地发生着变异。

步社火即行走的社火。包括高跷、旱船、打斗社火、秧歌、舞龙、舞狮及传统步行社火等。其特点是不使用承载工具，对表演者技能要求高。比如高跷，传统高跷的高度在 1.5 米左右，有的在 2 米以上。踩在上面不但要行走，还要跳跃甚至翻筋斗，观赏性极强。而现在的高跷大多在 0.3—0.5 米之间。另外像舞龙舞狮都是协作性、技能性很高的表演形式，而现在的步社火的技艺明显不如以前。

马社火即装扮起来骑在马上进行表演的社火。骑马本身就是技艺。以前关陇一带多用牲畜辅助耕作，因而马、骡子等较多，到装扮社火时，规模大的表演通常几十匹同时展演，甚是壮观，而现在一方面马匹少了，另一方面有马也不会骑。陇县小寨村社火负责人，73 岁的郝振魁老人告诉我们：“现在扮社火很难了，每年要到关山牧场去租马，一匹马一天 50 元，还要负责喂养和管理。年轻人大多不会骑马，也不敢骑。现在每年也就装几个身子，规模已经很小了。”

背社火是陇县独有的社火形式。找身强力壮的后生，将社火芯子固定在背上，芯子上站人，可以站一人，也可以两人、三人，最多可站四人。当然，考虑到分量，一般选择 10 岁左右的身材高挑的小孩

（身材矮小架不起服装，看起来没有效果），固定在芯子上，由一人背着走。为什么不用其他形式，而要采用背的形式呢？70 岁老艺人杨村娃回答道："主要还是经济原因，村子太穷，置不起其他家当，但还想要出花样，就采用背社火的形式。因为这里是山区，平时背柴、背草惯了，背几个娃娃没有问题。但现在不行了，年轻后生嫌太苦，不愿意学，到春节耍社火时得花钱雇人。"

车社火和高芯社火都是以汽车或拖拉机为承载工具，将社火芯子固定在车厢内，然后将表演者固定在社火芯子上。这种社火带有杂技的性质，其演员均是年龄在 5—10 岁之间的幼童，将其化装后绑扎在木制或钢筋焊高架上，再在高架外表加以虎、龙、树木、花瓶等各种装饰，或将高架隐藏于演员的服装、道具之中，给人凌空飞动，惊险玄奇之感①。当然随着材料的不断更新，芯子的安全程度没有问题。但表演技巧技能水平、表现内容丰富性等并没有提高，甚至比以前降低了。

表现内容在传统元素基础上融进了现代元素。比如新农村建设、一村一品、计划生育等，突显改革开放成果的内容大大增加。2008 年元宵节宝鸡市社火巡演，就表现出了这样的特点。先是摩托车开道，而后是彩车队。彩车队主要展示村镇的特色产品、乡镇企业的工业品和特色农产品，严格意义上说是广告宣传车。而后是彩旗队、锣鼓队、秧歌队等。除秧歌队外，大多是以车代步。传统元素社火基本上没有了，即便有也是在队伍最后面点缀一下。不仅宝鸡如此，我们在 2010 年春节民俗调研中发现，天水、平凉、庆阳莫不如此，大同小异。在甘肃泾川时我们发现，一个社火队伍中竟然有好几个"关公"。询问后得知，人们愿给"关公"红包，以祈求平安，而为了多拿红包，就设置了好几个"关公"，以解决经费来源问题。在甘肃庄浪调研时我们发现，汽车上装饰的社火，祈福纳财内容的居多，而历史文化、戏曲故事的较少，询问后得知祈福纳财类社火能讨到钱。怪不得

---

① 杨惠君：《陕西民间社火研究》，选自《陕西省社科界重大理论与现实研究项目成果选编》，陕西人民出版社 2009 年版，第 344 页。

我们发现汽车上社火周围蹲了一圈人，手里都拿了一沓厚厚的纸币。车厢边上还重重叠叠地搭着绸缎被面。与传统社火相比，当下社火的世俗性与功利性明显增强，表演动机明显变异。村镇社火不是为了弘扬传统文化，而是“炫富”。让人们知晓他们有多少企业、什么产品，有多少现代化交通工具，服装是多么崭新艳丽和整齐划一。很多社火装扮者的历史文化知识太浅，想不出更多的故事和花样，显得单调而死板。同时脸谱绘画者也胡乱描绘，致使民众在观赏时不能认识装扮的形象到底是谁。同时在内容设计上，他们看重如何能收回成本，多赚一点。在陕西陇县调研时，86 岁的背社火老艺人杨生林告诉我们：“我们这个背社火以前是自愿的，而现在明码标价雇人。背一人 100 元，背两人 150 元，背三人 300 元。”这样一来，参与社火的娱乐和自我价值展示功能就大打折扣了。

2. 社火传承与变异的文化思考

关陇社火不论是传承还是变异，都不是偶然的，而是在一定的政治、经济和文化背景下进行的，一定的社会背景产生出一定的社火存在状态，一定的社火存在状态折射出民众的文化心理和时代特征。两者是紧密联系的。

(1) 地缘文化积淀形成的特有民众心理是社火传承的保证

关中道是东西长、南北窄的狭长河道，渭河从中间穿过，往北进入浑厚苍凉的黄土高原，南面则是巍峨高大的秦岭山脉。关中道有东府西府之说，西安以东，以渭南为中心，俗称东府，渭河到这里进入宽阔地带，水流平缓，与黄河交汇，因而东府地势平坦而开阔，东府地域广大，人口稠密，民风粗犷，视野开阔，包容性好，对外交往多。西府是西安以西以宝鸡为中心的区域，有山、有塬、有河谷，狭窄、封闭，地形复杂，交通不便，信息闭塞。因而西府人性格倔强，保守封闭，安于现状，不希望有大变动，喜欢按部就班。陇东地区的地形地貌与西府相近，当然在某种程度上塬高沟深，更加闭塞。陇东民众有其淳朴、粗犷、热情的性格，陇东文化有努力向关内文化接近的特点。因而关陇文化有其鲜明特色，其实与关中东部相比，陇东与关中西部的文化心理更为接近。

关陇地区一直以来就是战略要地，兵家必争之地，秦人的崛起与壮大就在这个区域，休养生息后向东统一六国。关陇是三国时的古战场，南宋时的宋金之界。这些历史源流形成关陇地区民众争强好胜的尚武心理。社火装扮很好地表现了这一文化心理：对武将的推崇，“花脸”形象的丰富多彩，背社火、打斗社火、疙瘩脸社火等都透露出一种尚武情结。

关陇社火对山神、土地神、谷神等形象的推崇与其地缘特点有关，对黑虎、灵官、关帝君、观音菩萨等的推崇与保守封闭、担心变化等民众心理有关，而对英雄、将领及重大事件的装扮与其争强好胜的尚武心理有关。总之，一方水土养一方人，民众心理形成离不开特定的地缘文化。

（2）经济体制与基层管理转变对社火传承有一定影响

家庭联产承包责任制实施以前，是集体化作业与集体化生存时代，一方面，生产力水平低，经济不发达，闲暇时候的娱乐活动单调；另一方面，人员组织与管理容易，大家的功利观念淡薄，因而组织社火时民众热情高潮，参与程度高，全身心投入到这项活动中来，当然快乐指数也高。家庭联产承包责任制实施后，家庭经济独立化，闲暇时间减少，公共意识淡薄。村民对家庭经济发展的关注程度高，加之经济收入增长后购买电视机等信息传播设备，因而村民对社火的热情降低，同时功利性增强，由自愿到有偿，社火表演的成本明显增强，而快乐体验明显降低。

基层管理由传统的士绅管理转变为现阶段基层党组织和村民委员会的行政管理。士绅阶层在以前乡村占有经济、政治与文化上的制高点，属于意见领袖，主要从伦理道德与人格魅力层面赢得村民信服。而当下的基层管理从政治与经济的层面进行。行政本位思想在民众心目中约定俗成，愿意听从行政安排，缺少自发意识。管理者抓经济建设这一中心工作，对文化建设工作关注不够，就使得社火的官方组织力度不够。即使组织社火也从功利层面考虑，比如游演路线确定，先走行政单位，再到商贾门店，出现多个关公、舞狮、财神等，带有明显的筹措经费的功利意图。在甘肃泾川调研时我们看到，社火中的一个小丑模样的，手拿鸡毛掸子的演员，碰见高档小轿车就上去扫几下，然后就要红包。这些都说明社火表演的经济层面的考虑元素增加。

（3）对乡里能人的判断标准发生变化影响到社火技能的传承

在传统乡村社会，社会成员的行为通常受习俗而非法律的支配，个人在社会中的地位通常是传袭的、先赋的，而非通过后天努力自己创造的，对应自然经济基础上的农业社会，在文化观念上体现为沃尔夫所说的“夜郎自大”“迷恋穷苦”“清心寡欲”和顺从贫困即美德，还有就是“集体嫉妒”，迷信巫术以对付那些来自其他世界的物欲陷阱和“向上爬”的作风，保持经济平均和传统行为规范①。恰亚诺夫认为，传统农民不仅“黏着在土地上”，甚至在土地上也是“好逸恶劳”的，传统农民一旦生产出足够自己消费的粮食就会减少自身的劳动甚至停止劳动②。因而说传统农民重视个人幸福体验，弱化经济攀比，在乡土中国这是主流意识形态，而在当下农村这种状况发生了翻天覆地的变化：以经济能力的强弱而非文化技能高低来判断乡里能人。如果不能改善自身经济状况，即使在社火表演中表现再好也会被认为“不务正业”和“好逸恶劳”。这样的舆论氛围使得众多乡民放弃民间技艺而进入打工赚钱的行列。疙瘩脸社火是陇县一个极具特色的社火种类，在鸡蛋壳上彩绘，贴在面部形成疙瘩，使演员性格更张扬、突出，视觉感极强。疙瘩脸社火传承人严永强告诉我们：“我现在主要以贩卖辣椒为主业，没办法，得生活。”当被问及有没有徒弟时，他苦笑着说：“年轻后生都不学，说没前途，赚不来钱。”从他一脸沧桑中我们读出了其无奈和伤感。

（4）农村文化建设的形式与内容脱节影响到社火的传承

新农村文化建设是精神文明建设的一个重要举措，对农村未来发展意义重大。但在具体实施中却不尽如人意，表现出“重形式，轻内

① ［美］托马斯，哈定等：《文化与定化》，韩建军、商戈令译，浙江人民出版社 1987 年版，第 52 页。

② ［俄］恰亚诺夫：《农民经济组织》，萧正洪译，中央编译出版社 1996 年版，第 53 页。

容”的倾向。比如说在社火表演上，一些村落经济发展好，资金充足，就大量购置设备、服装，因而阵容大、现代、排场，但技术性和艺术性差。一些村子技艺传承好，民间意蕴丰富，技艺高，观赏性好，但由于经济落后，因而条件差，服饰参差不齐、拼凑，看起来不排场，没气势。这里面存在经费投资与使用不合理和不规范的问题。对真正民间的、艺术性的社火形式要予以鼓励、资助，使社火表演者感受到自身技艺的价值，带来愉悦感受，去功利性而回归社火本质，这样的配置才是合理而有效的，而我们农村文化建设有义务有责任去承担资源配置的任务。改革开放以来，富裕以后的农村，依然处于文化相对贫乏、文明相对落后的状况，广大农民亟须文明的生活方式、健康的娱乐形式及和谐的邻里环境。而社火这一集体性行为为人际交往提供了一个良好平台，民众可以通过参与社火而增进交流、化解矛盾，营造良好的乡村生存空间。

综上所述，特定的地貌空间和高度的文化认同使关陇成为特色鲜明的文化区域。关陇社火承载着重要的文化信息，在社会转型的大背景下，既有传承，也发生了明显变异。不论怎么说，持存数千年的这一重要文艺形式如果在我们这个时代失去其本来面目或者发生传承断裂，将是十分遗憾的事情。

第二节 关中西部乡村民间艺术

当下以非物质文化保护和传承为抓手的文化产业研究成为一个热点，不论政府、民间团体还是专业学者、民间艺人，已经深刻认识到文化产业对提升国家软实力和国家形象的重要性。同时，民间手工艺产业已经成为经济发展增力点，成为增加民众经济收入的重要来源，也能进一步丰富民众日常生活内容，提升生活品位。关中西部地区的民间艺术种类繁多，此处主要就在国内外影响力较大的宝鸡民间手工艺为例，管窥“宝鸡工艺美术之乡”是不是徒有虚名。在进行综述的基础上，着重以凤翔泥塑、凤翔罩金漆器等为例进行深入分析。

一　关中西部乡村民间艺术概述

以西府曲子和宝鸡民间手工艺为代表的关中西部民间艺术，种类较多，空间分布较广，具有独特的区域色彩和地方特色。其中，已经被列入国家级非物质文化遗产保护名录的有凤翔泥塑、凤翔木版年画、西秦刺绣等，凤翔罩金漆器、社火脸谱绘制、凤翔草编、银器制作等都已经列入省级非遗保护名录。这些民间手工艺的发展历史，都可以用世纪来论年龄，也都具有很高的艺术价值和鉴赏价值。从事这些技艺的艺人中，有的被世界教科文组织审定为艺术大师，有的被评为国家级和省级艺术大师。

1. 对宝鸡民间手工艺的认识

所谓民间手工艺，主要是指乡村民众在农业生产之余，根据民间传说、神话故事，并结合时代特色和流行时尚，立足一定的文化心理与工艺传承，充分发挥自己的想象力，就地取材、完全依靠手工制作，生产出能满足民众日常物质与精神文化需求，既具有实用性，又具有文化审美性的手工艺制品。主要用于禁忌信仰、趋吉纳福的民俗活动，装饰家居、美化生活的日常起居活动，礼尚往来、传递感情的人际交往活动等。民间手工艺是乡村民众的重要生产生活内容，手工艺品在完成文化传播功能的同时，也进入市场交易，获取一定的经济收入，不断提升民众生活水平和生活品位。

宝鸡民间手工艺令人骄傲和自豪，宝鸡地区文化积淀深厚、人杰地灵，民众聪明勤劳、心灵手巧。从出土的仰韶文化器皿来看，在远古时代，这一区域的民众就运用自己的聪明才智，创造出精美和丰富的生活用品和手工艺品。虽然随着时代更替，地面上许多古代文化遗产被破坏、被废弃，但是蕴藏在民众中间的文化艺术，不但没有泯灭，而且在古老的传统基础上延续着、发展着。直到今天，民间仍然流传着大量故事传说，广大农村保存和流传着极其丰富多彩的民间手工艺，充分显示了这一地区灿烂的古代文明以及悠久的文化传统。

2. 宝鸡民间手工艺的种类

宝鸡民间手工艺是指依托宝鸡特有的地缘文化元素和民众文化心理，由民众自发设计制作的极具西北地区文化性格和关中西部文化气质的民间手工艺制品。笔者所做的宝鸡民间手工艺研究，其对象主要包括民间工艺美术作品和传统手工艺制品，不包括民间音乐、民间舞蹈、传统戏剧、曲艺以及民俗事象活动等。近年来宝鸡民间手工艺获批为市级以上非物质文化遗产的项目有 20 多项，省级以上的有 7 项（其中国家级 3 项，省级 4 项）。而这 7 项也是发展状态与发展前景较好的项目类别，大致包括：凤翔泥塑、凤翔木版年画、西秦刺绣、凤翔罩金漆器、社火脸谱绘制技艺、凤翔草编技艺、银器制作技艺等。

依据国家行业分类标准，结合宝鸡民间手工艺调查摸底实际情况，我们认为，宝鸡民间手工艺可以分为两大类，即传统手工艺和现代手工艺。所谓传统手工艺具有如下特点：百年以上的传承历史；技艺精湛，世代相传，自成风格；以天然原材料为主，采用传统工艺和技术，作品主要以手工制作；具有鲜明的民族风格和地方特色；在国内外享有盛誉等。宝鸡传统民间手工艺主要包括：雕塑工艺、陶瓷工艺、织绣工艺、编结工艺、剪刻工艺和画绘工艺等 6 大类（11 种具体表现形式），具体为：雕塑工艺（泥塑、木版年画、面花）、陶瓷工艺（黑陶）、织绣工艺（刺绣、布艺）、编结工艺（草编、麦秆画）、剪刻工艺（剪纸、皮影）、画绘工艺（社火马勺脸谱）。现代手工艺主要包括：金属工艺、现代雕塑等 2 大类（7 种具体表现形式），具体为：金属工艺（青铜器文物仿制、钛工艺品、金银器工艺品）、现代雕塑（城市雕塑艺术品、木雕、石雕、山核桃工艺品）等。

3. 宝鸡民间手工艺产业化

所谓宝鸡民间手工艺产业化，主要指在市场化背景下，随着民众精神文化需求层次的进一步提升，将传统手工艺的传承、生产、创新等进行整合，找寻发展着力点，将作坊生产与规模经营相结合，转变传统观念，紧跟时代步伐，探索以传承优秀文化、丰富民众生活、增加民众收入为导向的民间手工艺产业化发展的路径。同时，进一步挖掘产品文化内涵、提高产品质量与工艺水平，开阔创作视野，力图使这一优秀传统文化形式焕发出新的生命力，走出陕西，走向全国，走向世界。

宝鸡民间手工艺产品种类较多，空间分布较广，而又特色鲜明，各县区手工艺品具有独特的区域色彩和地方特色。目前，通过对全市各县区民间手工艺行业的摸底，我们发现每个细分领域都有龙头企业或合作社，其中合作社形式主要集中在传统手工艺领域，企业形式主要集中在现代手工艺领域。尤其是以千阳刺绣、凤翔泥塑、陈仓社火马勺脸谱为代表的农民专业合作社粗具规模，以青铜器复仿制、金银器工艺品制作、钛工艺品制作为代表的民营企业发展迅速。据不完全统计，全市民间手工艺行业从业骨干企业 65 户，骨干农民专业合作社 22 个。

宝鸡民间手工艺具有悠久的历史、较高的品牌知名度，产业化发展已经粗具规模，不论是个体户，还是合作社、民营公司，都具有现代市场观念和意识，并且能百花齐放，在各个类别都有不俗的表现。但同时，跟全国其他地方相比较，差距还是比较明显的，它们的市场化规模、效益、知名度都明显处于劣势。比如凤翔罩金漆器，在国内漆器行业美誉度较高，且特色鲜明，但由于扶持力度不足、管理不善、营销乏力、后继无人等诸多原因，表现出极度衰退，甚至面临消失的危险。与此同时，国内几个漆艺产业化发展较为成熟的地方，比如福州、扬州、山西平遥、甘肃天水等，都具有鲜明的地方特色，基本能适应本土民众的审美和市场需求。福州、扬州等南方地区，市场开拓能力强，工业化生产特点明显，成本低、数量大、销售范围广，具有较强竞争力和发展后劲，山西平遥搭载旅游快车，因其视觉感极强和包装精美、携带方便深受旅游观光者的喜爱，发展势头强劲。甘肃天水地处西北，产业化发展却一枝独秀，具有代表性的天水飞天雕漆工艺家具有限责任公司员工多达 400 人左右，产品远销 50 多个国家和地区。

据不完全统计，2013 年全市民间手工艺品产业实现年产值 5.5 亿元。其中青铜器复仿制约 6000 万元，金银器工艺品约 3000 万元，钛工艺品约 5000 万元，泥塑约 2000 万元，刺绣约 4000 万元，社火马勺脸谱 1000 万元，布艺约 3000 万元，石雕、木雕约 4000 万元，现代工艺品交易（古玩市场）约 23000 万元，其他约 4000 万元。

4. 对民间手工艺产业化的研究

民间手工艺产业化问题是一个令人尴尬的问题。一方面，手工艺属于民间艺术创作，是乡村民众认识世界和体味生活的表现形式，艺术品的首要魅力独一无二，每一件作品背后都体现着创作者当时的状态与认识。另一方面，要使民间手工艺的艺术魅力影响和感染更多的人，就不得不大量生产，在遵循市场法则和市场规律前提下，参与市场竞争，实现优胜劣汰，因而在一定层面上影响了民间艺人的认识标准和创作态度，产业化背景下容易产生经济层面与文化层面的冲突，这一点是不可回避的。

（1）学界对宝鸡民间手工艺的关注

当下宝鸡手工艺研究主要立足于非遗保护与传承、民间手工艺艺术审美价值等基础理论层面，而关于从产业化发展的应用对策研究的成果较少。民间艺人由于缺乏理论积累，重实践而轻理论；文化事业管理部门重政策引导和日常管理，对民间手工艺产业化发展的理论研究投入精力不够；而高校教师由于缺乏民间手工艺实践经验，重基础理论研究，实践层面的研究不足。当下较有代表性的理论研究成果主要产生在高校。西北农林科技大学社会学系的一个研究团队立足关中地区，从民间美术审美、手工艺保护与传承、民俗事象等角度展开研究，发表了一系列有价值的学术文章，有一定特色；西北大学杨立川教授及其团队对民间艺术的传播技巧与策略层面进行了卓有成效的研究工作；宝鸡文理学院张伟峰教授及其团队，立足关天经济开发区建设，从宝鸡民间美术产业化发展层面做了大量调查研究工作，积累了基础性信息；宝鸡文理学院民间工艺美术研究所王宝强、李强等团队从民间手工艺的视觉审美和文化内涵层面进行研究，取得不少成果；同时，宝鸡文理学院赵德利教授及其团队在关中西部的民间文艺文化生态和乡村民众文化心理等层面展开了较为深入的研究。总体而言，学术研究与民间艺人的创作属于两张皮，各干各的。在此值得一提的是，1989 年宝鸡市文化广播电视局编印了一本《宝鸡民间美术研究》的小册子，主要对宝鸡地区名气较大的泥塑、木版年画、刺绣、皮影、布艺等工艺及艺术特色进行评论。由著名漫画家华君武先生代序，其间有众多学者参与撰写，诸如柴延枢、杨学芹、孙宜生、蒋一功、安正中、党天才、常智奇、郑玉林、高随民等，现在看来，依然有其闪光点和真知灼见。

（2）市场需求对宝鸡民间手工艺的发展影响

民间手工艺未来发展的问题，实际上就是民间手工艺的现代化问题。在当前世界范围内，以单一性为主导的设计观念越来越受到各界的质疑，人们购买产品是需要满足他们更多的情感化需求，而不仅仅是实用功能。民间手工艺品正是匠人们通过双手而进行的造物行为，将情感融入其中，与使用者形成某种情感上的对话，满足购买者、使用者多层次需求。

由于对民间手工艺产业化认识的偏差，整个民间手工艺市场以艺术观赏品为主。但由于供求关系、审美转变及自身特性等多种因素的影响，很多民间手工艺未能适应市场需求，从而走向低谷。不少技术从业人员为了生计不得不转行，以致部分民间手工艺面临后继无人的境况。前段时间杭州五位国际级工艺美术大师就面向全国招收弟子，当地政府给予很多优惠政策，希望这些民间工艺艺人能薪火相传。但是整个行业的发展形势令人堪忧，不少有识之士都在高声呼吁“留住手艺”。另外，往往由于某几项复杂的修饰工艺，而影响了整个行业的发展。很多匠人提到传承，必欲先数尽前人留下的诸多技法，唯恐遗漏。这也造成某些行业现代化发展“包袱”过重的状况。载重过大，便很难向前推动。

手工制作与机器生产两者之间的矛盾是显而易见的，且从工业革命之始便一直存在。一个是非标准化，富有人情味的；另一个是标准化，但冷漠无情的。手工制品是匠人将个人情感与灵魂置入其中的造物活动，是匠人的技艺、智慧与创造力的结晶。机器生产则代表着高效率与标准化、批量与相对廉价，另一方面却又显得毫无个性。我国传统手工艺历史悠久，历经几千年的传承与发展，各种样式和手法不断丰富。以雕刻、镶嵌等精细手法装饰的手工艺品时常令人赞叹不已。但这些技艺往往十分复杂，一个人需要花几年的时间学习实践才能达到要求，以致很多人望而却步，未能达到相应的生产要求。因此，某些工艺品产量低、工期长、人员少，根本不可能普及。

在当前中国经济高速发展的背景下，出现一批富裕阶层，他们开始追求文化享受和品位，因此市场上对极富文化内涵和审美价值的传统民间手工艺品出现热烈追捧的趋势。宝鸡民间手工艺品由于融环保性、艺术性、观赏性、实用性、收藏性、高附加值性为一体，必然会成为新宠。笔者的研究旨在梳理民间手工艺的历史发展脉络，分析衰落的原因，挖掘其产业化发展潜力。可以说，提出有价值的产业化发展思路与具体策略是当前研究宝鸡民间手工艺问题的主要任务和课题。

二　代表性民间艺术作品类别及特点

宝鸡民间手工艺其实一直以来在艺术审美与产业开发方面不断地努力着，只不过从深度和广度上没有达到现代意义上的产业化程度。比如，凤翔泥塑，俗称“耍货”，一直是关中地区小孩子童年时期不可或缺的玩具和庙会上的抢手货；木版年画一百多年来一直是关中西部农村民众装饰居所、年节祭祀的重要物品，年画、门神、窗花等运用广泛，很受欢迎，只不过近年来逐渐被机械印刷制品冲击和取代；凤翔罩金漆器是农村家庭生活必需品，也是家庭殷实与否的重要表现；西秦刺绣一直是乡村妇女的基本功，是能干与否的基本判断标准，刺绣作品也是传递爱情、亲情的重要载体，是人际交往、感情联络的重要纽带，等等。不管怎样，宝鸡民间手工艺的存在与发展，与宝鸡地区民众生存状态的关系密不可分。在新的经济、文化背景下，嬗变是必然的，如何既能保持手工艺的传统意蕴和艺术审美，又能结合当下实际，实现产业化发展，是本书试图探索的问题。

1. 凤翔泥塑

六营村彩绘泥塑俗称“耍货”。民众本来的制作动机与出发点就是谋生这样一种经济行为。在新的市场背景下，彩绘泥塑转变经营理念，注重传播技巧与营销手段的运用。有效利用“平安马”与“泥塑羊”荣登生肖邮票主图案的契机，进行大力宣传，以优秀艺人个体宣传为依托，努力做大做强。西府民俗艺术博览园南距正在筹建的凤翔县雍城湖游览区500米，西距凤翔县城区3公里，北距西宝北线1

公里，风景优美、环境宜人，集学习、实践、娱乐、吃、住、休闲旅游为一体。设有可容纳 50 多名学员，拥有最先进的电子教学设施的现代化教室一所，民间工艺展室 5 间，生产实践场地 15 间，餐饮住宿 13 间。并组织邀请陕西省及全国著名艺术家、教育家、各类民间工艺美术大师承担教学任务，师资力量雄厚，是学习、购物、体验、领略西北民俗风情文化和休闲游乐的良好场所。这些都体现了以胡新民为代表的新一代艺人与以胡深为代表的老艺人之间的区别，前者更重市场、重传播、重营销手段，后者重手艺，保守而传统。

同时，在工艺方面，凤翔泥塑也更加迎合市场和现代生活理念，不断开发新工艺，为了便于长途运输，选用当地特有的黑油板板土，白色封洗图，上等好棉花、糯米等多种天然材料配制而成的全国独一无二的空心摔不烂泥塑。为了适应不同层次消费需求，不仅完善传统的花草虫鱼、祥鸟瑞兽、神话风俗人物等形象，而且开发出福娃、史努比、QQ 等新款形象，极具现代性和市场眼光。一切以消费者为中心，运用整合营销传播理论，产业化开发与销售，使彩绘泥塑展现出蓬勃的开发与销售态势，远销欧美，近覆长江南北、黄河内外，成为馈赠亲友、增福送喜、镇宅驱邪的吉祥物和不可多得的艺术珍品而供不应求。

2. 凤翔木版年画

凤翔木版年画始于唐、宋，盛于明、清。产地主要集中在凤翔县城东边约二十里的肖里村，凤翔当地流传着“南肖里娃娃一丁丁，从小就会画门神”的谚语。南肖里村邰氏祖案记载，明正德二年前，邰氏家族已有八户从事年画生产，至今已传承延续了 20 代。2006 年凤翔木版年画被列入第一批国家级非物质文化遗产名录。

对于木版年画的现状，邰立平（第 20 代代表性传承人）忧虑地说：“现代胶印技术印制的年画价格便宜、产量大、色泽艳丽。相比胶印年画，传统的年画工艺复杂、制作成本高、价格贵而且容易掉色，还不易保存，这让传统木版年画失去了市场。”

邰立平介绍，自己的儿子之前是做 IT 行业的，年薪十几万元，去年儿子把工作辞了专门做年画，但是他去年一年的收入还不到一万元，现实很残酷，单靠做年画没办法生存下去。

邰立平告诉记者："没有收入，一年能撑住，但是三年五年呢，而做年画需要比较强的美术功底和丰富的刻版经验，没有十年的功夫一般人是出不了师的，这使得年画的传承的确存在很大问题。虽然目前木版年画很受收藏界的青睐，但是名气不够响、火候不到的青年人很难赢得市场的认可，短期内想获得理想的经济收入比较困难。"此处必须提及的是，上一辈老艺术家的相继离世与下一代年轻人不愿意学习，致使这一国家级非物质文化遗产面临断代风险。老艺术家邰怡已经去世，邰立平是目前最重要的传承人了。

邰立平希望政府能够针对年轻人传承木版年画出台一些扶持政策，扶持这门濒临失传的艺术。他说："我很希望有年轻人把这个手艺传承下去，我现在也干不动了，但是我很矛盾，让他们传承了这门手艺短期内年轻人连自己生存都是问题。"

3. 西秦刺绣

西秦刺绣以布、绸、缎、帛为主要原料，大量采用绣、贴、拼等技艺，在宝鸡它是刺绣和各类布艺品的通称。刺绣内容有传统吉祥图案、龙凤狮虎、花鸟鱼虫、四季蔬果、戏曲人物等，具有题材广泛、造型夸张、色彩艳丽、粗犷阳刚等艺术特点，而且与当地民情风俗相融，应用于人们的生辰、婚嫁、寿诞、祭祀、节庆等领域。2008 年被列入第二批国家级非物质文化遗产名录。

西秦刺绣的代表性地区主要是沿千山一带的山区与半山区县，陇县、千阳、麟游、凤翔、岐山等地。这可能也与日常生活内容单调、时间充裕、商品化冲击少等有关系。当地人常说要把男孩子打扮得像虎一样健壮，把女孩子打扮得像花一样漂亮，所以就有老虎帽、莲花鞋、虎头鞋、虎围涎、老虎袖筒、猫娃袖筒等。还有一种逗花衣别有风趣，巧手的妇女用从家家户户收集来的边角布料加上刺绣拼成美丽的图案，做成衣服或用品，以表示穿用的人"值钱"，受到众人的爱护。当地的庙会还有给神庙送"百花帐"的习俗。实际上是由许多妇女制作的百件刺绣品拼成，每件都绣上绣者的村名、姓名，它代表了一个大村庄妇女的刺绣艺术，几幅百花帐挂在那里，成千上万的人争相观赏，等于是刺绣艺术比赛。

就是这些创造美的劳动妇女，长期生活在贫困之中，生活在生儿养女和繁重的农业劳动、家务劳动的重压之下。但是，她们的心灵都渴望美、喜爱美、追求美。西秦刺绣是心灵的造物，不是机器大生产的产品。社会的开放、先进科技的引入、文明的开化，有利于经济的发展和文化教育的进步，却难以同改变西秦刺绣作为民间手工艺的特质。因而可以说，西秦刺绣的产业化一定要立足心灵净化，把具有艺术感染力的优秀作品做出来，才有出路。

4. 社火脸谱绘制

社火脸谱绘制技艺是脱胎于民间社会游演活动的一种独特的化装造型艺术，按照不同角色在游演者的脸上描绘出各种形象，其中无论色彩的运用、纹饰的构成都有相应固定的勾画程式。如用日月纹、火纹、旋涡纹、蛙纹等纹饰的不同组合表现人物的不同性格，以色彩辨识人物的忠、奸、善、恶。如今，艺人们将脸谱移植在马勺、木锨上，既装饰又实用，深受人们的喜爱。2007 年，社火脸谱绘制被列入陕西省第一批非物质文化遗产名录。

社火脸谱绘制技艺可以从两个方面来理解。一方面，主要在人脸上绘制，用于社火表演。而另一方面，是在木质马勺、梭子、木锨、葫芦等材质上绘制，主要是摆放或者悬挂，具有辟邪镇宅、装饰审美等功用。这两种表现形式现在都发展比较好。表演型社火脸谱传承较好的是陇县，被称为“中国社火之乡”，挂件等社火脸谱知名度较高的是陈仓区、凤翔六营村等，其发展前景较好。

明清以来，演义故事与神怪小说大量出现，宝鸡社火受其影响极大，社火艺人们以这些为题材创作了大量的社火脸谱。主要以《三国演义》与《封神演义》《西游记》等为蓝本，艺人们糅合进自己的思想和感情，创作了一些内容丰富、想象奇特的社火脸谱绘制作品。红、黄、蓝、白、黑、绿、紫、粉、金、银诸色为社火脸谱的主要色彩。红为忠，黑为正，白为奸，黄为残暴，蓝为草莽，绿为义侠盗寇恶野，金、银为神仙佛鬼精怪。挂件社火脸谱现在最受欢迎的是装饰与镇宅，传说中的道教神灵脸谱最多，发展前景较为广阔。

5. 草编、皮影、剪纸等

草编主要是指用麦秸秆编织成草帽、帘子、挂饰及容器等。刚开始也是作为一种生活必需品出现的，由于经济困难，无力购置工业产品，就用现成的麦秸秆做成家庭必需品，慢慢地，村民便将其拿到市面换些钱，贴补家用。改革开放以后，草编制品由于其特有的艺术性而受到国际友人的青睐，走出国门，走向世界。但是，这种制品主要是个体行为，在农闲时间完成，属单家独户制作而分散经营，没有形成规模，也没有出现有现代经营头脑的代表艺人。

宝鸡皮影是以牛皮为主要原料的雕刻艺术，也叫皮雕。因皮影凭借灯光照射显影，又称“灯影”。皮影的雕刻讲究透光，制作要经过泡皮子、刮皮子、削毛、捋水、打磨、画模子、雕刻、上色、出汗、组装等十几道工序；雕刻的内容为戏曲人物、山水、鸟兽、花草、道具等；其特点是形制较大、皮厚耐久、线条粗犷流畅。2011 年，岐山王氏皮影制作技艺被列入陕西省第三批非物质文化遗产名录。2010 年，凤翔刘氏皮影制作技艺被列入宝鸡市第二批非物质文化遗产名录。目前，皮影的制作也是后继乏人，工艺陈旧，更谈不上产业化开发和规模经营了。与年画不同的是，皮影更大的功用不是悬挂欣赏，而是用于表演，盛行于明清时期直至新中国成立前的皮影戏，近年来已很鲜见。随着电视、广播以及互联网等现代媒体的出现，皮影戏已无人问津。再者，对传统故事的淡漠与现代流行文化的冲击，已经使年轻人对皮影戏这种表达形式难以理解。因而皮影的衰落也就成了必然趋势了。

剪纸在宝鸡农村十分普及，题材广泛，形式多样，世间万物，无所不及。民间剪纸随俗而存，寓意丰富，广泛应用于年俗、婚俗、丧俗、巫俗和宗教活动。除了大量窗花外，还有门楣花、顶棚花、炕围花、灯花、碗筷花等。有的构图丰满，富有变化，有的疏密相间，流畅生动，有的粗犷豪放，古拙乖巧，形成宝鸡剪纸大方、朴实、严谨、凝重的独特风格。千阳精怪剪纸、岐山剪纸、凤翔剪纸已先后进入宝鸡市第一批、第二批非物质文化遗产名录。

6. 金银器、青铜器仿制、钛工艺品、山核桃工艺品等

随着时间的推移，宝鸡法门寺圣大文化旅游发展有限公司将传统金银器制作工艺改革创新之后，结合历史文化特定符号，创作开发出一系列具有宝鸡特色、富有时代气息的金银器。其中“祈福圣塔”“祈福印章”“水晶合十舍利塔”“金怪兽”等精品畅销市场，多项外观设计获得国家专利，尤其是“祈福圣塔”，被佛教信徒视为佛祖再现的圣物，被国际友人视为不可多得的精美纪念品，且在第三届陕西省旅游商品博览会上，被授予大会唯一“最受欢迎奖”。

宝鸡是炎帝故里，青铜器之乡，早在春秋战国时期，金属冶炼技术就比较发达，这里出土了青铜鼎、扁钟等一大批青铜器。随着人们对于历史文化的了解的不断深入，对于青铜器制作工艺流程、青铜器复制仿制品的需求增加，青铜器复制品成为收藏、馈赠的上佳选择。宝鸡青铜器复仿制，主要以鼎鬲类、动物造型类、爵觚觯类、尊壶类为主，工艺主要采用失蜡铸造法，经过塑制内范、制蜡模、制外范、自然干燥、失蜡、烘焙、熔炼、浇铸、铸后加工等9道工序。

宝鸡被誉为“中国钛谷”，其钛产品产量占全国80%以上，占世界产量的20%以上。可以这样说，宝鸡对中国冶金的两大突出贡献，古有“青铜器”，今有“钛合金”。钛产品的特征为重量轻、强度高，具金属光泽，亦有良好的抗腐蚀能力，由于其稳定的化学性质，良好的耐高温、耐低温、抗强酸、抗强碱以及高强度、低密度等特点，被美誉为“太空金属”。钛企业除了生产工艺用钛材、钛合金产品外，近几年也开始向产业链下游转移，投入研发、设计、生产钛工艺品。美观与实用的完美结合，使得钛工艺品行业取得了长足的进步，未来必将具有广阔的市场前景。

秦岭野生山核桃资源丰富，尤其是凤县、太白县境内生长的野生山核桃，因受南北气候的影响，有果形匀称、质地坚硬、纹理统一美观的特点。由于寒暑温差原因，其木质可持续数年散发核桃香气。利用野山核桃制成的一帆风顺、福禄瓶、聚宝瓶、收纳盒、笔筒等工艺品，由于其丰厚的文化内涵、较高的观赏和收藏价值而受到客户的青睐，市场潜力巨大。

总体而言，宝鸡民间手工艺有其突出特点：其一，由于地处内地，当地民间手工艺受外来影响较少。内容和形式都具有古老的民族传统特色和浓郁的地方乡土风味。强烈的色彩、粗放舒展的线条、夸张浪漫的造型与西北人的气质和审美情趣具有内在的联系。其二，宝鸡民间手工艺至今仍在民间土生土长，分散自由制作，还属于民众收入的“副业”，缺乏统一指导和产业化发展规模。同时，作品不受限制，千姿百态，但少有匠气。较之现代工艺品，显得尤为浪漫、粗放、自然、强烈，充满了泥土气息。

三 民间手工艺品产业化发展之路

民间艺术的发展与农民的经济、生活有着天然的联系。谋生手段与民间信仰是促其发展的根本。狭义上的艺术审美是形而上的，是强调主观的感官活动，以及人类特有的艺术创造力，对艺术品的要求则是独一无二的，坚决反对产业化开发。而民间工艺品的存在则不同普通艺术品，是与经济活动紧密相连的。对民间艺术品的制作而言，满足民众需要，获得较好的经济回报，是首要的，而民间工艺品的艺术含量与审美价值，也是以民众需要为前提的，是功利的和形而下的。对广大民众来说，祈福保平安的功利性审美产生对民间艺术品的需要，也是形而下的[①]。这样看来民间艺术的产业化开发是促其发展的必由之路。

本书立足民间艺术品的产业化发展，在对产业化发展现状分析的基础上，打破只谈艺术审美，不谈经济效益的文人化视野，通过田野调查，把凤翔泥塑与凤翔罩金漆器作为案例，略述其发展保护措施，提炼具有共性的对策。

1. 凤翔泥塑成长之路与产业开发

著名文化人类学专家莱奥·弗罗贝纽斯（Leo Frobenius，1873—1938）认为，文化是从自然条件中诞生的，地理环境相同的条件产生相同的文化。同任何有机体一样，文化也需要营养，它的食物就是人

---

① ［英］雷蒙·威廉斯：《关键词：文化与社会的词汇》，生活·读书·新知三联书店2005年版，第1页。

类的经济活动[1]。这样看来，在一定地缘因素条件下民间艺术保护传承与民俗产业开发是肌体与营养的关系，是相辅相成的。

作为首批国家级非物质文化遗产保护因子的凤翔彩绘泥塑就是在这样的地缘背景下产生的。凤翔泥塑的产地，主要在六营村，据凤翔县志记载："六营泥塑，已有五百多年的历史，此村家家户户都习惯于农闲季节制作泥塑。"相传，明洪武年间，明朝开国皇帝朱元璋打了胜仗，赶走了元人，就在凤翔一带安营扎寨，开荒种地，后来撤销了屯兵制，第六营士兵便在当地安家落户，此地故称"六营村"[2]。在六营安家落户的士兵中有一部分是江西人，会做陶瓷。恰好六营村东沟有"板板土"（这种土呈黄褐色无杂质、较细，见水酥软，黏性强，干后特别硬），他们便就地取材，利用农闲时间做些泥玩出卖。为了好看，再涂上各种颜色进行装饰。经过几百年的发展繁衍久而成俗，便形成了今天的彩绘泥塑。

彩绘泥塑刚开始形式单一，造型简单，仅是泥人、泥猴、泥哨子之类的小玩意，在各大庙会出售，供小孩玩乐。严格来说，还不能称其为艺术创作，更不能将其视为一种文化事象。德国民族学者格雷布内尔认为，判定一种文化事象要把握"形式标准"与"量的标准"的原则。所谓"形式标准"，即要能独立成体系，有一定独特因子，而"量的标准"即相似事物的量的增加，形成规模，这样才能有特点。以此为标准，彩绘泥塑要把握住"形式标准"与"量的标准"原则，才能成为一种文化事象。

在新的市场背景下，彩绘泥塑在经营理念方面，注重传播技巧与营销手段的运用。有效利用"平安马"与"泥塑羊"荣登生肖邮票主图案的契机，进行大力宣传，以优秀艺人个体宣传为依托，努力做大做强。青年民间艺术家胡新民投资 230 万元兴建西府民俗艺术博物

---

① 夏建中：《文化人类学理论学派》，中国人民大学出版社 1997 年版，第 57 页。

② 注：另一种说法叫"六道营"，"营"是民众聚居的建筑区域，有营里营外之说。而六道是指通往营的六条道路。六道营是一个民众聚居地的称谓，与驻扎军队没有关系。另外，泥塑起源时间也不是元末明初，而是先秦时期，由于礼仪的发展，在墓葬中用俑代替人殉，故而出现泥塑，是一种陪葬用品。随着时代变迁，其意义发生转变。

园，依托彩绘泥塑之乡六营村，以挖掘、抢救、保护、开发、传承凤翔乃至陕西省濒临断代失传的具有代表性的民间传统手工工艺为己任，以组织年青一代学习传统技艺，培养教育新一代民间艺术人才为目的，推进民间艺术市场化、产业化，使之成为广大农民脱贫致富的一大途径。

同时，在工艺方面，彩绘泥塑也更加迎合市场和现代生活理念，不断创新新工艺。一切以消费者为中心，运用整合营销传播理论，产业化开发与销售，使彩绘泥塑展现出蓬勃的发展态势。

鲁迅在小说《故乡》中说过：世上本没有路，走的人多了，也便成了路。民间工艺也如此。刚开始，人们并不是从艺术创作角度去创作，而是朴素的、实用的，甚至是功利的，在与周围环境的不断融合中，慢慢赋予其艺术生命，成为有独立意义的艺术形式。同时，周围环境的不断变化，又使得有些艺术形式得以保存并传承，而有些则不适应于环境变化，慢慢萎缩甚至消失。

民间艺人本身具有双重身份。他首先是一个手艺人，有一技之长，进行一定程度的艺术创作，即不同于普通人，具有艺术感受力、审美能力和艺术真诚感，是不允许别人对艺术不重视。但同时他在身份上又是农民，兼职进行艺术创作，这种创作不仅是精神上的愉悦和审美，更是一种生活技巧和谋生手段，因而就会表现出对艺术创作的矛盾心理，既要维护艺术特征，又要最大限度地迎合市场，获得经济回报。因而艺术与功利的二元对立是艺人文化心理的最大特点。

“人毕竟是人，人只有人的力量。”民间艺术更是如此，脱离经济层面而大谈艺术保护与传承是不现实的。只要能不唯利是图、泯灭艺术操守，在经济动力下完成艺术创作，就已经很难能可贵了。

关中西部的地缘文化特征与社会转型的时代背景共同作用于民众消费心理。一方面是艺术土壤中孕育的传统心理，另一方面则是现代化所带来的流行与时尚心理。同时，中国人不同于西方的纯粹宗教信仰，而是一种功利化世俗信仰，求神、拜佛是为了保佑自己如求平安、求财、求子，“无事不登三宝殿”，当有需要时，才去求神。这是一种功利化信仰，具有不稳定特点。这几方面原因结合起来，就使得关中西部民众对民间工艺的消费出现传统性、现代性、功利性结合的多元矛盾心理倾向。

既然内因具有不稳定特点，那么外因对消费心理就会起到非常大的影响。现代化的主要特点是机器化生产，是成本的降低与产品的同质化，机械工艺品类大量出现与不断丰富，使得民众眼花缭乱，难以取舍。机械工艺品精美的造型、绚丽的色彩与超低价格，使得民间工艺品的造型单一，色彩古板与手工成本难以降低，处于尴尬地位，逐渐被边缘化。同时，不稳定的民众信仰与快餐化的消费时尚，造成民间工艺品备受冷落。例如木版年画，最主要的功用是房间布置与祭祀活动。机器印刷的日新月异使木版年画相形见绌。过春节时张贴的门神、土地神、灶神、天地神、仓神、井神等年画，民间为了省事和方便，大多选用机械印刷品，变信仰性为程式性，有的民众甚至在建房时将这些神灵图案做成瓷砖的，达到一劳永逸的效果。民众的这种心理与行为给民间工艺品的选择只能有两种，要么消失，要么迎合。木版年画面临消失，而彩绘泥塑只能大胆迎合。消失自不必说，而迎合的结果显而易见，造成了艺术品个性的缺失或降低。

但是，艺术审美一方面具有时代性，另一方面也具有稳定性。流行与时尚心理下的审美往往具有极其明显的阶段性，极易产生审美疲劳，久而久之，机械工艺品的同一化与干涩感就会产生，而具有民族特色的、灵动的、能心心相通的民间手工艺品又会重新进入民众视野，忙碌、紧张而又浮躁的民众又会重新寻找宁静的、安逸的、踏实的心灵体验，朴素淡雅又有韵味的民间工艺品又回到其原有的心理位置。就跟秦腔等传统戏曲一样，当人们听惯了流行歌曲，看惯了日韩泡沫剧，传统戏曲的魅力会重新彰显。这些都不是主观臆断，在调查中我们发现，民众对流行文化的重新认识与对传统文化的无限渴求已非常强烈，在新的时代背景下表现出大众消费心理的民间化倾向与心灵回归。

这样看来，社会转型与现代化所带来的民众多元消费心理，已经开始寻求并重新体会传统元素。历史积淀与地缘情绪的原动力作用逐渐显现，民间工艺品价值的重新认可已经不是遥不可及了。

总之，以彩绘泥塑为代表的关中西部民间艺术的传承与发展，千百年来都是靠艺人们坚韧不屈来苦苦维系，彩绘泥塑作为手工业者创作的小玩意而被精英阶层边缘化，是最底层民众的精神娱乐品。但是，在新的历史背景下，在传统文化重新彰显魅力之时，民间工艺品的传承必须与市场紧密相连，走产业化开发道路，要不就会被工业机器生产下的现代工艺品所取代。

2. 凤翔罩金漆器的前世今生[①]

作为民间工艺美术之乡的凤翔，周秦以来，一直是关中西部的政治、经济、文化中心，尤其是作为历史文化名城，民间手工艺非常发达。截至目前，已经有凤翔彩绘泥塑和凤翔木版年画等入选国家级非物质文化遗产名录。作为漆器大家族重要成员的罩金漆器，则入选了陕西省非物质文化遗产名录。

2017 年 3 月 12 日，由文化部、工业和信息化部、财政部制定的《中国传统工艺振兴计划》获得通过并正式发布，从国家层面明确了未来几年我国振兴传统工艺的重要意义、总体要求、主要任务和保障措施。传统手工艺品之所以与众不同，就在于这些手工艺品是带着制作者的体温的，手艺人的工作让物品看上去有了性格，而且手艺的世界从来就没有边际，这就是手艺的内涵价值与独一无二，也说明了“工艺之美是社会之美”[②]。国家层面对传统手工艺的重视，当下市场对精美漆器的良好反应等，使得在中国传统九大漆器家族之中占据一席之地的凤翔罩金漆器，也迎来重大发展机遇，振兴与发展的空间很大。

漆器，是中华文明的国粹之一，是中华物质文明重要的载体与表达形式。凤翔漆器制作历史悠久，创造了中国考古五个“第一”的“秦公一号”大墓就出土了漆木兽。罩金工艺于秦末汉初时代初创，

① 参见拙文《凤翔罩金漆器生存现状调查与产业化发展路径探索》，《缤纷》2017 年第 5、6 期（合刊），参见拙文《凤翔罩金漆器的持守与复兴》，《咸阳师范学院学报》2020 年第 5 期。

② ［日］柳宗悦：《工艺之道》，徐艺乙译，广西师范大学出版社 2011 年版，第 45 页。

汉中叶工艺初步完善，明清以来，随着生产的不断进步，凤翔罩金漆器随全国漆器制作工艺同步发展，结合关中自身的地理、气候和环境特点，罩金制作工艺兴盛繁荣，罩金漆器也走入了千家万户，成为民众日常生活中不可缺少的器物。“罩金立柜”“罩金木箱”是婚房必备陈设，“梳头匣子”“角箱”等更是女子出嫁不可缺少的陪嫁物。

中华人民共和国成立后，随着公私合营的推进，凤翔民间手艺人和工匠被国家组织起来，成立了凤翔县工艺美术厂。改革开放以后，凤翔罩金漆器作为主力外销产品曾盛极一时，凤翔县工艺美术厂不仅解决了当地就业，还为地方财政作出了重要贡献，为国家换取了外汇。但是好景不长，由于缺乏创新意识和长远规划，缺乏应对时代变迁的准备和经验，从20世纪90年代中后期开始，随着工业化、流水线家具产品的推广和普及，整个传统漆器行业呈现衰落趋势。凤翔县工艺美术厂也难以摆脱经营困境，以至到2005年破产倒闭，当年的技术骨干也大多流落民间自谋生路。

虽然工厂倒闭，人员解散，但是凤翔罩金漆器的传承还在继续，手艺没有断代。当年的年轻骨干艺人，并没有放弃钻研和坚持，一直在困难的发展环境中努力前行，王会平、刘宝成等就是其中的优秀代表。王会平作为罩金漆器省级传承人，出身于凤翔县工艺美术厂，对罩金漆器工艺有过系统的认识、学习和实践，工厂破产后，他能坚持凤翔罩金漆器的创作与制作，并积极参加各级各类文化展示与评奖活动。2006年作品《四美图》荣登国家邮政总局发行的个性化邮票，罩金漆器《平安富贵》更是获得首届陕西民间工艺美术作品展金奖，非常具有典型性、代表性。2012年12月12日在央视三台播出的第六届中国家庭文化艺术节“欢乐一家亲”节目上，王会平亮相了自己的罩金漆器作品，受到了好评，也使凤翔罩金漆器在国家媒介平台得到了宣传与推广。凤翔罩金漆器代表性艺人刘宝成也是不断钻研，精心创作，精品不断涌现，尤其是其系列大型作品《二十四孝》获2017年“山花奖”，工艺水平精湛，值得肯定。除了王会平、刘宝成等代表性艺人以外，还有不少优秀年轻人也加入到了凤翔罩金漆器的创作行列之中，复兴与发展的苗头很好。

当前凤翔罩金漆器存在产品单一、风格呆板、纹饰传统、工艺守旧等诸多问题，与当前民众的日常生活和现代审美不能很好对接，复兴之路仍不平坦。同时，受到低成本、流水线生产的现代家居产品冲击，其作为实用器的市场份额不断缩水。送礼之风被遏制以后，礼品渠道也被大大挤压。问题是显而易见的，问题的产生逻辑是什么，如何应对，则需要花大力气去探索。

当下的罩金漆器艺人还停留在传统材料和传统工艺运用上。作品造型简单、种类单一，基本上局限于屏风、挂屏、桌屏、座屏等几样传统家居陈设物件，“立柜”“木箱”等传统实用物件几乎没有了。其工艺也主要以平面、刻灰、镶嵌等为主，作品还停留在守旧、笨重、粗糙的传统工艺之中，造型表现出强烈的保守倾向和性格。尤其与南方比如福建、安徽、江苏等一些接受了新知识、新工艺的漆器比较起来，工艺粗糙、质感不强、色泽缺乏亮度等劣势很明显，作品明显缺乏档次。比如一代漆艺大师沈福文，在日本留学期间，进入松田漆艺研究所，师从日本“人间国宝”松田权六钻研漆艺，在日本漆艺和中国漆艺两者中找到结合点，对传统漆艺加以改造，制作出了可以让猫都分不清的经典作品“金鱼盘”，轰动全国艺坛①。看来，材料创新与工艺创新做得好，才能出精品。

同时，对传统材料与新材料的融合使用也明显不到位。比如将白乳胶、塑料等现代社会司空见惯的材料，以辅助手段或辅料形式使用于漆器制作，显得很初级②。对于像纸质材料、竹质材料等新材料的探索也明显不够。没有打破对材料的刻板印象，没有发掘材料的无限可能，根本谈不上将现代设计理念融入大漆传统工艺的能力，也无法实现对传统工艺和漆器造型的提升。

如果能将传统大漆与现代材料搭配，实现让现代材料与古老材料通过新的手段和技法完美地融合在一起，一定能带来新的、不一样的审美体验。把天然大漆与新材料创造性地结合在一起，不仅创造出新

---

① 沈福文：《中国漆艺美术史》，人民美术出版社 1992 年版，第 147 页。

② 翁纪军：《漆艺：千文万华》，上海科技教育出版社 2006 年版，第 102 页。

工艺，而且让大漆焕发青春，取得良好效果的例子比比皆是。比如世界著名的 Atelier 1953 系列手工精制打火机，就是通过把中国天然大漆和黄金、钯金、陨石星尘、铬合金等作为材料，经过锻造、成型、打磨、髹漆、抛光等数十道工序，而且全部是手工制作，打造出几款以中国大漆为主色的打火机，给工业品赋予隽逸、简约、时尚的形象，形成完美的装饰，实现了适应性强、经久耐用的目的，让一个打火机成为一件精美器物，彰显独特个性，已经成为法国一个响亮的品牌。国内最典型的例子，就是 2015 年创立的祈天端木良锦，以木头为主料，在传统工艺基础上予以创新，专注做匣子和手提包，短短两年时间，就在 2017 年北京召开的"一带一路"国际合作高峰论坛上成为国礼名单上的一员，并获得了巴黎时尚界的认可。

总之，罩金漆器的材料与工艺创新，传承人可根据传统工艺和不同地域的材料进行复合式创作，将老工艺呈现现代的风貌，让新工艺促进老材料发挥潜力。

漆器作为一门手工艺，自其诞生之日起，就与日常生活有紧密联系，漆器最主要的功能，是为日常生活服务，生活日用仍然是最主要的用处，是作为大工业化产品的补充。

"手是有生命的，而机械是无生命的"①，在一个工业社会里，既然要让手工艺再次焕发活力，或走入寻常百姓的日常生活，或作为具有观赏和收藏价值的高端产品，就要对现代社会结构和经济予以清晰认识，思维不能停留在生产力水平低下的农耕时代，要紧追现代人的消费理念，不能脱离工业社会这个客观存在而闭门造车，而是要让传统漆艺与现代工业品有选择性地结合，让匠人精神活在现代，服务现代生活，让传统工艺符合现代审美情趣，对冷冰冰缺乏人性味的工业品予以改造、装修，赋予工业品温度和人性化。"人类在作品中追求人性时，手工的价值永远值得记忆"②，这一点，日本漆艺大师与世界

---

① ［日］柳宗悦：《工艺文化》，徐艺乙译，广西师范大学出版社 2011 年版，第 95 页。

② ［日］柳宗悦：《工艺文化》，徐艺乙译，广西师范大学出版社 2011 年版，第 137 页。

手表知名品牌合作，让漆艺莳绘技艺融入工业品手表中，实现了完美的结合，取得了良好的效果[①]。

漆器创作应当避免与当代文化和日常生活的割裂，器物的生命力，不仅在于形式语言的创造或创新，更在于对新的生活方式的阐释。“有人说，传统漆艺是即将消亡的艺术，虽然有些悲观，却也向我们提示：传统漆艺若不走进当代人民生活，就意味着走向消亡。”[②]现代生活对漆器造型与品类提出了各种市场需要，可以将艺术性融入漆器的实用性之中。装饰家庭或个人生活空间，体现个人审美趣味和品位，让漆器承载的手工艺文化成为传统民族文化的象征，成为中国人的传统生活方式的样板和传统价值的载体，从这个角度来说，其将给传统手艺人带来机遇。茶具、单页屏风、钢琴、自行车、手表、打火机、首饰、项链、钢笔、筷子、梳子等，都被大漆赋予了富贵的气质，民间日常生活的广阔天地才是罩金漆器健康发展的坚实基础。

在农耕时代，生产力低下，先祖对大自然的认识充满巫术色彩，迷信思想横行，在那个年代，漆器的图案多以祈愿、祝福、纳吉、富贵为主。从图案纹饰可以看出，传统凤翔罩金漆器，图案守旧、单一，与现代审美严重脱节。当代艺术家不仅应留在传统中，更应该从传统中走出来。黄宾虹曾经说：“最大力气地打入传统，用最大力气打出传统”“对传统的顺从可以获得最低限度的技术自由。对传统的服从，才能解放他们自己，因为传统中充满了智慧，因为传统是祖先们的理智和经验的结晶。”[③] 当代漆艺家和设计师应从传统中汲取养分，再形成自己的风格。传统工艺美术审美是材美工巧，现代工艺美术之美在于有无变化。美不在工艺，在于文化的品读。中国审美中“活”的哲思，是有生机的，生动是中国审美的本质。因此，在图案

① 黄俊杰：《传统漆艺与现代设计的融合——现代漆器设计探新》，《艺术生活》2014年第3期。

② ［日］柳宗悦：《工艺文化》，徐艺乙译，广西师范大学出版社2011年版，第151页。

③ 乔十光：《走向当代与恪守传统》，引自《中日韩现代漆艺研究序言》，福建美术出版社2008年版，第5页。

纹饰上，要走出传统图案纹饰，面向现代化，可以大胆采用新艺术中各个流派的代表作图案与世界名人名画，不管是立体派的，还是抽象派的。笔者认为，只要能让传统大漆再次焕发活力，都是可借鉴的，不能局限于老式图案纹饰，让作品缺乏现代审美情趣和气息。比如端木良锦的手提包，图案不仅有唐朝壁画仕女，而且还有毕加索名画做装饰图案的，不仅体现了时尚、品位，而且让手提包充满浓浓的现代气息。再比如，凤翔罩金漆器，可以与在全国有一定知名度的西凤酒相结合，为一些高档酒提供个性化的富有文化漆器的酒瓶、酒盒等，让其在普通家庭里，不仅是酒柜里的高档品，更是具有审美价值的器物和陈设。

总而言之，从目前制作、生产情况来看，凤翔罩金漆器急需改变产品中的文化元素和工艺理念，只有在产品各个要素上实现传统窠臼上的突破，与现代人的精神世界和审美观念积极接轨，同时打破产品构图、造型的僵化呆板的外相，丰富传统工艺产品的题材和品种，大力提升设计制作水平，使传统工艺在现代生活中得到新的广泛应用，才能更好地满足人民群众消费升级的需要。

的确，传统手工艺充满魅力，感受手的温度是好的，但任何的工艺，在任何的时代都要借助工具来提高其生产效率，不能说用工具就不能体现其美。不要为了手工而手工，更不可因传统手工的人文价值而批判机械的工业性。正确认识传统手工艺与大工业的价值是现代漆艺家该思考的问题，其最终目标是符合人的需求，最终都是为了满足人的需要，都是要符合人的生活美学标准。让传统文化向现代转化，应搭建有效的公众平台，让普通人了解有品质的生活标准，体验美的生活方式，并知晓如何完成传统工艺向现代设计的转化。这与过去的工艺美术有区别，过去的工艺美术是用美术学的方式提高传统，现代的工艺符合现代要求，真正做到了“设计的工艺”。

工业化时代依然需要手工艺，而且是有文化内涵的手工艺。国家提出振兴手工业，说明现在对手工艺的认识，不仅仅停留在匠人这个身份上了，更多赋予了一种文化人的特质。在知识异常发达的今天，没有学问的匠人们其一生是可怜的。当个性间接表达的时候，就会带来非个性。这样的美是工艺美之本质。[①] 匠人精神，也不仅仅是还原手工之作（对传统的单一模仿恢复），而是在一定价值观引导下参与造物的活动，这种价值观就是在一种持久的人性冲动下，精益求精，对所做之事投入感情，并以此为傲，超越了古代匠人谋生意义上的制作。基于以上理由，笔者认为，传承人这一身份，本身就被赋予了文化的色彩，那么对个人文化的素养，就提出了更高的要求。同时，手工艺的美，不仅仅在于其可以对造物赋予性格，而且恰恰在重复、创造性工作中，克服了流动社会带来的社会焦虑等问题。

社会的多样化，为手艺人的上升提供了更多空间和通道，对传统手工艺的保护在国策、媒体以及国际手工艺人之间基本达成了一种共识，资源的全球化配置和共同市场的形成，为手工艺的可持续发展提供了更大空间。目前来看，中国手工艺的整体美誉度需要提高，要求手艺人对自己当下的身份和文化自觉有个全面的认识和慎思，重新认识工匠身份和工匠精神的重要性，做好师傅，做好非遗传承人，做好设计师，极少部分手艺人还需要兼具艺术家的气质。“昔日的工匠主要是技术工匠，在未来的时代，工匠必须是对美有着正确认识的评判者。”[②] “自然材料，本无所谓精神，一旦制成了作品，就有了精神美的要求。意境美是漆艺的灵魂，是创作者的情感表达。”[③] 凤翔罩金漆器也要学习日本“惜物”这一传统，这是一种不同于中国传统勤俭的性格，“惜物”的内涵不限于对资源的关注和保护，对废弃材料的再使用，更深刻的是，它认为每个物件都是独一无二的、不可重复的，这就为漆艺传承人的工匠精神赋予了更深刻的含义，要求其在制作一件器物的过程中，把握其主导性，做到前期预想，心怀敬畏，在此前提之下，观照整个造物的过程，既有宏观的考量，也有精神的考虑，让器物给人和人的交流带来新的体验，构架起人与物之间新的连接和关系。

---

① ［日］柳宗悦：《工艺文化》，徐艺乙译，广西师范大学出版社 2011 年版，第 211 页。

② ［日］柳宗悦：《工艺之道》，徐艺乙译，广西师范大学出版社 2011 年版，第 48 页。

③ 乔十光：《漆艺》，中国美术学院出版社 1999 年版，第 4 页。

漆艺制作，小而美是符合漆器气质的。在漆器制作上，传统的作坊式组织模式，依然值得肯定和借鉴，或者以小微企业形式出现，但不提倡那种流水线作业。这不仅符合漆器制作个性化特点、手工特点，而且也符合一件漆器的完成由一个人来承担的特质，这恰恰让漆器保留了手工的温度和人的性格。

“手工艺是家庭之艺”① “生活是物和心的交融”② “以生产与观光体验相结合的家族式小微企业是未来手工艺的发展形态的主流”，从小而精、小而美、小而强三点概括了小微企业的发展优势。小而精要求产品纯手工制作，要求个个是精品；其次，小而美不仅仅局限产品美，同时要求工坊洁净整洁，良好的工作环境及氛围，更要求工匠内心纯净的美，要有清贵的价值观，不盲目受社会环境影响；小而强要求真正强大稳固的企业不能依靠某个人的个人头衔，而要树立品牌形象，建立并推广品牌文化。

总之，不论从非遗传承角度，还是从民众日常生活需求角度看，凤翔罩金漆器这一传承千年的古老手艺都不会消亡，在新的竞争环境下，其短期内受到冲击在所难免，但只要能与时俱进，在保持文化性、艺术性前提下，进行材料与工艺创新，适应新时代审美需求，其一定会走出低谷，呈现出复兴与发展的新局面。

3. 推动民间工艺产业化发展的建议

（1）加强多元化政策指导，引导家庭作坊模式与企业规模化协同发展

一方面，家庭作坊式产业模式是中国手工业者的传统模式，历史悠久，民众积累了丰富的生产与销售经验，也符合中国民众尤其是关中西部民众耿直、勤劳、节俭、狭隘的民众文化心理，同时，艺术创作也具有典型的个体性特征。例如凤翔泥塑与凤翔罩金漆器的产业化发展，就极具特色。在 2018—2019 年，笔者对宝鸡民间手工艺现状开展田野调查，通过访谈和问卷调查获得了大量第一手资料，以下所

---

① ［日］柳宗悦：《工艺文化》，徐艺乙译，广西师范大学出版社 2011 年版，第 57 页。

② ［日］柳宗悦：《工艺文化》，徐艺乙译，广西师范大学出版社 2011 年版，第 120 页。

用数据均来源于调查统计与分析。从彩绘泥塑来看，认为应该独立制作，由政府出面帮助销售的占13%；认为统一组织、协调流程、联合经营的占24%；而认为以家庭为单位，赚赔自负、心甘情愿的占55%。其余则认为无所谓。这样看来，绝大多数人不赞成走集体经营的道路。

针对漆器自身的特点以及消费群体的趣味，凤翔漆器的发展目前来看不能走企业规模化发展模式，而应借鉴古代中国作坊体制。一是家庭作坊模式，有利于简单的低级漆器的生产；对中等的漆器产品，可以采取专业作坊模式，实行师徒制生产模式；对于高端产品，可以引入著名画家以及采取多户联营作坊，做出一定的分工生产，发挥各自的特长和优势，走高附加值产品的路子，比如为大型酒店等定做大型漆器等。借鉴安徽国家级非物质文化遗产人甘而可的模式，以工作室为起点，汇聚五六个人，做精品高附加值，甘而可一年也就做十余件产品，但一个漆艺杯子售价可以高达十几万。这不仅保证了漆艺的艺术性，也保证了其经济效益，取得了双赢。而关中西部手工艺人注重个体单打独斗、不愿分工协作的观念的形成与关中地区保守、封闭的地缘特点相关，有一定历史原因，已经根深蒂固。而产业化又与这种心理相悖，因而，只有政府出面，才有望协调发展。

另一方面，要形成具有高知名度与高美誉度，具有强大竞争力的宝鸡民间手工艺品牌，靠单打独斗和家庭作坊式生产、销售，显然很难成功。完全依靠民间个体的力量自发性发展，很难有重大突破。所以，建立企业并形成规模化经营是一个重要选择。各级政府要根据实际情况，引导并帮助散户走集体经营道路。既然要产业化，就不是单家独户所能完成的，一定要将工艺品制作环节整合，各司其职。当下处于农户零敲碎打的发展阶段，没有形成一定经营规模的状态，应该鼓励民间艺人自发成立合作团体，扩大生产与经营规模。另外，工艺品消费需要作品质量的保证与同一化特色。而家庭作坊式生产则难以达到同一标准。因而，对各制作户进行宣传引导，给制作户以实惠，使他们切身体会到效益，可能才有助于改变他们的偏执。这些做起来可能困难，但又是先决条件，不做不行，不从思路上引导肯定不行。

传统工艺历经千年延续至今，已形成一定的工艺体系，这些文化遗产理应得到重视。从纵向延续传统工艺技法，同时更要注重技艺横向拓宽，让文脉得到传承和发展。

作为政府部门，对民间手工艺产业化发展提供信息支持和资金扶持是非常必要的。比如为制作户提供东部地区的经验和信息，组织相关人员出外考察学习，提供信息交流平台等。文化管理部门牵头，带领民间工艺传承人走出去，开阔视野，学习成功地区的经验，积累产业化发展信息，增强产业化发展信心。同时，加大经费投入非常重要。提供一定数额的贷款，帮助制作户搞好前期建设与准备工作。在一定程度内减免各类税收，降低产品成本，重点扶持大户，树立典型。由政府出面，在各地方设立销售网点，建立销售平台，帮助工艺品批量销售，解除销售户的后顾之忧。在本地区，间歇性地举办一些文化庙会，在丰富民众精神生活的同时，创造性提供民间工艺品的销售机会。从政策层面鼓励和吸引文化精英和文化资本对宝鸡民间手工艺产业化发展的关注和投入等。以上提到的这些做法只要大胆尝试，积累一些经验，一定会有益于民间手工艺品的产业化开发。

（2）政府出面成立宝鸡民间手工艺研究所，搭建产业化研发平台

成立宝鸡民间手工艺研究所，聘请民间老艺人，选拔优秀年轻人，进行技艺传承和保护。民间艺人首先是一个手艺人，有一技之长，进行一定程度上的艺术创作，具有艺术感受力、审美能力和艺术真诚感，不允许别人对艺术不重视。政府出面成立民间手工艺研究所，淡化经济效益，强化艺术性和传承性的公益化认识，拿出一部分资金，提供场地和其他支持，形成民间手工艺的研究与创作的良好氛围，使民间艺人感觉到技艺的魅力和自身价值与尊严，使年轻学徒看到未来发展前景，增强学习动力与信心。这对宝鸡民间手工艺的传承与发展创新会产生良好作用，希望引起政府的重视与支持。

对艺人而言，其进行的是一种创造性和艺术性劳动，失去手艺，就会断了财路。但要清醒地认识到，不论是知识产权还是艺术传承，都需要增强保护意识，但不能把学徒仅仅当作工人，而要手把手耐心地教授，促其尽快成长，不要断代。木版年画已经形成断代现象，老

艺人的不断离世也意味着这一传统手艺的逐渐灭绝。经调查与统计发现，关于民间工艺品的制作目的，15% 的艺人认为是祖上的手艺应该保护并传承，10% 的艺人认为民间艺术要得到保护和发展，需要不为名利的艺人专心传承，30% 的青年艺人认为民间工艺品的前景很好并且愿意继续从事。以上数据说明，在市场化大潮的冲击下，还有一小部分艺人真心诚意愿意留住老祖宗传下来的这点手艺。当然，仅仅留住手艺还不行，还需要创新，提高技艺，适应日益激烈的文化产品市场竞争，还应该开发新工艺、新品类。作为创作主体，艺人的保护意识与技艺提高都是民间工艺品发展的动力。

民间手工艺产业化发展，需要政府搭台，艺人竭力配合，也需要高校的人才支持。与高校等机构协作，艺人的视野可以进一步开阔，在自身传帮带基础上，与高校人才加强交流，互通有无。比如凤翔罩金漆器，陕西省内高校就有一批有造诣的专家在进行研究和创作，如陕西师范大学美术学院、西安美术学院、西北大学艺术学院等。西安特种工艺美术厂就荟萃了一批学界精英和工艺大师，比如王有宗（著名花鸟画画家）、崔振宽（陕西国画院著名画家、国家一级美术师）、李群超（省工艺美术大师、花鸟画家）、江文湛（西安中国画院院长、著名中国花鸟画家、国家一级美术师）、史永哲（长安书画院院长、陕西工艺美术大师、著名山水画家）等，这些人都是发展凤翔罩金漆艺可以整合的人才资源。现在凤翔罩金漆器陕西省非物质文化传承人王会平等人存在的问题就是还沿袭着以前在企业里学到的技能，在技艺创新与纹饰设计方面改进并不大。时代在变，总不能把老经验拿来应对新时代的新审美，鉴于漆器装饰性强，艺术表现力高，要做到传统工艺下现代艺术表现手法，让产品有着漆器的艺术表现力，又不失其功能性，那么就必须做好传统工艺与现代设计相结合这一点，这些就需要高校相关人才的参与和支持。

同时，要创造条件，使彩绘泥塑、木版年画、布艺等民间手工艺进学校、进课堂，设置手工等选修课程，供学生实践学习，一方面可以锻炼能力，培养传承人，另一方面可以形成氛围，提高学生对传统民间工艺品的鉴赏能力。另外，组织一些民间工艺品的巡回展览，提高广大民众的艺术鉴赏力并使之产生兴趣，起到心理回归作用。

（3）提高非遗传承人待遇，增强传承人传帮带的动力

虽然说对待手工艺不能像对待其他工业产品那样功利，一味讲求经济效益，但在市场化大背景下，民众为了养家糊口，过上体面的日子，不讲求效益也是不现实的。如果一个手艺人，辛辛苦苦一天的所得比不上一个工地上送沙子的小工，那么他的创作动力就会大打折扣。关键随着价值观的变化，现在评价一个人是否有能力，经济指标是基础性的。手艺再高，挣不来钱，不能让老婆孩子过上好日子，一切都是空的。所以，很多年轻人宁愿出去打工，也不愿意继承先辈手艺，就很好理解了。产业化发展前景不明朗，民间艺人缺少有效的经营收入作为支撑。在田野调查过程中我们发现，六营村村民中，65%的人不知道凤翔泥塑起源于何时，只知道曾祖父以前就在做；45%的人认为是祖辈传下来的手艺，不能舍弃，继续做就行了。表现出更多的家族情结而非艺术感受。近80%的艺人认为制作彩绘泥塑是出于经济目的，只有2%的人认为是审美的、可以得到精神慰藉的。当问及将泥塑作为文化产品来销售，是否有助于泥塑艺术的保护和发展时，艺人们普遍认为泥塑艺术要得到保护和发展，需要政府扶持和产业开发带动，而只有10%的人认为要靠不为名利的艺人专心传承。从艺人的年龄构成来看，中老年人数居多，而青年人很少。横向来看，从事彩绘泥塑与木版年画的青年人相比较，从事木版年画的人数更少，这种艺术形式面临灭绝的危险。老艺人都很悲观，他们认为老祖宗留下的这点手艺可能要断种。但彩绘泥塑的情况较好，青年人中有33%左右认为泥塑前景很好，愿意干。另外，从泥塑收入在家庭收入中的比重来看，认为是主要收入和家庭依赖的占50%；认为可以补贴家用，满足平时零花的占33%；而认为不划算，有放弃打算的是零。

1997年国务院就制定出台了《传统工艺美术保护条例》，为政府保护、支持、传承传统工艺美术发展提供政策与资金支持提供了法律依据，但是通过对陕西省非物质文化遗产继承人王会平进行访谈得知，2013年政府补贴一年只有4000元，2014年增加到了5000元，与浙江等地一年提供3万元比较起来，还是显得太低。福建福州市从

2006 年开始，通过项目申报的形式，每年给两家民营单位 100 万元的资金支持。政府让王会平承担起培养继承人的重任，每年最好能提供 3 万—5 万元补贴。因此，应该进一步提高资金与政策支持力度，以推进民间工艺品传承发展。

（4）进一步明确产品定位，提高产品质量，加强产品与消费者需求的一致性

要实现民间手工艺的“复兴”，关键是要找好其身份定位。在现代社会中应把民间手工艺品视为一种高附加值的实用品。应看到其品牌化和精品化带来的利润差异，树立品牌意识和精品意识。目前很多传统手工艺仍局限于生产可供欣赏和陈设的工艺品的状态，极大地阻碍了手工艺品的发展。比如，在漆器工艺发展过程中，出现了虚华的装饰风格，严重偏离了以实用为主的发展主线。在髹饰技艺的发展上，在继承原有技艺的同时，要注重结合现代人的生活方式和审美情趣，研发出更多髹饰技法，赋予漆器时尚特征。目前的漆器制作很多都是在“仿古”，髹饰技法上长期原地踏步。手艺不能只是“守艺”，传承老一辈留下的东西固然重要，但更重要的是要转变观念，积极适应时代发展。同一个器型，使用最简单的素髹比剔红更能迎合现代审美；从时尚潮流中捕捉一些元素，如豹纹、波点，采用剔犀、洒金等髹饰技艺，便能使千年工艺散发出时尚气息。

若将造物行为视为金字塔，那么可以粗略地将他们划分为三部分：塔底是一般的机器生产，塔尖是手工制造，中间则是手工与机器相结合的半机器生产。当下的民间手工艺可以视为后两部分的结合，技术革命让人类的双手从生产中解放出来，在手工艺生产中的某些环节，如制模、抛光等工序，可以由机器替代，由此带来效率的提高、成本的降低。但很多人也提出，技术革新会带来质量下降，手工工艺的特点和价值被忽略。以半机器生产的手段，尽可能小的范围内牺牲手工特性，换来的是相对大批量、低成本的产品，带来的是行业的普及性。当然，位于塔尖的纯手工制造，可以视为满足少部分人的特殊需要，视为奢侈品，同时也可以保证传统手工艺完整延续的途径。

随着中国一批富裕阶层的诞生，传统文化再次的回归对以欧美现

代僵化文明的温润，最终将成为安慰现代中国人心灵的鸡汤，那么随着传统文化的回归伴随的必然是中国传统审美观念的回顾。就跟秦腔等传统戏曲一样，当人们听惯了流行歌曲，看惯了日韩泡沫剧一样，传统戏曲的魅力会重新彰显。这些都不是主观臆断，在调查中我们发现，民众对流行文化的重新认识与对传统文化的无限渴求已非常强烈，在新的时代背景下表现出大众消费心理的民间化倾向与心灵回归。因此，进一步明确产品定位，提高产品质量，加强产品与消费者需求的一致性，是民间手工艺品适应当下消费态势的有效路径。

（5）搭载旅游快车，注重品牌传播，打造宝鸡民间手工艺亮丽名片

搭载旅游快车，注重品牌构建和传播，我们可以借鉴山西平遥模式。山西平遥古城申遗成功后，平遥旅游业如井喷般发展，在此过程中某民营企业家投资300余万元发展漆器，现在山西平遥古城制作漆器的人多达上千人，从普通工艺品到高档奢侈品，产品能针对各个阶层的游客。这种模式不仅解决了许多人的就业问题，还取得了良好的经济效益和文化效益，并作为一个地方文化名片进一步宣传了平遥。地处西北的天水飞天漆器厂，在坚持民间手工艺传承基础上，工艺上不断创新，规模上不断扩大，现在有员工400余人，各类漆器产品出口到世界上50多个国家与地区，不仅极大地传播了中国传统文化，而且也带来了良好的经济效益，并保证了中国传统漆艺作为文化的传承。这些成功经验给宝鸡民间手工艺产业化发展带来启示，能使我们进一步增强信心，使宝鸡民间手工艺形成规模，创建品牌并有效推广。

陕西是一个旅游大省，旅游资源非常丰富，宝鸡在其中占有重要地位。完全可以借助关中—天水这一区域历史源远流长、文化积淀深厚的优势，积极发掘历史文化遗产，传承并创新秦风唐韵、佛道宗教等文化符码，将文化符号与民间手工艺品结合，创新开发出有特色、有魅力的民间手工艺品，力争构建一批民间工艺文化产业基地，壮大一批民间手工艺文化名牌。搭乘政府信息沟通平台，以旅游信息传播、历史名城文化建设等新闻宣传与广告宣传为载体，帮助宝鸡民间手工艺进行官方宣传。同时，有效运用新媒体手段，通过微信公众号、网络短视频等形式，加大民间渠道传播。只要官方与民间相互配合，形成合力，

一定会使宝鸡民间手工艺品的知名度和美誉度越来越高。

总之，宝鸡民间手工艺有悠久的传承历史，有扎实的传承基础，也有当下发展的要求和动力。只要政府、艺人、民众等参与者共同努力，促进协调发展，宝鸡民间手工艺一定会重现辉煌，使“中国工艺美术之乡”的称号名副其实。

四　“西府曲子”曲词审美与道德教化

西府曲子是流行于关中西部民间的说唱艺术，大多是曲子艺人与乡村民众的口耳传播，且艺人们表演者众，而研究者寡，因而学术批评层面的研究成果不多，且作为一种地方曲艺，全国层面的研究成果更少之又少。仅有的一点研究成果，也大多与民间音乐相关，而关于曲子曲词的审美解读与传播技巧层面的研究并不多见。总体而言，关于西府曲子学术层面的研究成果确实不很多，文章和评论报道二十来篇，再有就是基层文化单位和民间艺人自发编写的曲词曲谱小册子。民俗专家赵德利教授和民间艺人合作，整理完成《西府曲子汇编》，并作注和研究，产生了一定影响。学术文章（形成历史角度）有《西府曲子略考》《西府曲子渊源与历史之新论》《清音妙曲传千古》等，从民俗关系和音乐形态方面研究和评论的《凤翔西府曲子考察》《西府人的精神家园》《西府曲子唱词和曲调的艺术特征》等。

西府曲子是民众喜闻乐见、接地气的民间文化形式，在演唱中有旧曲填新词的艺术突破，在宣传党的方针政策、宣传新人新事、移风易俗等方面，发挥着重要作用；西府曲子也具有宣传核心价值观，进行文化审美与道德教化作用，构建和谐乡村的价值。同时，西府曲子具有开拓民间文化传播新渠道的价值。随着新媒体与互联网的普及，民众接受信息的方式和渠道发生很大变化，创新西府曲子的表现形式，通过音频视频、FLASH 动画、H5 电子册页以及三维动画等，丰富表现形式，搭载手机移动互联网、微信微博等平台，进一步传播了优秀传统文化。

西府曲子曲词包括：保家卫国、忠义情怀、大仁大义、大忠大孝的道理；“奉亲孝子、贤妻良母”的褒扬与传颂；古圣先贤为国为民的传说故事；“家庭和美、邻里和睦”的引导和劝诫等。传统乡村社会个人素质提高和品德培养，除了少数人通过“私塾”等途径以外，绝大多数人是通过家庭的教育熏陶，或者是通过戏曲、说唱等形式进行普及和教化。不难想象，在西府地区民众中间，多少大仁大义、大忠大孝的道理，来自乡村庙会的戏曲演出和村头庭院的民间说唱，在这中间，西府曲子曲词的说教贡献肯定不少。

1. 西府曲子曲词中关于“保家卫国、忠义情怀”的阐释

宝鸡历来是兵家必争之地，尤其是魏蜀之争大多发生在此，因而三国故事进入西府曲子的较多，尤其是六出祁山，诸葛亮与司马懿斗智斗勇的故事很生动。例如《凤鸣山》《司马拜台》《诸葛祭灯》《五丈原》等，展现出诸葛亮、赵云等为蜀汉江山鞠躬尽瘁、死而后已的大丈夫气概，为关中民众记挂和颂扬。关羽是忠义的化身，历来被民众传扬。《夜观春秋》《挑袍》《古城会兄》等以关羽故事为主线，阐述了关羽的忠义。为救嫂委身曹营，不违桃园誓言而约定三事，得知兄之下落，马上启程前往，“十美女完璧奉还，封金挂印屋梁，锦衣不少一件”，当曹操前往送别时，关羽情真意切，感激不尽，“自某土山归汉，多蒙丞相爱戴，赠宴赠金，相敬为宾，礼仪相待，某尝谢圣躬，执意相辞。喜吾兄有书来招，桃园恩厚义高”。对于曹操锦袍相赠，关羽“尊一声丞相听根苗，想当初约三事吾非私逃，大丈夫言有信才算厚道。你待某恩义重人人知晓，斩颜良诛文丑大恩报了，留人情待来日再报恩高”。此情此景，将关羽的有礼有节、有情有义展现得淋漓尽致。

《黑虎打台》《黄河阵》着重对神话传说人物赵公明的勇猛、正直、有情有义的形象进行描述，故事讲述的是赵公明勇猛无比，周营无奈，请陆亚仙将其祭杀，冤魂托梦三霄，三霄姐妹下山为兄报仇，摆下黄河阵，最后也是战败被收。虽然关中西部作为周兴之地，但对赵公明与“三霄”的故事的传扬体现了西府民众重情尚义的一面。《吴汉杀妻》讲述吴汉母劝儿杀妻归汉，而后自己撞柱身亡，体现忠孝两难之际，舍孝而取忠的大义。《岑母教子》讲述刘秀与岑彭对阵之时，久攻不下，刘秀搬来岑母相劝，最后岑彭降汉，忠孝两全，体现教人忠于正统，为国尽忠的思想。《哭草堂》讲述“曹玉娘领队守

孤山，把敌歼，青壮年男女共起，誓灭金寇保卫家园”，展现了巾帼不让须眉，天下兴亡匹夫有责的爱国情怀。

西府曲子曲词中关于秦琼、尉迟恭的故事也不少，大多以秦琼的“义”与敬德的“忠”为主题。《斩单童》《诮盟》中秦琼听得单雄信被斩，“恨将起拔剑我自刎同归天”，“叔宝二堂悲声恸，他为雄信泪不干”，尉迟恭劝解入情入理：“雄信是你的大恩人，对于大唐是灾星。忠义二字古人训，未见过谁人敢不尊。有忠有义真君子，无忠无义是小人。你为单童乃义气，某斩单童是忠心。现在我把忠心尽，你失却义气落骂名。秦琼听言真羞惭，到今日落得无义后世传，尉迟恭说得可谓是金玉良言”。这体现出在忠义面前，应先忠而后义，先国家而后个人。关于尉迟恭的故事还有为国选材的题材等，如《鞭打刘国祯》《黑访》《白访黑》等，阐述了尉迟恭为国而谋，拜访白袍薛礼，以及薛礼拜访尉迟恭的一段佳话，努力推贤、让贤，为国尽忠。

杨家将忠义美名传，《杨令公传刀》表现出杨继业先国后家的情怀，取大义而舍小义。《五台会兄》中五郎六郎相会，痛说其杨家为保大宋江山满门忠烈，“我杨家投宋以来南征北战，刀上死，马上眠。不料金沙滩打一仗，中敌奸计，父亡兄死，母离子散”。兄弟相会在五台，难舍难离诉衷情，展现了让人感慨的家国情怀。

西府曲子曲词中，除了正面颂扬保家卫国、忠义情怀以外，也批判了无情无义，最终遭难的反面故事，教导人们要崇义向善。《韩信算卦》中没有讲韩信如何辅助刘邦建立大汉，立下不朽功勋，而讲了由于其不义，使其阳寿折损，最终死于妇人之手的算卦故事，虽有迷信和附会之嫌，但也有警示之意。“叫声将军你且慢，山人有话听心间。一不该六里山前活埋母，短你青春寿八年。二不该坐受高皇十八拜，再短你青春寿八年。三不该问路把樵夫斩，又短你青春寿八年。四不该鸡毛分井害哥嫂，短你青春寿八年。五不该逼死霸王乌江岸，短你青春寿八年。五个人短你阳寿四十整，三十二岁命归天。”表现出对不忠不孝、不仁不义的批判和惩戒。

2. 西府曲子曲词中关于对“奉亲孝子、贤妻良母”的褒扬与传颂

二十四孝的故事在中国源远流长，尤其在乡村民众中影响更大，

四书五经虽不懂，但孝的故事如数家珍。上古时期的虞舜，“在骊山苦耕田奉养双亲，他继母老姚妇心肠毒狠，设圈套把大舜诓在井中，落井下石害储君，大圣人不该死苍天怜悯。尧让位舜登基天下一统，留下了大孝名人人皆称”。农耕文明需要定居，要聚居才能生存和发展，因而“孝”是维系家庭稳定、家族繁衍的基础。“孝”不仅普通民众要做到，连帝王也不例外，《汉文帝尝药》就以汉文帝为母熬药、尝药，告诫天下，孝是人人都要遵从的。

只要为子的孝心到，父母即使有恶念，也会被感化。《芦花计》讲述闵子骞无意间发现自己棉衣中是用不保暖的芦花填裹而问罪于继母，致使其父要休掉李氏。而闵子骞跪地求情，孝心感化继母，“尊了声爹爹听心间，你今将我母休出院，丢下我兄弟二子单。能叫孩儿一身寒，莫叫我兄弟二子单”。最终感化继母李氏，“从今后我将心肠要改变，若不改身死不周全”。《鱼汤计》讲述继母朱氏为害王祥，使其亲子王览独占家产，而装病卧床，让王祥在三九天为其卧冰求鱼，喝一碗鲜鱼汤。而流传更广的则是《王祥卧冰》，没有谈及母亲是否装病，主要讲王祥“急忙来到江岸上，河面结冰放银光，将衣脱在树杈上，将鞋脱在沙滩上，战兢兢倒卧寒冰上，冻得人灵魂不久长”。水府龙君感念王祥其孝心孝行，“赐两条鲤鱼浮水面，交与了王祥奉高堂”。继母朱氏最终感动流泪，“王祥真孝道，老身喜心间，普天下唯有我儿是孝贤”。

“孝”不仅是好德行，也会带来好报。不但能感动父母，甚至能感动天地。《莱子喜母》中，家境贫寒的莱子，七十岁尚未婚，为让父母开心而要花鼓、学顽童，二老怒其不成材而大为数落，仁义做梦知莱子是上方孝廉星，而将二八女儿许配于他。“择佳期行过大礼，拜花堂入洞房完婚结成对。到后来生一子，烂衫换紫衣，官封到员外郎位列在朝班”。这个故事告诉民众，世间万事孝为先，淑端承欢奉椿萱，荣华富贵享不尽，心中喜欢，这才是富贵吉庆福寿双全。

《董永卖身葬父》讲述董永的孝行感动玉帝，派七仙女下凡婚配董永，“卖身葬父汉董永，感动上天织女星，所生一子名董重，听心中，到后来官居一品位列宰卿”。《郭巨埋儿》讲述郭巨家境贫困而老母受饥寒，“三岁儿夺娘口中膳，眼看着老母命不全”，郭巨与其妻孝氏忍痛含悲在荒郊埋儿。不想一镢挖下遍地是金，原来是“孝廉星君有了难，玉帝把旨降山神。领了法语莫怠慢，前去与他送黄金”。这些朴素甚至不合逻辑的故事告诫民众一个道理：好心就有好报，只要一心尽孝，天地也会感念和关照。

弘扬贤妻良母和恪守妇道的形象。《孝廉卷》中的赵五娘，在领粮遭劫后，瞒着公婆，在厨房吃糠，而给公婆吃粮。《赵五娘描容》中，赵五娘绘制公婆形象，扮成道姑，上京找蔡郎，邻居张广才感动于赵五娘之孝贤，赠银十两，助其前往。《秦雪梅吊孝》《雪梅教子》都讲述了秦雪梅在丈夫商林死后，为其吊孝，守节侍奉公婆和教育幼子商洛。当商洛不懂事而辱骂母亲时，雪梅在机杼旁将其教导，最终令商洛醒悟，“商洛儿泪汪汪，母亲听心上，打儿几下儿我情愿，从今后儿要听娘言。单等王开选，上京去求官，龙虎榜上鳌头独占，把母亲贤名天下传”。《三娘教子》《双官诰》也讲述了贤母忍辱负重教育幼子长大成人，最终功成名就。《庞氏离门》《安安送米》则讲述庞氏被冤其花园咒母，而被赶出家门，儿子小安安省吃俭用，为母送米，母为其儿着想，劝其归家的故事，既有母慈，又有子孝，让人温暖和感动。

以上从子孝奉母和母慈教子两个层面进行分析，一方面从儿子角度出发，不论其母是贤慈还是不肖，儿子都是诚心诚意，孝字当头，侍奉母亲；另一方面是从贤妻良母角度出发，不论儿子是否亲生，作为母亲都要全力教导，助其成才。总之，母与子需要相互体谅，才能使家庭和睦，家门兴旺发达。

在西府曲子曲词中除了母慈子孝故事外，还有一类与其相近的兄弟情、伯侄情的故事。《朱氏杀子》中当朱氏要将王祥骗至柴房，意图夜晚谋杀时，朱氏亲生子王览得知，与哥哥一同住到柴房，当朱氏前往时，跪地百般劝解，孝心终感动其母，“老身手托贤孝男，从今后弟兄孝名万代传，孝心天地感，到后来兄弟二人做高官”。《四贤册》讲述方文珍遇饥荒无法养活兄长子林郎和亲生子林新，必须卖掉一个才能养活另一个，林郎林新兄弟俩体谅其父难处，而在院中“抢草”，危难之时显兄弟真情，令人动容。《桑林寄子》讲石勒兵乱导致离家逃难之际，邓伯道携子逃亡，邓绥、邓兴年幼力弱，无法逃脱追兵。万般无奈之际，在桑林中将亲子邓兴绑在桑林树边，而将其侄子邓绥带出险境。《陆奇换子》更是大义凛然，用自己儿子女儿换下太子公主，“陆奇偷龙把凤换，实服林儿巧机关，深感夫人是大贤，世罕见，才保下晋世继承一统江山”。如同被各剧种争相改编的《赵氏孤儿》《周仁回府》等，其舍己为人的精神永刻民众心间。

在西府曲子曲词中，除了正面褒扬孝行与大义的故事外，还有一些反面抨击的故事。《雷击焦氏》讲述，曹庄打柴在山中，焦氏在家虐待婆婆，“走上前来巴掌打，把乞婆压在身底下，捅捅捅来打打打，拧拧拧来掐掐掐，三打一捅不上算，再把贱辈的鬓毛拔”。此等兽行连神仙也看不过去，“白虎星官忙又忙，灵霄殿前报玉皇，玉祖听言气着上，差来雷火击尸腔。狗贱人做事太狂妄，不由叫人气满腔”。《清风亭》讲述张继保在养父母呵护与培育下，高中状元，但却在清风亭逼死抚养他成人的养父母，“普化天尊忙又忙，领玉旨急忙下天堂。清风亭前用目望，张老死得实可伤。张继保孽障太不良，清风亭逼死二爹娘。雷公电婆一声喝，把孽子击成干腔腔”。可以看出，做人一定要良善，一定要孝敬父母，一定要知恩图报，要不连上天也看不过眼，会遭到上天的惩罚。

3. 西府曲子曲词中关于古圣先贤为国为民的传说故事

《神龙盛世》讲述“始祖炎帝称神龙，食尝百草辨药性，留下药书济苍生。神龙氏曾把舟船造，制就舟车便交通，指桑养蚕丝织锦，制衣遮体御寒温，插秧播种勤于农，春耕夏耘五谷生。华夏儿女勤为本，秋收冬藏乐太平”。《尧王访贤》讲述尧王“孤茕在位一百年，访聘高贤让江山。子丹将贤荐，大舜忠孝贤，因此上孤茕访骊山”。《舜聘禹》讲述大舜摄政之时，为治水患，请大禹施展才能，治水归渠令民安。大禹之父治水不成功而丧命，大禹心里伤痛。大舜开言相劝：“虽然你父把命断，他为国为民后世传。天子不为民遭难，不为他一人使心偏。”大禹听言心舒展，实服了大舜仁孝是圣贤，可算仁之本，又可谓德之源。而后大禹治水，水患息平人安定。《农山言志》

讲述孔子与子路、子贡、颜回等北游农山，孔子有感而发，让弟子们讲讲各自夙愿。子路言："弓马武艺先，征剿戍边关，有朝一日皇天把我选，一根枪能挡将千员。"子贡言："皇王若把我来选，略展奇才退兵蛮，陈其利害风云散，三寸舌保定锦江山。"颜回先是谦逊不愿说，在老师劝导下，大胆言志："回情愿辅佐英明主，教民稼穑把田耕。年年岁岁衣食丰，城郭不修无盗侵。道不拾遗乐善政，夜不闭户落安宁。刀枪剑戟无所用，牛马放牧在山中。四海安宁普天庆，八方太平遍地春。"孔子大为欣慰，颜回果真大贤。

在西府曲子曲词中除了讲述大德大贤一心为社稷的豪壮外，还有一些高才名士不羡权贵、琴为知音、寄情山水、爱怜草木的怡情雅致和悠然自得。如《伯牙摔琴》《陶渊明重阳访菊》《孟浩然踏雪寻梅》《林和靖情结梅仙》《周茂书冒雨玩莲》《李晞古洛阳抚琴赏牡丹》等篇目，展现出西府民众在辛苦劳作中不忘怡情，世俗中倾慕高洁的文化心理。

祈福、贺寿也是西府曲子曲词中的重要内容。普通百姓祈求神灵佑护，天降福瑞。《天官赐福》讲述一品天官奉玉帝旨意，下降吉祥，"世人积下阴功满，吾当赐福降凡临。一赐风调和雨顺，又保国泰和民安。二赐人口多兴旺，又保福寿两双全。三赐三阳三开泰，年年月月常进来。四赐财宝堆满库，荣华富贵万万年"。从这些唱词可以看出普通民众对"福"的判断与期盼：风调雨顺、国泰民安、多子多福、福寿双全、三阳开泰、富贵万年。看来，对普通民众而言，福气是朴素的。《五福堂》讲述梁灏八十二岁得中状元，希望孩子们能持之以恒，学习圣贤，凡事执着努力，终有福报。《蟠桃宴》《寿八仙》《八仙献宝》《湘子出家》《湘子搬骨》等篇目以八仙题材来编拟，告诫民众人与仙离得并不远，仙也有人情世故、喜怒哀怨。用八仙故事来阐述对幸福的向往，对家庭和谐的观照。《杭州卖药》中观音点化："孝子贤孙八宝丹，父慈子孝顺气丸。家有贤妻清毒饮，与人方便化气丹。"借助与神仙的对答告诉世人应该如何看待生活，化解烦恼。

同时，仙人交融、仙人一体体现出西府民众浪漫的生活情怀。《二上天台》讲述刘晨阮肇采药上天台，日落西山，误入蟠桃园，遇仙姑招待，品茶聊天。仙姑挽留多住几天，他二人言说老母在堂，不便久留。而后回还，发现时光已过四百年，而后二上天台，封得神仙。《文公礼大颠》讲述大颠拜会韩愈，两人如同世俗老友，谈佛论道。但其中道理，却与民众的日常生活紧密相关，教人向善。也无非是借助神仙之口，更加具有说服力。《二堂舍子》更是神奇，讲述凡夫刘彦昌与神仙华山三娘娘婚配，并育有一子沉香，而后有劈山救母美名扬。《盗草》讲述许仙被白娘娘现真身吓死厅堂，而后白娘子历万险盗仙草救夫还阳，演绎了一段凄美爱情。而后才有《水淹金山寺》《状元祭塔》等故事流传。

在西府曲子曲词中，除了对普通民众正面引导，劝其向善以外，还有一些恐怖故事，以诫勉世人不要做有违伦理之事。《游地狱》讲述民女李翠莲十八重地狱走一番，“吹胀捏塌由你性，在人前捣鬼又唆弄。弄得妯娌不和顺，唆得兄弟把家分。贱人太得事做尽，死后难免拔舌根。贱人你把事做尽，背夫外走起淫心。白昼间搽脂又抹粉，到晚来勾道曾引僧。在世落个下贱鬼，死后入在油锅中。明中取利君子道，暗里求财是小人。私造大斗和小秤，轻出重入丧良心。阳世你把人欺哄，死后吊在半虚空。下坠着顽石百斤重，抽肠卸肚挖了心”。用恐怖诉求的形式，对为非作歹的诸多日常行为进行鞭笞和劝诫。

4. 西府曲子曲词中的爱情故事

爱情故事永远是文学作品中的重要题材，西府曲子曲词也不例外。西府曲子曲词中的爱情故事大多取材于在西府民间流传甚广的戏曲故事，在曲谱韵律方面做了一些改编，以适合西府曲子的板弦与演唱。西府曲子曲词中的爱情故事虽然大多是才子佳人，但并不是全都展现儿女情长。有的是以爱情为线索，表现一定历史背景下的政治腐败、奸贼佞臣或者强权霸道，从中衬托出男女主人公忠于爱情的美好情操，也从侧面歌颂了当下社会清明、国泰民安是多么的可贵。

《蝴蝶杯》讲述奸贼卢林之子卢世宽，无故打死老渔翁胡彦，江夏县田云山之子田玉川路见不平打死卢世宽，田玉川逃亡途中，得到胡彦女儿胡凤莲相助，在患难基础上萌生爱情，以蝴蝶杯相赠，演绎了一段凄美爱情。《卖水》《打路》《草坡传信》等由秦腔剧目《火焰驹》的故事改编而成。其间贯穿了复杂的官场争斗与矛盾冲突，当然还是以李彦贵与黄桂英的爱情为主线，故事结构严谨，人物形象鲜明，矛盾冲突激烈，引人入胜。《剪红灯》写唐吴文正与杨月贞夫妻通过红灯破镜重圆，原属西路秦腔皮影戏传统剧目，今秦腔中已经失传，唯西府曲子中尚存。这个故事虽与《铡美案》有些相似，但结局不同。吴文正心系前缘，公主也能体谅其夫。“后婚男子招亲眷，前房还有杨月贞”“公主听言笑一声，驸马是个懵懂人。不必加愁容，前房姐姐在哪边”，与陈世美无情无义、宋王公主骄横无理所不同的是，“唤来月贞姐姐才团圆，这本是剪红灯凤配交鸾”。

在西府曲子曲词中关于贫贱夫妻不相忘的美谈不少。着重告诫民众前面吃苦后面甜，男在外要心系功业，女在家要恪守妇道，这样才能最终婚姻美满。《桑园会妻》讲述秋胡与罗玉娥婚配，丈夫离家二十余年，罗玉娥靠采桑喂蚕，与婆婆苦度光阴。终一日，秋胡返家，在桑园与妻会面，恶作剧将妻戏弄一番，为的是二十年未见观其妻是否恪守妇道。最终夫妇团圆，生活美满。《平贵回窑》是十八年后薛平贵凯旋，与妻相遇的一段故事。一方面讲述相国女十八载在寒窑苦守爱情，另一方面讲王宝钏虽贫穷仍然恪守妇道。《孟氏踩泥》也是讲夫在外，上京赶考，妻孟氏为父拜寿，避雨善寺亭，遇一书生，二人一夜无事。孟氏归来，说与小姑，却遭小姑疑忌。这些故事都告诫丈夫长年在外，妻子应孝敬公婆，同时要恪守妇道。

对于爱情，在西府曲子曲词中，除了正面弘扬的，还有反面抨击的。《遗书报怨》讲述薄情男秦章悔婚书，弃旧爱又结新欢，致使痴情女王娇鸾悬梁自尽，遗书诉冤，“秦章停妻再娶把法犯，暗卖良心致成祸乱，无义人赴了钢铡。这才是万恶之中淫为首，百样事忠孝信义最为先”。《杜十娘怒沉百宝箱》的故事耳熟能详，负心郎李甲忘恩负义贪财卖妻落的下场，一点都不值得同情。

在西府曲子曲词中关于少年男女相互倾慕、相互思念的细节描写也非常精彩，心理活动细腻真挚，就连打情骂俏也生动异常。《送京娘》中赵匡胤与京娘的对话运用大量比拟，话中有话，而赵匡胤的对答也是有礼有节，得体自然。《书房送灯》张纪贤对曾桂娟一见倾心，向其表达，曾张一席话消除误会，情真意切。《龙女牧羊》讲述龙女遭遇实勘伤，柳毅传书，将实情告知老龙王，搬来救兵忙相助，使得龙女脱魔窟，“得胜龙女心喜欢，天人响应除孽龙，唤来柳郎细叮咛，侄女与汝天配定，结良缘，世上有志者终有必成”。《疑情》中男主人公从女子绣楼前经过，看到有男子与女子在绣楼相会，心生醋意，见到女子后语言刻薄。女子解释是表兄来看望，两人才消除误会，虽然只是一个小片段，却也生动形象，很有韵味。《檀香坠》替表兄过江迎亲，江水涨潮难回程，花烛夜胆战心惊，心猿意马牢拴定。新娘子不知情，整个晚上从一更到五更，心烦意乱。整个心理描写很生动。从害羞，到心焦，到怪嗔，到春梦，到愤恨，却也表达了“朋友妻，不可欺”的君子修为。《绣鞋占课》《十里亭》《花蝴蝶》等都通过细节描写和心理描写，表达了少女思念心上人的难熬和行为细节，表现生动、可爱，使人伤感。《绣帏屏》《画秋风》则描写少女通过为才郎绣帏屏和半夜磨墨画情人，表达对心上人的挂念，让人感到情真意切。

5. 西府曲子曲词中关于对“家庭和美，邻里和睦”的引导和劝诫

在西府曲子曲词中劝导家庭美满祥和，邻里关系和睦、互帮互助的篇目也不少。故事情节与语言风格极富西府地区的风土人情与地域特色，也反映出西府民众的日常生活内容，人际交往的亲善与矛盾并存，尤其在西府地区的民俗民风展现方面，较为丰富、细致和生动。

《小姑贤》讲述媳妇与婆婆闹矛盾后，婆婆将儿子唤回，勒令其休妻。这时候小姑出面力劝调解，最终劝服母亲，挽救了兄嫂婚姻。《女贤良》讲述即将出嫁的女子学做针线，隔壁老婶教导，对女红、持家、勤快、忌讳及勿妄言等家庭女性应具有的基本素养进行详细讲解，“十八孝贤都学会，到你婆家气儿长。嘱咐的话儿牢牢记，莫当闲言过耳旁。要知这曲儿啥名姓，听端详，它的名儿就叫个女子贤良”。通过曲子传唱的形式，可以使很多少年轻女子受到婚前家庭教育，尽量避免出嫁后闹矛盾。《两亲家母打架》恰恰就是女儿出嫁到婆家当媳妇，由于媳妇的所作所为不如婆婆意，导致娘母去看女儿时，与亲家发生争执，相持不下，请来乡约，被罚不少银钱。“开言我把亲家唤，听我把话说心间，两家和好莫结怨。听心间，两亲家误

会打架，人家乡约使唤钱。”

在农村，赌博现象很普遍，再大的家业，一旦沾染上赌博，要不了几年就会败光，有的甚至家破人亡，妻离子散。西府曲子曲词中关于劝赌的篇目也有几篇，如《张连卖布》《麻辣嫂禁赌》讲述的就是这样的故事。《张连卖布》在关中地区影响很大，除了西府曲子外，眉户戏也经常展演，西府乡村民众对其很熟悉，随便就能哼唱其中的片段。故事讲述的是妻子在家苦心操持，好不容易织一块布，让张连拿到市场换钱，再买些棉花和其他东西，不想张连将卖布钱拿到赌场输光。回家来还编虚溜谎、胡搅蛮缠，致使妻子绝望，要上吊寻死。幸亏邻居王妈及时出面搭救，并将张连痛斥和教导，张连最终回心转意。《麻辣嫂禁赌》讲述李大宝拿着买猪娃钱进赌场，将钱输光，并写下欠条。媳妇没办法，找来禁赌会长麻辣嫂，一面劝说，一面恐吓，最终李大宝醒悟，“从今后改恶习一心学好，守法律靠双手致富为高”。

《借醋》从一件邻里之间的生活琐事来说明“远亲不如近邻”。邻里和谐、互帮互助很重要，故事虽短，但人物形象很生动，故事圆润饱满，极富生活气息。《医生看病》《瞎子算卦》《刻财鬼变驴》等故事告诫人们想赚钱要走正道，不要走歪门邪道去骗钱，也不要过于贪财。总之，都是劝诫民众改掉恶习，勤劳致富，正确对待钱财，才能活得自在、坦然。

总而言之，民间说唱就是用传统人际口耳传播的形式，在传说与历史人物故事中赋予一定的道德与情理，用鲜活的人物形象，曲折离奇的故事情节和引人入胜的矛盾冲突，配以乡村民众喜闻乐见的朴素艺术形式，在丰富精神生活和感官娱乐的同时，起到价值引导和思想感化的效果。西府曲子便具有这一特点，因而在关中西府地区受民众喜爱，一直流传至今。在当下市场经济冲击和媒体环境变化的趋势下，依然具有旺盛生命力和重要的现实意义。

参考文献

丁卫：《复杂社会的简约治理——关中毛王村调查》，山东人民出版社 2009 年版。

董磊明：《宋村的调解——巨变时代的权威与秩序》，法律出版社 2008 年版。

范丽珠、欧大年：《中国北方农村社会的民间信仰》，上海人民出版社 2013 年版。

费孝通、戴可景译：《江村经济——中国农民的生活》，商务印书馆 2001 年版。

费孝通：《乡土中国》，上海人民出版社 2006 年版。

费孝通：《中国绅士》，中国社会科学出版社 2006 年版。

顾希佳：《社会民俗学》，黑龙江人民出版社 2003 年版。

贺雪峰：《乡村社会关键词》，山东人民出版社 2010 年版。

黄仁宇：《关系千万重》，生活·读书·新知三联书店 2001 年版。

侯幼彬：《中国建筑美学》，黑龙江科学技术出版社 1997 年版。

李绪鉴：《民间禁忌与惰性心理》，科学出版社 1989 年版。

李泽厚：《论语今读》，中华书局 2015 年版。

梁漱溟：《乡村建设理论》，上海人民出版社 2011 年版。

梁漱溟：《中国文化要义》，上海人民出版社 2003 年版。

刘小枫：《儒教与民族国家》，华夏出版社 2007 年版。

秦晖、金雁：《田园诗与狂想曲——关中模式与前近代社会的再认识》，语文出版社 2010 年版。

石义彬：《单向度 超真实 内爆——批判视野中的当代西方传播思想研究》，武汉大学出版社 2003 年版。

王大有：《人类理想家园》，中国时代经济出版社 2005 年版。

岳永逸：《灵验・磕头・传说——民间信仰的阴面和阳面》，生活・读书・新知三联书店 2010 年版。

阎云翔：《私人生活的变革——一个中国村庄里的爱情、家庭与亲密关系（1949—1999）》，上海书店出版社 2006 年版。

祝灵君：《授权与治理——乡（镇）政治过程与政治秩序》，中国社会科学出版社 2008 年版。

张寿安：《十八世纪礼学考证的思想活力》，北京大学出版社 2005 年版。

翟学伟：《人情、面子与权力的再生产》，北京大学出版社 2005 年版。

周星主编：《民俗学的历史、理论与方法》，商务印书馆 2006 年版。

朱东润：《中国历代文学作品选》，上海古籍出版社 1979 年版。

［德］于尔根・哈贝马斯：《现代性的哲学话语》，曹卫东等译，译林出版社 2004 年版。

［法］古斯塔夫・勒庞：《乌合之众——大众心理研究》，中央编译出版社 2004 年版。

［加拿大］埃伦・M. 伍德：《资本的帝国》，王恒杰、宋兴元译，上海译文出版社 2006 年版。

［美］杜赞奇：《文化、权力与国家》，王福明译，江苏人民出版社 2003 年版。

［美］杨庆堃：《中国社会中的宗教（修订版）》，范丽珠译，四川人民出版社 2016 年版。

［美］黄宗智：《清代的法律、社会与文化：民法的表达与实践》，上海书店出版社 2007 年版。

［美］黄宗智、尤陈俊主编：《从诉讼档案出发——中国的法律、社会与文化》，法律出版社 2009 年版。

［美］恰亚诺夫：《农民经济组织》，萧正洪译，中央编译出版社

1996 年版。

［美］苏特·杰哈利：《广告符码——消费社会中的政治经济学和拜物现象》，马姗姗译，中国人民大学出版社 2004 年版。

［美］托马斯、哈定等：《文化与定化》，韩建军、商戈令译，浙江人民出版社 1987 年版。

［挪威］托马斯·许兰德·埃里克森：《小地方，大论题——社会文化人类学导论》，董薇译，商务印书馆 2008 年版。

［日］三石善吉：《中国的千年王国》，李遇玫译，上海三联书店 1997 年版。

［日］滋贺秀三：《中国家族法原理》，张建国、李力译，法律出版社 2003 年版。

［英］马林诺夫斯基：《文化论》，费孝通译，中国民间文艺出版社 1987 年版。

［英］J. G. 弗雷泽：《金枝——巫术与宗教之研究》，汪培基、徐育新、张泽石译，商务印书馆 2012 年版。

后　记

我是一个土生土长的陕西关中西部人，从出生、上学到参加工作，一直生活在以宝鸡为中心的区域内。已逾不惑之年的我，恰好经历了关中西部地区改革开放以来的经济社会转型与乡村民众生活的变迁，成长过程中的点滴感悟都与这个大背景密切相关。时代在发展，社会在前行，在乡村振兴战略实施进程中，旧有的乡村生活不得不随之改变。在不远的将来，我们的乡村将呈现出新的面貌，将赋予民众新的日常生活内容。从某种意义上说，这本书的价值就在于对特定阶段、特定区域、特定对象生活变迁过程的扫描与记录，通过一位亲历者的视角，对改革开放以来关中西部乡村生活的持守与变迁进行管窥，对乡村民众日常生活内容的嬗变进行记录与梳理，为研究乡村社会演变的同人们提供资料性帮助。

广告学专业出身，口齿并不伶俐的我，一个偶然的机会，成了一个站讲台的教书匠，成为一个靠嘴谋生的人。这要感谢我生命中的贵人——一直引领我成长的李思民教授。19 年前的人才招聘会上，时任宝鸡文理学院中文系主任的李老师，与我首次谋面，在了解我的情况后，向王志刚院长鼎力推荐了我，使我成为中文系广告学专业的一名教师，其后他一直教导我，帮助我，使我一步步成长起来。

作为一名广告学专业教师，我的主业是讲授广告传播理论课程，但在科研方向上，我慢慢地将传播学理论知识与社会学、民俗学、文化人类学等相结合，立足关中西部地区，对乡村民众的政治、经济、社会、文化生活等予以关注，进行了一些探索。在这里还要感谢我生命中的另一位贵人——中国文艺民俗研究领域的知名学者、二级教授赵德利老师。他担任宝鸡文理学院中文系主任、文学与新闻传播学院院长近十年，带领团队申请并创立了陕西省哲学社会科学重点研究基地：关陇方言与民俗研究中心，赵老师兼任基地主任。十年间，我跟随赵老师做了大量的田野调查工作，积累了丰富的关于关中西部乡村民众生活的文字、图片、音频、视频等资料，并在赵老师指导下发表了一系列学术文章，为我撰写本书稿打下了坚实的基础。

2015 年我们院获批陕西省哲学社会科学重点研究基地项目以来，我就着手进行研究资料的整理，书稿框架的搭建，初稿撰写等工作。作为项目组成员，宝鸡文理学院文传学院的赵涛老师、袁巍老师，也做了大量前期准备工作，尤其是在资料梳理、资料电子化等方面贡献不小，在此一并表示感谢。书稿撰写过程中，我对前期发表论文的部分内容，进一步完善和修正，并融入本书的部分章节。在与宝鸡文理学院文学与新闻传播学院前任院长权雅宁教授合著的《关中礼俗的审美与生活态》书稿撰写过程中，权雅宁教授教会了我很多研究技巧与方法，对我撰写本书稿的启发很大。在此还要感谢我的同窗好友，现任职于阜丰集团法务部门的李云强，他是我上中学和大学时的同学，法学专业出身的他，在宝鸡工作期间，接触了大量的乡村民众的家庭纠纷调解和诉讼案件，自身又对农村基层治理、乡村人际交往等都很关注，多次与我沟通交流，为书稿撰写提供了不少素材。还有同窗好友屈红卫、罗林涛等，也不吝赐教，对于素材的选择与准确性把握提出诸多看法和建议，在此一并致谢。

书稿完成后，受到陕西省社科院孙立新研究员、陕西师范大学李永平教授等的指点和建议，在此感谢。还要感谢的是我的同事兼好友：郭沈青教授、孟改正教授、李剑清教授、王渭清副教授、魏宏利博士、王晓玲博士、魏强博士、姚军博士等，他们都对书稿进行审读，提出了很好的建议，对我完善书稿有很大帮助，在此一并致谢。

本书能付梓出版，要感谢宝鸡文理学院中文学科建设经费的资助，文学与新闻传播学院院长兰拉成教授做了大量严肃而细致的工作，推动了本书的出版。尤其要感谢中国社会科学出版社的认可和支持，才使本书稿最终得以出版，责任编辑朱华彬老师，我们虽未曾谋面，但在书稿修改完善的一次次往复中，他的严谨认真和全力投入，令我非常感动。

在此对以上诸位深表感谢！

请读者批评指正。

仵军智

2020 年 12 月 25 日